MW01483530

La Symphonie des âmes

Gregory Mutombo

La Symphonie des âmes

Du fracas des combats à la paix intérieure

Troisième édition

Guy**Trédaniel** éditeur
19, rue Saint-Séverin
75005 Paris

© Guy Trédaniel éditeur, 2016, 2017, 2018
ISBN : 978-2-8132-0967-2

www.editions-tredaniel.com
info@guytredaniel.fr
www.facebook.com/editions.tredaniel

Couverture : Bernard Biebel

« When valour preys on reason,
it eats the sword it fights with. »

(« Quand le cœur l'emporte sur l'analyse,
il dissout la lame avec laquelle on se bat. »)

William Shakespeare

À toutes celles et tous ceux qui m'ont offert
la grâce de croiser ma route.

À toutes celles et tous ceux qui m'y ont accompagné.

À toutes celles et tous ceux qui s'y sont mis en travers.

Prologue

Ce livre aurait pu aussi s'appeler «*De la peur à l'amour*» et porter comme sous-titre «*Cela m'effrayait, alors j'y suis allé*». Allé où? demandera-t-on. Vers l'amour? Mille fois non : nul ne va vers l'amour... Vers la paix, alors? Non plus : on ne peut aller vers ce que l'on est déjà, de toute éternité...

Ce livre raconte l'histoire de la rencontre avec Soi, qui passe par une infinitude d'autres – relations, accointances, contrats, ententes, pactes, unions, disputes, conflits, guerres, réconciliations, retrouvailles, etc.–, avec toutes celles et tous ceux qui, comme des reflets, des révélateurs ou des aimants, pointent ou portent des aspects de soi dont on a peur ou que l'on n'aime pas ou pas assez.

Ce livre relate la traversée de mondes paraissant sombres et inquiétants mais qui ne sont, à chaque fois, que des corridors menant à de lumineux jardins fleuris, toujours plus beaux, plus vastes et plus accueillants.

Ce livre décrit le processus d'un *dépouillement* personnel, tel un effeuillement de couches de peine, de peur, de souffrance, de colère, rendu possible dès lors que l'on cesse de s'y attacher et que l'on s'en reconnaît la cause véritable.

Ce livre est une apologie de la Vie, perçue comme une suite continuelle de morts et de renaissances qui dansent joyeusement les unes avec les autres au son d'une harmonieuse symphonie que l'on ne peut entendre qu'en s'abandonnant au mouvement magique de l'instant présent.

Ce livre n'est pas une autobiographie, mais le partage d'un danseur de la Vie dont les expériences n'ont, par elles-mêmes, aucune espèce d'importance. En vérité, ne sont éclairantes que les prises de conscience qui en découlent.

Ce livre n'est certes pas immédiatement accessible à celles et ceux qui revendiquent encore un statut de victimes, car il n'y sera ici jamais validé, non point dans l'idée de nier l'existence de quelque souffrance que ce soit, mais afin d'ouvrir les consciences à la dimension des âmes et du Divin. Il ne le sera, non plus, à celles et ceux convaincus d'avoir pardonné à leurs anciens « ennemis » ou « bourreaux », car qui donc pardonne, si ce n'est encore la victime ?

Ce qu'il contient résonnera en celles et ceux pour qui l'incarnation dans cette humanité est un choix résolu et non un hasard subi.

Ce livre est proposé à celles et ceux qui entendent définitivement s'extraire des schémas manichéens, des postures d'irresponsabilité, des rôles ambivalents et des prisons identitaires.

Il est tendu à celles et ceux qui, durant des éons, ont cru que la paix se méritait ou bien s'acquérait au prix de luttes épuisantes contre tout ce qui paraissait empêcher sa survenue ou la menacer. Il l'est également à celles et ceux qui, fatigués d'avoir trop longtemps dormi dans le lit de l'illusion, aspirent à s'éveiller à leur être véritable, à se lever et avancer avec une liberté croissante.

Il est enfin offert à celles et ceux qui, las d'avoir tant cherché hors d'eux-mêmes et si peu trouvé, ont aujourd'hui décidé de rentrer à la Maison.

I

En 1973, je suis en gestation dans le ventre de ma mère, passant le plus clair de mon temps à flotter dans cette vaste sphère que je vois bleutée. Par impulsions ou au gré des mouvements du corps qui m'accueille, je me rapproche des parois. Il m'est agréable de pincer délicatement cette membrane entre mon pouce et mon index. Ce dialogue tactile diffuse dans mon échine une douce sensation à la fois énergisante et engourdissante, m'aidant à ressentir mon corps, à l'apprécier et, graduellement, à l'investir.

De mois en mois, les parois s'approchent de moi. D'aucuns diraient que c'est plutôt mon corps qui se développe. Assurément… Ce n'est cependant pas l'impression qui est mienne. Je perçois clairement un resserrement progressif, comme des bras qui m'enserrent de plus en plus. Au-delà des liens d'âme, c'est de cette façon que j'expérimente, dans les cellules de mon corps, la circulation de l'amour entre cet autre être et moi et, ce faisant, que je me sens de plus en plus incarné.

Au moment de la naissance proprement dite, je me distancie de mon corps et me contente de flotter à proximité. Ma mère trouve d'ailleurs inquiétant que, durant cette première semaine d'existence, je n'ouvre jamais les yeux, allant même jusqu'à actionner manuellement mes paupières, comme pour relancer une fonction vitale défaillante. J'observe néanmoins avec intérêt chaque détail de la chambre de cette maternité: le carrelage en damier noir et blanc, la taille de la fenêtre, la configuration de la pièce et toutes les menues spécificités mobilières du lieu, la position précise de mon berceau avec ce petit corps niché à l'intérieur que je sais être mon futur véhicule.

L'une des croyances les plus limitantes qui persistent en cette humanité est celle que l'on est né un jour. Tant que l'on croit en sa naissance – en tant que commencement absolu –, l'on croit en sa mort. Tant que l'on croit en sa mort, l'on nie son éternité et enferme la perception de sa nature véritable à l'intérieur d'un corps périssable.

Face au miroir, on regarde une forme qui regarde une forme qui regarde une forme... Depuis la nuit des temps, on projette dans cette forme – ou, plus précisément, dans ce reflet – nombre de croyances et de convictions. On s'identifie à la forme ainsi renvoyée, persuadé qu'elle est *tout* ce que l'on est. Pourtant, ce que l'on est est immensément plus vaste, plus puissant et plus lumineux que ce que la vue, l'ouïe, le goût, le toucher et l'odorat peuvent percevoir. Ce que l'on est n'est enfermé dans aucune forme ni délimité par aucune frontière. En vérité, ce que l'on est n'est jamais né ni ne mourra.

Imaginons un océan infini dans lequel serait puisée une petite quantité d'eau, à l'aide d'une coupe. Le contenu de la coupe est donc rigoureusement de même nature que celle de l'océan. Il n'y a absolument aucune différence : l'eau demeure de l'eau. Lorsque l'on s'observe dans le miroir, c'est cette coupe qui apparaît. Mais comme on la voit comme un ensemble limité, on ne perçoit plus la nature de son contenu ni les multiples effluves chatoyants qui dansent autour d'elle. On s'est attaché à ce récipient parce qu'on l'a vu quelque peu différent des autres, par sa taille, sa forme, sa teinte, sa polarité ou certains détails et, partant, l'on a cru juste de fonder son identité sur ces différences, juste de la revendiquer, de la défendre et même légitime de considérer ces disparités comme fondement d'une hiérarchisation.

Tellement apeuré par ces différences extérieures, on a séparé, cloisonné, combattu, torturé, asservi, jugé, humilié, outragé, violé, frappé, tué l'autre, ignorant complètement qu'à chaque fois que l'on abîmait ou cassait sa coupe, c'était en fait contre soi-même que l'on agissait.

Face au constat manifeste de la vulnérabilité de cette coupe, on a développé une peur croissante en soi, sorte de tourment existentiel né de la croyance que l'on n'est que cette coupe fragile, perpétuellement soumise aux turbulences, frictions, vicissitudes et chocs inhérents à la condition humaine. De cette illusion d'être de nature différente de celle du grand océan duquel chacun est issu a ainsi émergé la notion d'individualité, mère de toutes les souffrances liées à cette sensation de séparation.

Si l'on n'est pas né, que sont les parents, ces deux êtres qui, bien souvent, croient, en tant que personnes, avoir conçu un être ou décidé de le faire ? « Nous avons décidé de faire un enfant », déclarent nombre de couples, comme s'il s'agissait de construire une cabane au fond de leur jardin…

Quelle conscience est placée dans le processus d'accueil d'une âme au sein d'un couple ou d'une famille ? Est-il question de consolider une union en l'ancrant dans la matière ? S'agit-il de perpétuer un nom, une lignée ? De laisser une trace de son passage ? Pourquoi tant de femmes et d'hommes regrettent-ils de mourir sans descendance, comme si la vie n'avait vraiment de sens qu'au travers de la reproduction ? Cet attachement à la forme – et donc à l'idée de la faire perdurer par le biais d'un autre « soi-même » descendu du ventre de la mère – trouve ainsi une possible compensation dans cette croyance d'une reproduction de la personne. D'un point de vue spirituel, certes, il s'agit d'une repro-duction, puisque l'on est *un* en essence, sauf que dans la conception collective génératrice de souffrance, l'idée d'une recopie de soi *via* la procréation se fonde sur la peur de disparaître complètement au travers de la mort. Ainsi, l'aspiration à « se reproduire » vise souvent à atténuer la perspective terrifiante de mourir, en la diluant dans la croyance que quelque chose de concret, solide, ressemblant – un enfant, en l'occur-rence – va continuer à faire vivre la personne.

Pourquoi tant de fierté gonfle un père ou une mère du fait que son enfant lui ressemble, ait *ses* yeux ou *sa* bouche, voire ses traits de caractère, si ce n'est là encore la manifestation d'une identification à la forme et à la personne, pourtant tellement insignifiante au regard de l'immensité de l'être ? Il est même des familles où, au sein d'une fratrie, l'enfant qui ne ressemble à aucun de ses parents pâtit d'une sorte de mise à l'écart affective motivée par sa seule originalité. S'en forgent ensuite toutes sortes de croyances fondées sur l'expérience que pour recevoir de l'amour, il vaut mieux ressembler aux autres et ne pas trop marquer sa différence…

Je grandis dans une petite ville du nord de la France dans laquelle mon père, chirurgien-dentiste, a installé son cabinet à la fin des années 1970. Originaire du Congo-Kinshasa, il évoque souvent les difficultés qu'il a rencontrées durant ses études à l'université de Lille où il est le seul noir de sa promotion. Avec une amertume tenace, il relate la différence de traitement qui lui a été réservée par certains de ses professeurs du fait, avance-t-il, de sa couleur de peau. Il conserve le souvenir douloureux d'avoir été systématiquement sous-évalué et en veut notamment pour preuve la note qui avait sanctionné un important examen pratique de fin d'études consistant à réaliser, dans les délais impartis, un travail complexe de prothèse dentaire. Maîtrisant parfaitement son art, il avait achevé son modèle bien avant d'autres et constaté que sa voisine, rendue particulièrement malhabile par la peur de l'échec, se montrait incapable de tailler quoi que ce fût. Par esprit de camaraderie, il avait décidé alors de le réaliser pour elle, en échangeant discrètement son modèle avec le sien. Lorsque les résultats étaient tombés, elle avait reçu un dix-huit sur vingt quand il avait obtenu un dix.

Il conserve de cette expérience un puissant sentiment d'injustice qui le conduit à la conclusion irrévocable que la vie est un combat à mener et que le talent seul ne suffit pas. « *Struggle for life** » devient sa devise et il s'emploie, avec une détermination qui frise l'obsession, à la transmettre à ses enfants. « Dans la vie, il faut se battre » est ainsi l'une des certitudes paternelles que ma sœur et moi avons le plus à entendre durant nos jeunes années. Cette certitude, étayée par ses diverses expériences, s'est érigée en vérité immuable. Très jeune, je ne vois pas bien contre quoi il

---

* « La lutte pour la vie. »

me faut me battre, ne rencontrant alors pour seuls adversaires que mes camarades de classe qui, même s'ils peuvent se montrer parfois réticents à me laisser gagner aux billes, ne justifient pas que j'entre en lutte contre eux. En mon for intérieur, je n'adhère pas à ce concept dont je ne vois nulle part l'utilité. Cependant, pour mériter un peu de considération de la part d'un père envers qui je ressens un mélange très inconfortable de terreur et d'admiration, je m'emploie, très tôt, à entrer dans cette bataille qu'il décrit avec entêtement. Plus justement, je sens que ma conscience se scinde en deux. Une partie de moi se met à observer l'autre. Par loyauté pour les croyances de son père et, surtout, dans l'espoir d'être acceptée par ce grand guerrier à la sévérité redoutable, la partie observée se mue en compétiteur dès l'école primaire, défendant avec ardeur sa place de premier de la classe. La partie qui observe s'appelle Gregory, elle est insouciante, rêveuse, romantique, très émotive et s'ennuie dans la salle de classe, n'ayant que faire de ces histoires de résultats scolaires, de notes, de classement et, par-dessus tout, de cette idée de survie. L'autre partie, celle qui va monter au front, s'appelle Mutombo. Elle a détecté chez ce timide Gregory un attribut qui va lui épargner beaucoup d'efforts. Il s'agit de ses capacités intellectuelles. Il sait déjà lire et écrire lorsque les autres élèves s'empêtrent encore dans les syllabes et dispose de facultés de mémorisation qui laissent pantois ses instituteurs. Alors, quand bien même le jeune Gregory aspire à toute autre chose que de valider la thèse martiale de son père, Mutombo se plie au jeu, allant jusqu'à choisir ses amis parmi les plus mauvais élèves de la classe afin que jamais leur camaraderie ne puisse être menacée par les nécessités de la compétition.

Gregory observe Mutombo se tendre progressivement, perdre peu à peu son indolence et prendre désormais très au sérieux cette obligation d'être un bon petit soldat et de lutter, conformément à cette conception de la vie. Ses premières victoires donnent raison à Mutombo : les excellentes appréciations qu'il ramène à la maison, telles des prises de guerre, lui valent les félicitations orales du « commandant en chef » de la troupe familiale. Curieux paradoxe : Gregory ressent en lui un apaisement du fait que Mutombo s'est bien battu. Cela ne légitime pas davantage un combat qui demeure pour lui dénué de sens, mais, dans l'optique de son confort immédiat, il ne perçoit d'autre option que celle de continuer à laisser lutter Mutombo pour conserver sa place de premier de la classe.

Voici donc comment se forge sa pernicieuse croyance : plus Mutombo se bat au-dehors, plus Gregory a la paix à la maison. Des soirées entières, le commandant explique dans de longs monologues que, pour être commandant, il faut passer par là, c'est-à-dire par la lutte, que l'on n'obtient rien sans mal, que le monde appartient à ceux qui se lèvent tôt, que rien ne tombe du ciel, etc. Remarquablement discipliné, mais non dénué de discernement, Gregory considère l'ensemble des croyances du commandant comme une montagne d'inepties. «*Mais où, diable, va-t-il chercher tout ça ? s'entend-il penser. D'où débarque-t-il, cet effrayant bonhomme autoritaire, orgueilleux et violent ? Depuis quelle meurtrière regarde-t-il le monde ?*» À l'inverse, il sent que tout tombe du Ciel, il le sait. Il en vient et s'en souvient. Pour lui, le miracle n'est pas dans la guérison, mais, au contraire, dans la maladie, c'est-à-dire dans cet extraordinaire éloignement du Centre, dans ce spectaculaire déni de soi, dans cette incroyable capacité de l'être humain d'occulter sa véritable identité jusqu'à créer en lui l'inverse du mouvement expansif de la Vie. S'agissant de ce concept de «miracle», il va même recevoir une validation – amère, certes – de ses certitudes.

Mes parents passent un court séjour en compagnie d'un couple d'amis, à Paris. En soirée, alors que le petit groupe entreprend de traverser une grande avenue sur un passage pour piétons, une voiture qui n'a pas respecté la signalisation percute les deux premières personnes qui se sont avancées. Il s'agit de leur amie et de mon père. Elle meurt sur le coup tandis que mon père, du fait de la violence de l'impact, est projeté à une vingtaine de mètres.

Je suis avec ma sœur chez mes grands-parents maternels lorsque l'accident se déroule et c'est un ami de la famille qui vient nous annoncer la nouvelle. Comme nous connaissions bien la femme, il nous apprend son décès en premier avant d'évoquer les blessures de mon père. Après son transport sur un matelas-coquille à l'hôpital, les médecins ont constaté une atteinte de la moelle épinière qui correspond à une perte définitive de l'usage de ses membres inférieurs. Gregory exulte.

Mutombo le condamne immédiatement : « *Cache ta joie, idiot ! C'est de ton père qu'il est question, là !* » Un sourire léger persiste néanmoins sur le visage du petit garçon qui comprend tout de suite que, pour lui, la guerre est finie. C'est bien connu : quand le chef s'assied, la troupe se couche. Il va donc pouvoir se reposer et rendre les armes. Son père, l'être dont il a le plus peur au monde, a perdu presque tous ses pouvoirs. A-t-on déjà vu un chef de bataillon monter à l'assaut en fauteuil roulant ? C'est jour de fête. N'en déplaise à Mutombo qui, par compassion, se met à la place des deux fils de la femme qui a été tuée. Ils sont parfois ses copains de jeu. Il les a d'ailleurs souvent enviés, pour l'abondance de jouets dans laquelle leurs parents, particulièrement aisés, les faisaient grandir. Gregory passe les quelques jours suivants sur une sorte de nuage, malgré les remontrances réitérées de Mutombo qui essaie de lui faire recouvrer un minimum de décence.

L'euphorie est de courte durée. Le doux nuage se transforme en un violent orage qui emporte toutes les projections idylliques de Gregory. En effet, les professeurs de médecine sont confrontés à une *impossibilité* : un homme gravement touché à la colonne vertébrale, insensible au test des aiguilles dans les plantes de pied, diagnostiqué « paraplégique » s'est remis à marcher au bout d'une semaine. En se redressant sur ses jambes, il s'est juste plaint d'une petite douleur dans le mollet qui a permis, par l'examen radiographique, de déceler une fracture simple du péroné…

Un monde imaginaire, fait de paix, de douceur, de futilité, d'insouciance s'effondre autour de Gregory. Mutombo tance vertement Gregory : « *Tu n'as jamais cru à la maladie, tu ne crois qu'à la toute-puissance de l'Humain. Penses-tu que l'Univers allait faire une exception avec ton père ? Réveille-toi !* » S'il y avait néanmoins pu y avoir une dérogation à cette loi divine, Gregory aurait demandé à pouvoir en bénéficier, à titre personnel. Force est de constater que rien n'a changé dans son existence, et ce n'est pas un port de béquilles durant trois semaines et un plâtre ridicule sur le bas de sa jambe qui vont invalider le commandant. À son retour de Paris, celui-ci convoque dans sa chambre Gregory qui tremble de peur dans les escaliers qui y mènent et qui reste devant la porte sans même oser y frapper pour annoncer sa présence. C'est sa mère qui, passant par là, l'oblige à entrer. « Je reviens de loin » est la première phrase du commandant. « Je suis invincible », la seconde. La première est pour Gregory, la seconde, pour Mutombo.

Pas un mot ne sort de la bouche du garçon. Un vague acquiescement gêné se lit sur le visage de Gregory. Mutombo fait mine de comprendre que, oui, décidément, la vie est un combat qui, même si l'on est invincible, demande parfois de donner un peu de sa personne…

Les jours qui suivent cette guérison spontanée sont consacrés à la préparation d'une cérémonie de remerciements aux ancêtres, doublée d'une demande de protection. En effet, durant son vol plané, le commandant a eu une vision claire de son grand-père, chef coutumier depuis longtemps décédé qui, en quelque sorte, l'a assuré de son indéfectible soutien depuis son plan actuel d'existence. Gregory comprend bien le clin d'œil du grand-père, beaucoup moins pourquoi c'est à ce vénérable sorcier que l'on attribue la restauration miraculeuse de la moelle épinière de son petit-fils. Soit…

Un compatriote du commandant, rompu aux rituels animistes, est invité à officier dans le jardin exigu de la maison. Les quatre membres de la famille – le commandant inclus – se retrouvent ainsi au centre d'un cercle sur lequel on fait couler le sang s'échappant du cou d'un poulet blanc dont on vient juste de trancher la tête. Gregory, du haut de ses six ans, vit l'expérience sans ciller. Il trouve cela à la fois effrayant et normal. Mutombo, lui, est atterré par la dimension folklorique que prennent les événements, sentant en outre les regards inquisiteurs du proche voisinage qui ont accès à la scène.

Une fois le poulet cuisiné, l'officiant place quelques menus morceaux dans une petite soucoupe blanche, à même le sol, sur la terrasse du jardin. Et puis, après quelques paroles de gratitude en swahili à l'endroit des ancêtres, prononcées par l'officiant et reprises par le commandant, chacun s'installe à table et se prépare à manger le poulet sacrifié. Il est convenu que tous remercient intérieurement le collectif d'ancêtres qui a permis que le commandant sorte indemne – ou presque – de ce choc qui aurait pu abattre n'importe quel arbre. Pour Gregory, c'est trop demander que de remercier. Il entend bien l'intention, mais ne peut s'empêcher de penser avec nostalgie à l'état de grâce ressenti le jour de l'accident. Soudain, un verre à pied en cristal empli de vin se couche sur la table du repas, sans le moindre contact ou choc préalable, y déversant naturellement tout son contenu. Aussi promptement que le verre s'est vidé du fait de son basculement, l'officiant remarque qu'il a oublié de mettre une cuillerée d'alcool dans la soucoupe des ancêtres, expliquant tranquillement que c'est la raison pour laquelle ceux-ci le lui rappellent avant sa première bouchée.

Quand bien même Gregory perçoit depuis longtemps un certain nombre de réalités qui échappent à beaucoup autour de lui, il estime que, ces temps derniers, la frontière entre esprit et matière s'est notablement affinée… Mutombo, quant à lui, est dépité et se demande où il va bien pouvoir trouver la force de se battre contre un adversaire qui, manifestement, n'obéit pas aux mêmes règles que les êtres humains. Il préférerait n'avoir rien connu de toutes ces étrangetés qui ont sérieusement entamé sa motivation à jouer le rôle du bon petit soldat bien terre à terre.

Bon an mal an, Mutombo oublie cette magie pour défendre avec un succès toujours renouvelé sa position dominante sur le terrain scolaire, confortant le commandant dans sa stratégie d'éducation rigoriste, lui qui souligne régulièrement la chance qu'ont ses enfants de l'avoir comme père. Orphelin de père à la fin de son adolescence, le commandant évoque parfois l'assassinat de son géniteur – opposant politique d'inspiration séparatiste – avec une pudeur qui confine à l'autisme. Gregory, qui observe sa situation d'un point de vue très personnel, estime, à l'inverse, qu'il n'a pas eu la « chance » que son propre père soit assassiné par ce fieffé chauffard. Il regrette d'avoir un père et son père regrette de ne plus avoir le sien. La vie lui semble mal faite parfois. Du haut de ses huit ans, il est encore bien loin de reconnaître qu'il a choisi ce père et *l'enfer* qu'il a la sensation de vivre en sa présence. Adepte du rêve éveillé et de l'évasion psychique, il recense souvent les différentes possibilités mises à sa disposition pour se donner la mort et, ainsi, abréger cette existence qui, majoritairement, l'incommode. Le saut dans le vide depuis le toit de la maison qui comporte trois étages et le planté de couteau de boucher dans la carotide ont nettement sa préférence. L'ingestion massive de médica-ments lui apparaît en revanche parfaitement incongrue : ils sont conçus pour soigner, comment pourraient-ils le tuer ? Il avait bien pensé à se jeter sous les roues d'une voiture, mais l'hypothèse d'une transmission hérédi-taire de l'invincibilité paternelle a définitivement écarté cette option. Mutombo, lui, est trop obéissant pour déserter ou se saborder. Il balaie d'un revers de main cette idée récurrente de suicide, tout en ne sachant comment dissoudre cette peur qui étreint Gregory et prend désormais la forme d'une boule persistante dans son ventre.

À cette époque, mes parents fréquentent régulièrement un couple d'amis parents de deux enfants, un garçon de seize ans et une fille de onze ans. Les deux me fascinent : le garçon est présenté comme « médium », capable de communiquer avec ce qu'on appelle l'au-delà, et la fille joue de la musique classique au piano. Gregory, sans cesse, demande à la fille de jouer du piano pour lui, cherchant à percevoir ce qui se passe, en vérité, derrière la course des doigts sur le clavier. *Qui joue du piano ?* Ce ne peut être *seulement* cette fillette qui semble perdue dans de lointaines pensées en interprétant *Für Elise*, de Beethoven. Il sent que quelque chose de plus vaste, de plus puissant utilise ce petit corps d'une remarquable maigreur pour faire sonner l'instrument. Il décide que, lui aussi, il jouera d'un instrument, non pas pour la pratique en tant que telle, mais pour être traversé par ce même courant que la fillette. Il est maintenant question pour lui d'approcher le garçon. Il est, à ses yeux, beaucoup plus âgé que lui et donc forcément un peu effrayant. C'est donc Mutombo qui va affronter la situation et tenter de briser la glace. Gregory aspire intensément à appréhender cette notion de médiumnité qui lui semble à la fois familière et mystérieuse. Pour première réponse, l'adolescent lui tend un enregistrement sur bande magnétique. Il s'agit, lui dit-il, de la voix d'un garçon qui parle au travers de la bouche d'une dame qu'il présente comme médium, en capacité de faire « parler les morts ». Gregory va s'installer dans la chambre de la fillette pour écouter l'enregistrement. Il y entend alors une voix terriblement triste, celle d'un garçon qui s'adresse à sa tante nourricière. Il s'est suicidé quelque temps auparavant en se jetant du haut d'une falaise et s'exprime depuis un espace de profonds regrets. Après avoir expliqué que ce n'était pas un accident, mais une pulsion désespérée, il dit maintenant souffrir mille tourments et supplie avec une étonnante véhémence sa « Tati » de lui pardonner son geste malheureux.

Intimement touché par la complainte du « garçon », Gregory sent qu'il en a perdu toute velléité suicidaire. Mutombo n'est cependant pas dupe : ce n'est pas tant l'envie de se tuer qui a quitté Gregory que la crainte de tomber, par ce mode de fuite, dans des espèces de strates infernales. Dans l'instant, Gregory observe avec un certain effarement sa marge de manœuvre se réduire à néant. Se voyant asservi pour dix ans encore sous le joug du commandant, sans possibilité d'envisager une quelconque esquive par la voie du suicide, il se laisse envahir par un puissant découragement. « *Quel est donc cet endroit où l'on ne peut disposer ni de sa vie ni de sa mort ?* », songe-t-il.

Dans l'existence, ces moments se révèlent fondateurs, car ils guident dans la « Voie du Milieu ». Lorsque tout conspire à placer entre le marteau et l'enclume, il n'est d'autre choix que de trouver en soi un chemin. Un chemin qui est acceptation totale de ce qui est ici et maintenant. Accepter n'est pas une action, mais un état, un état de non-vouloir.

Comme si une main d'un poids incommensurable m'appuyait sur la tête, je me mets alors à genoux, je joins mes mains l'une contre l'autre et, du plus profond de mon cœur, j'abdique devant la souveraineté de mon Soi supérieur : « *Qu'il soit fait selon Ta volonté et non la mienne. Donne-moi la force d'être digne de cette épreuve placée devant moi.* » En cet instant, Gregory et Mutombo sont unis. Il n'y a plus de personnalité victime, plus d'identité, plus de souffrance, juste une forme humaine qui se rend à l'Évidence.

Beaucoup d'êtres ne voient le suicide qu'en cet acte physique, matériel, constatable qui consiste non pas à s'ôter la vie – on ne peut se couper d'une vibration qui est partout, en tout lieu, en tout temps, en toute dimension et qui n'a ni commencement ni fin –, mais en ce renoncement à laisser couler en soi toute l'intensité du flot universel. Le suicide – le meurtre de soi – revêt un grand nombre de formes. Celle où le corps physique cesse immédiatement de fonctionner n'en est que l'une d'elles. Chaque fois que l'on renonce à honorer le mouvement de la Vie en soi, en niant ses besoins essentiels, en disant « oui » à l'extérieur alors que tout dit « non » à l'intérieur, en demeurant sourd à la voix de son âme, au chant de son intuition, il s'agit d'un acte de violence dirigé contre soi, d'un acte d'empêchement de la libre circulation de la puissance de Vie en soi. Est-ce fondamentalement différent d'un acte de violence contre soi avec l'usage d'une arme à feu, d'une corde, de médicaments ou de tout autre moyen de circonstance ? Assurément non. Bien des êtres humains perpétuent, jour après jour, des actes de violence contre eux-mêmes. Est-ce parce que leur corps physique semble encore fonctionner qu'ils sont vivants, c'est-à-dire émanations de la Vie dans toute son intensité, sa diversité, son unicité, sa joie et son incommensurable liberté ? Cette forme de suicide choisie par beaucoup prend simplement davantage de temps pour mettre un terme définitif au bon fonctionnement du corps physique. Le processus mortel est cependant identique. Il y a un refus, une peur de vivre, une répulsion à s'offrir entièrement au courant de la Vie, à accueillir l'instant présent dans chacune de ses cellules, à accepter les expériences qui se dévoilent au quotidien et qui n'ont d'autre but que conduire chacune et chacun à s'aimer davantage, c'est-à-dire à mettre de la conscience partout en soi où persistent encore peur et déni.

Pourquoi alors s'opposer avec tant de véhémence au courant de la Vie à travers soi ? Cette opposition provient d'une conception limitée de soi-même où l'on se voit comme une sorte d'individualité réduite à un corps physique sans défense ni pouvoir propre, soumis aux aléas du monde et d'une foule d'acteurs extérieurs plus hostiles les uns que les autres. L'ignorance, en outre, que nulle épreuve ne peut être plus grande que la capacité de celui ou celle qui la reçoit à la transcender conduit à cet état de suicide prolongé. Cette ignorance est davantage un oubli, car les épreuves qui sont placées sur le « chemin » correspondent à ce que l'on a demandé à vivre pour gagner en connaissance de soi. L'idée-maîtresse étant, bien sûr, de transformer l'épreuve en initiation et non en une cause d'apitoiement sur soi, de non-réalisation de ce pourquoi l'on a pris forme humaine et, pis, de condamnation des « autres » d'être ces empêcheurs perpétuels. L'épreuve n'est pas nécessairement à voir dans une circonstance extérieure à soi. Un trait de caractère, une particularité physique ou physiologique, une phobie congénitale peuvent représenter le défi que l'âme a choisi de transcender. Le désespoir, la frustration et le renoncement émergent de cette idée que l'on ne dispose pas, en soi, des ressources suffisantes pour transformer ce handicap, cette faiblesse ou carence apparente en tremplin vers un amour sans condition de soi. En vérité, la « bonne nouvelle » tient dans le fait que l'on ne peut se placer face à telle épreuve ou tel défi que si l'on possède en soi la contrepartie vibratoire et la puissance énergétique correspondantes. Ainsi, plutôt que de se sentir écrasé par telle épreuve jugée insurmontable, il est salvateur, ici, de prendre conscience du courage et de la grandeur de son âme.

Incidemment, lors de la diffusion d'une émission de télévision à laquelle il m'est donné la permission d'assister, je me retrouve spectateur d'un être qui va changer mon existence, de par la joie qu'il va stimuler de façon croissante en moi : Michael Jackson.

Je le découvre – en même temps que des millions de personnes en France et dans le monde – lors de sa prestation pour le vingt-cinquième anniversaire de son ancienne maison de disques. Il est âgé de vingt-trois ans. Je vois en lui une lumière et une présence que je n'avais encore jamais vues chez aucun autre être humain vivant. À ce moment-là, pour moi, il incarne la grâce, la danse et le talent à l'état pur. Je contemple un homme dans sa pleine verticalité, totalement aligné avec sa mission d'âme et offrant la parfaite maîtrise de son art à l'humanité reconnaissante. Je vois en lui l'éclatante manifestation de la croix de l'incarnation, union d'une verticalité et d'une horizontalité qui se rejoignent en son cœur ouvert vers nous, vers moi. Je tombe littéralement amoureux de sa vibration, de ce qui émane de lui, de la beauté de son âme, de son message, de sa profondeur. Quelque chose en moi me dit, ce jour : « *Regarde, cela est possible, ici, sur Terre.* » J'en ressens une sorte de soulagement.

La verticalité précède toujours l'horizontalité. De la connexion au Soi dépend la connexion aux autres, et non l'inverse. En d'autres termes, l'engagement vertical – de la Terre vers les dimensions

« célestes » – sous-tend l'engagement horizontal – au profit du collectif. Cette croix de l'incarnation, par sa configuration, rappelle sans cesse que l'on est *en* ce monde et non *de* ce monde. Le symbolisme de la croix – présent dans de nombreux cultes et religions – n'a pas toujours été bien compris, notamment dans la chrétienté.

Mes parents ne manifestent aucune appétence pour quelque religion que ce soit, ni pour rien d'ailleurs qui transcende la condition humaine. Si ma mère, culturellement chrétienne, fait globalement montre d'une relative bienveillance sur la question, mon père, issu d'un cursus scolaire conduit sous l'autorité de pères salésiens belges, se montre quant à lui complètement réfractaire à ce qu'il qualifie, en présence de sa blonde épouse, de « Dieu des Blancs ». À la maison, on ne parle pas de Dieu – ou alors en des termes peu avantageux. En revanche, sorcellerie et connexion aux ancêtres constituent des thèmes récurrents dès qu'il s'agit de sortir du cadre de la matière. Cela ne me convient pas. D'une part, je ressens un amour incommensurable pour Jésus-Christ depuis qu'il m'a été rappelé son histoire et son message. C'est à lui que je m'adresse, depuis que j'ai quatre ans, lorsque je me sens manquer de courage dans mon quotidien. C'est à lui que j'attribue cette force qui me pousse, malgré les brimades physiques de mon père, à jouer, rire et pardonner. D'autre part, je réfute en silence les anecdotes que mon père relate avec une authentique conviction, notamment celle de cet homme qui, recherché par la police politique du régime dictatorial du président Mobutu, se serait soudain, au sommet de l'effroi, transformé en serpent afin d'échapper à la vue de ses poursuivants. Cette idée qu'une peur extrêmement vive puisse permettre de disposer de capacités dépassant l'entendement me paraît complètement absurde. D'abord, parce qu'en chaque circonstance où, moi, j'ai été écrasé par la peur de mon père, je n'ai senti d'autre pouvoir que celui de supporter avec plus ou moins de vaillance ses coups. Ensuite, si la peur donnait vraiment des ailes, cette humanité qui a peur du lendemain, de l'autre, du Ciel et de tant d'autres épouvantails, se serait déjà mille fois envolée. Cette histoire de transformation en serpent ne résonne pas en moi. Cette histoire de « Dieu des

Blancs », non plus. Je ne veux pas croire en un monde subtil qui serait aligné sur la fréquence de nos peurs ou la couleur de notre peau.

Ma première expérience religieuse a eu lieu trois ans auparavant, avec ma grand-mère maternelle, une femme animée d'une grande piété. J'étais âgé de cinq ans et passais, en compagnie de ma sœur, une semaine de vacances chez elle, dans son petit village, en pleine campagne. Hors de portée de mon père, mon bonheur était presque complet. Il ne me manquait qu'un droit d'accès à l'église, le dimanche, pour rendre le tableau complètement lumineux. Je sentais un profond appel à découvrir ce que pouvait recéler cette haute bâtisse, tout de même présentée comme « la maison du Bon Dieu ». C'était une magnifique journée d'été, comme de celles qui laissent le souvenir unique de vertes pâtures constellées de boutons d'or. Et puis, nous nous étions rendus à pied jusqu'à la maison du Bon Dieu. Remarquablement discipliné, comme à l'accoutumée, je n'avais pas dit un mot durant toute la durée de l'office. À la fin de la messe, au son enfin joyeux des cloches, nous étions sortis. Ma déception, à la hauteur de mes attentes, était immense : le Bon Dieu n'était même pas présent dans sa propre maison… Alors, sur le chemin du retour, avec la spontanéité débordante de mes cinq ans, j'avais témoigné à ma grand-mère toute l'intensité de ma colère. J'avais jugé et condamné ce Dieu – absent –, le prêtre – triste et nul –, les participants – éteints –, les rites – creux –, le dogme – figé. Ma grand-mère, outrée, m'avait vertement grondé pour toutes mes offenses et paroles blasphématoires, en me secouant fermement le bras puisque nous marchions main dans la main. Nous avions poursuivi notre chemin en silence et partagé ensuite le repas, somme toute joyeux, arrivant comme une clôture de l'incident.

En début d'après-midi, torse nu en raison d'une chaleur écrasante, j'étais allé dans le jardin jouer à transporter de petits tas de bois à l'aide d'une brouette pour enfants qui m'avait été fabriquée par mon grand-père. Alors que je pilotais cette brouette rouge en insérant avec soin sa roue dans les joints du dallage de la vague terrasse à l'arrière de la maison, j'avais buté sur une racine qui affleurait et m'étais retrouvé bloqué net dans mon avancée. L'une des poignées de la brouette était alors venue fortement érafler la peau nue de mon ventre. Prompt à quémander du réconfort, j'étais allé faire constater ma blessure par ma grand-mère, mais je n'avais pas du tout reçu de sa part la consolation à laquelle j'aspirais. « *C'est le Bon Dieu qui t'a puni, pour toutes les méchancetés que tu as dites ce matin !* » La sanction divine était tombée. Lapidaire, sans appel. Non seulement ce « Bon » Dieu avait brillé par Son absence mais, en outre, Il se montrait susceptible au point de me châtier du fait que je la déplore…

Quel poids pèse le timide discernement d'un enfant de cinq ans face à la certitude d'un adulte perclus de croyances ? Souvent bien peu.

Cependant, ce dimanche-là, avec mon ventre égratigné, j'avais décidé d'oublier ce Dieu-là, comme l'on essaie d'effacer un mauvais souvenir de sa mémoire. Force a été de constater que je n'ai pas rencontré Dieu à l'église. Je ne L'ai pas perçu dans le regard des fidèles présents ce jour-là. Je ne L'ai pas vu dans les gestes du prêtre ni ne L'ai entendu au travers de son prêche. Je n'ai pas reconnu la gloire de son Fils dans ces sculptures représentant un homme supplicié sur deux morceaux de bois perpendiculaires. Et pourquoi, en ce moment dit de la Communion, où il est question de s'unir à la chair du Christ, chacun avait-il affiché la mine la plus compassée, affligée, sérieuse, morte qui fût, comme si cela eût été manquer de foi que de montrer sa joie ? Et pourquoi, dès leur sortie de l'édifice, tant avaient changé de posture, de regard et d'attitude ? Comme s'ils n'étaient plus sous la surveillance d'un censeur privé de toute forme de commisération… J'avais vu de la peur, des attentes, des habitudes, des voiles, des prières récitées comme de simples poèmes d'écoliers. Ces prières sont réputées connues par cœur, c'est-à-dire *par* le cœur. En vérité, elles ne m'avaient semblé qu'apprises par la tête. Je n'avais pas perçu l'éternelle étincelle dans la liturgie, ni le mouvement de la Vie. « *Seigneur, je ne suis pas digne de Te recevoir…* » En fonction du degré d'identification à la personnalité, cette parole peut être la manifestation du plus profond déni de soi, d'une conception erronée de l'humilité ou celle d'une conscience distanciée qui observe l'ego dans son incapacité à accueillir le Feu de l'Esprit.

Avant que je me résolve à oublier ce Dieu-là, j'avais néanmoins accepté de recevoir dans mon cœur les réprimandes de ma grand-mère jusqu'à en nourrir, temporairement, un certain sentiment de culpabilité. Je sais que c'est cela qui m'avait blessé ensuite, au sens physique du terme. Quelle grâce, cependant, de ne pas « trouver » Dieu hors de soi, dans une religion, un livre, un temple ou une pratique, car cette quête inassouvie est la plus puissante incitation à le chercher en soi ! Ce décor choisi pour ma première expérience religieuse a ainsi été parfait pour moi. Par sa dévotion un peu craintive, ma grand-mère m'a ainsi permis de sortir définitivement de l'enfermement du dogme ou, plutôt, de n'y jamais entrer et, sans le savoir, offert la plus belle catéchèse qui soit.

Trois ans ont donc passé et l'évidence du jour est que le suicide n'est pas une alternative à la longue marche qui semble se dessiner devant moi. Ce garçon fantomatique n'a pas seulement parlé à sa tante chérie. Je sens qu'il s'est adressé à chacune de mes fibres. En ces temps où mon seul projet était de trouver le moyen le plus prompt pour mettre fin à mes jours, je décide résolument de prendre mon « malheur » en patience, certain que, tôt ou tard, viendront de meilleurs jours.

II

Beaucoup évoquent leur mal-être existentiel comme la conséquence d'une inadaptation de leur «Être» ou de leur «Essence» à ce monde terrestre, prétendument dense, opaque, lourd et redoutable. Beaucoup, engagés dans une démarche dite spirituelle, affichent une certaine forme de nostalgie d'une dimension antérieure en laquelle ils aspirent à retourner et qui serait la «Maison», en quelque sorte. Que cette *maison* soit imaginée ou perçue comme un paradis, une étoile ou un champ de conscience unitaire importe peu. Cette nostalgie est une peur. La peur de ne pas retrouver la jouissance d'un état originel apparaissant comme plus doux, stable, sécurisant ou confortable. Est-ce que cette peur émane de l'âme qui a émis l'intention suprême de s'incarner, c'est-à-dire de s'unir à une forme de chair? Ou bien de la personne qui sait que son union véritable avec cette âme signifie sa fin, sa dissolution, sa mort?

La personne adore jouer à se prendre pour l'âme ou la conscience, parlant à sa place, faisant état de son inadaptation aux fréquences des humains de la Terre. Cette personnalité est extrêmement perfectionnée et habile. Depuis les temps immémoriaux où des âmes lui prêtent vie, elle a développé des stratégies d'autodéfense remarquablement élaborées dont la principale est celle de se faire passer pour l'Esprit. Ainsi, dans cette idée ou impulsion à fuir la densité terrestre – c'est-à-dire les affres supposées de la condition humaine – est contenue toute la résistance de l'ego ou personnalité à accueillir dans sa structure la toute-puissance de l'Esprit. S'ouvrir pleinement à cette dimension spirituelle, pour la personne, conduit à abdiquer, à reconnaître l'absolue souveraineté de Ce qui Est, de toute éternité. De là naît donc cet étrange paradoxe : plutôt que de concevoir que la toute-puissance de l'Esprit crée les parfaites circonstances pour que la Lumière investisse chaque segment de sa structure, la personne va être tentée de vouloir se donner elle-même la mort en sabotant le corps physique. En d'autres termes, plutôt que d'avoir à affronter sa propre combustion par l'infinie puissance de l'Amour qui brûle tout ce qui est moins que Lumière, la personne va chercher à tuer le corps physique, comme si la mort du corps physique permettait d'échapper à l'autre mort qui, en vérité, est pure renaissance dans cet état de l'Être réalisé. *Se tuer pour ne pas à avoir à affronter la mort...* Aucun jugement ou aucune appréciation morale n'est à porter en direction de celles et ceux qui mettent leur plan à exécution. Ils disposent, en effet, de toute l'éternité pour prendre conscience que ce qui n'est pas compris le lundi sera à apprendre le mardi. L'espace vibratoire qui attend les êtres qui se sont donné la mort n'est pas une sorte d'enfer ou de pénitencier spirituel. Il est simplement une dimension comprenant les mêmes défis initialement proposés à l'âme, sans la mise à disposition de l'instrument qu'est le corps physique pour les aborder et les transcender. En quelque sorte, cela revient à se retrouver face à la même avarie, dans toute son ampleur, mais en étant désormais privé des outils pour la résoudre. Nul besoin, alors, d'être jugé puis condamné par une « haute autorité spirituelle » pour mesurer le tort que son illusion, sa faiblesse et sa peur ont causé. La conscience est, en cette dimension, suffisamment lucide sur elle-même pour mesurer les implications de cette renonciation.

Cela a déjà été dit : il n'y a d'épreuve trop grande. Il n'y a de circonstances insurmontables que dans la vision parcellaire de l'être humain qui s'enlise dans la croyance qu'il n'a pas voulu ce que la Vie est en train de lui proposer. Chacun se choisit, avant de venir sur Terre, un costume taillé sur mesure. Le fait que ce costume soit, au moment de l'endosser puis de le porter au quotidien, jugé trop lourd ou trop vaste est la conséquence principale de l'oubli par chacun à la fois de son intention initiale, de son histoire individuelle et de sa nature divine.

L'intention, immuable, peut s'énoncer ainsi : « *Qu'il me soit donné tout ce dont j'ai besoin, en termes de rencontres, d'événements, de circonstances pour que je n'aie d'autre possibilité que de réaliser ma nature véritable – ou la prise de conscience essentielle constituant le motif de mon incarnation.* » Autrement dit, on demande que toutes les voies menant au degré de sagesse que l'on aspire d'atteindre soient présentées à soi. Selon la croyance plus ou moins élevée en ce que l'on nomme « libre arbitre », on fera face à ce que l'on considérera comme des cadeaux de la vie ou on fuira ce qui pourra être perçu comme des problèmes, des drames, des obstacles ou des agressions.

L'histoire individuelle correspond à la somme de toutes ses histoires antérieures, ses vies ou tranches de vie dites passées qui ont teinté son âme, y ont laissé des empreintes, des voiles, des déformations structurelles, des mémoires, des croyances, des clés de compréhension, des trésors de sagesse et aussi, parfois, des puits de sidération. Cette histoire individuelle est un réservoir d'informations qui, d'un point de vue terrestre, peut sembler gigantesque si l'on se perd à en explorer intellectuellement le contenu. En premier lieu, comme le temps n'est véritablement pas linéaire, mais circulaire, il est à concevoir que toutes les portions d'existence se « déroulent » simultanément, dans une infinité de dimensions se superposant, s'interpénétrant, communiquant les unes avec les autres, s'échangeant en permanence des données, des flux, des concepts au sein d'un grand bain unifié de conscience. Ensuite, il est à comprendre que l'histoire individuelle ne peut être séparée de l'histoire collective. Elle n'existe que par elle et à travers elle. Cela induit le fait que l'on porte dans ses cellules un héritage constitué d'une multitude de conditionnements ancestraux, schémas archétypaux et antiques croyances limitantes qui ont été légués sous une forme plus ou moins synthétique par le clan familial. Est-ce que cet héritage définit ce que l'on est ? Non, en aucune manière. Au contraire, il est cette masse dense, se caractérisant par sa forte inertie, c'est-à-dire par son importante résistance au changement. Il est cet écueil sur lequel des milliards de vagues de conscience sont venues s'échouer pendant des éons, nourrissant à l'échelle humaine la sensation ou, plutôt, l'illusion de n'être que cette forme lente, périssable, fragile et séparée de son Créateur que l'on appelle corps physique.

Se prendre pour le corps puis entrer dans une quête d'union au Divin, au lieu de se savoir étincelle divine accomplissant une expérience dans un corps, a ainsi constitué la pierre d'achoppement d'une infinitude de démarches spirituelles entreprises par cette humanité.

Vouloir s'unir à Dieu part nécessairement du postulat que l'on est séparé de Lui, donc d'une nature différente et, bien souvent, qu'il y a quelque chose à mériter ou à atteindre. Ce déni de sa nature divine comme fondation de son entreprise d'unité maintient dans cette sensation de séparation dont on cherche justement à se libérer. On s'est comporté comme un rayon de soleil lancé à la recherche éperdue de son astre. Pourtant, il va de soi que l'oubli de son origine a toujours orienté dans une direction opposée à celle de sa Source véritable. Alors que nul être doté d'un minimum de bon sens ne s'aventurerait à établir une séparation entre le soleil et ses rayons, on s'est enlisé dans la croyance ahurissante que les créatures du Divin n'étaient pas semblables à Ce qu'Il est et, en outre, qu'on « *ne méritait pas de Le recevoir* »...

Ainsi donc, l'oubli de son intention initiale, de son histoire individuelle et de sa nature divine est la cause d'un sentiment d'injustice mêlée d'impuissance et de cette croyance en son irresponsabilité quant au déroulement et au contenu de son existence ici-bas. Retrouver la mémoire prend du temps, non pas en termes de durée, mais d'engagement. Un engagement entier dans chaque expérience que l'on s'est donné de vivre, car chaque expérience est une merveilleuse proposition de retrouver progressivement le souvenir de sa nature véritable. Or, tant que l'on se croit étranger à ce qui arrive à soi, comme si cela était des événements produits par l'extérieur – la société, la civilisation, la famille, les parents, le conjoint, le voisin, l'autre –, on se maintient dans l'oubli. Et l'on entre ainsi en rébellion contre ce monde qui paraît si hostile, qui ne comprend pas ce que l'on veut, n'entend pas ce que l'on dit, se moque de tous, cherche à tromper, à vider chacun de sa substance, à avaler. Contre qui ou quoi entre-t-on, en réalité, en résistance ou en lutte ? Contre sa propre volonté suprême qui est celle que sa conscience incarnée retrouve peu à peu sa vraie dimension, en cessant en premier lieu de se prendre pour un simple corps physique soumis à une infinitude d'aléas, de menaces, de pressions, de besoins et de dangers. Considérer la vie sous cet angle revêt, de surcroît, un aspect fortement déprimant pour celles et ceux qui s'y obstinent puisque, quels que soient la richesse accumulée, l'intensité des sentiments amoureux partagés avec autrui, le niveau de pouvoir prétendument atteint, la profondeur des empreintes intellectuelles, culturelles, ou philosophiques laissées et surtout, le nombre de défenses et protections mises en place autour de cette illusoire construction, ce qui attend presque invariablement le corps physique est un retour à la Terre, dans une nudité matérielle identique à celle des vers qui l'habitent. Presque invariablement…

Est-ce que la putréfaction de la chair est l'unique issue à l'expérience du Divin qui *joue* à prendre forme humaine ou y a-t-il une autre destinée possible pour ce que l'on nomme « matière » ? Quelle est cette croyance, partagée par une écrasante majorité de l'humanité et, de ce fait, transmise aux cellules du corps, qu'il faut commencer de dépérir lorsque la plus belle vigueur anime le véhicule de l'âme ? Y trouve-t-on là une cohérence avec les Lois universelles ? Le corps est-il à ce point séparé de l'âme qu'il ne peut y avoir d'évolution conjointe ? L'on pourra objecter que l'âme a besoin d'une grande quantité d'expériences pour affiner son accès à la Connaissance et que ces expériences nécessitent d'investir un certain nombre de corps physiques différents, au sein de contextes aussi variés que possible. Certes… L'on peut aussi observer les choses sous un autre angle, un peu plus vaste.

L'âme, en s'incarnant dans la densité physique, expérimente l'*idée* de séparation, c'est-à-dire d'un état ou sensation autre qu'unité absolue. Cette expérience désirée la conduit, en effet, à se perdre dans une infinité de voies intrinsèquement sans issue puisqu'elles sont celles de la forme et du jeu de la séparation. Toutes les voies conduisent au même constat : plus l'on s'obstine dans cette expérience, plus l'on souffre et plus l'on consent à reprendre le chemin inverse, plus la sensation d'harmonie augmente en soi. La logique veut qu'à partir du moment où l'on cesse de croire en une nécessité de se réincarner, de s'améliorer, d'expérimenter, de perpétuer, en somme, un processus de séparation, il n'y ait plus besoin de devoir à nouveau se séparer du corps physique, mais plutôt de l'emmener avec soi. Non pas comme un trophée, mais plutôt comme la preuve de l'intégration de la conscience dans cette matière. Si la matière ne s'élève pas avec la conscience, c'est bien que l'unité n'est pas réalisée, c'est bien qu'il demeure, en soi, la croyance d'une séparation. Comment, si l'on veut bien faire preuve d'un minimum de cohérence, la matière du corps physique pourrait-elle prendre une direction opposée à celle de la conscience, dans cette idée, justement, de rendre réelle la nature divine – en d'autres termes d'incarner Dieu sur Terre ? L'enveloppe charnelle ne reste enveloppe que jusqu'au moment où l'on fait corps avec elle et que l'on ne marque plus de différence entre le « Haut » et le « Bas », entre la Terre et le Ciel. Sauf à entretenir la croyance que le corps serait vil et que l'Esprit doit tout tenter pour s'extraire de celui-ci dans un processus d'ascension… Il est aussi permis d'envisager que le principe d'unité ne s'arrête pas là où la densité commence et qu'il n'y a aucun motif indestructible justifiant que les cellules du corps n'élèvent pas leur vibration à une cadence égale à celle de la conscience. Jusqu'à une sorte de transparence ? Eh bien oui ! Qu'appelle-t-on ascension, sinon ? Un simple retour de la conscience à son point de départ ou à une position plus confortable ? Et *qui* donc va s'occuper de faire « ascensionner » la matière en ce cas si, au fur et à mesure, aucune âme n'élève la fréquence des atomes qu'elle visite ?

L'incarnation est un mouvement de la conscience qui descend dans une enveloppe de chair et d'os pour repartir, en moyenne, au terme de quelques dizaines d'années en le laissant derrière elle. L'ascension est le même mouvement, non pas avec l'intention de disposer temporairement d'un véhicule servant à se déplacer au gré des sollicitations existentielles, mais, plutôt, celle de venir l'ensemencer d'une fréquence qui le rendra à ce point fluide, léger, vif, doux et harmonieux qu'il pourra être emmené en une dimension plus élevée. Certes, on n'est pas que le corps, mais on est *aussi* le corps. C'est un aspect de soi. Ainsi, il n'est en rien extravagant de vouloir l'inclure, avec la totalité de ses mémoires, dans le processus d'ascension qui semble s'inscrire dans l'époque actuelle. Lui permettre de se hisser progressivement vers des fréquences hautes – par rapport à celles dans lesquelles il a longtemps été maintenu – m'apparaît comme naturel, dès lors que l'on entend participer à cette grande marche collective d'éveil.

Le corps physique est en majeure partie constitué d'eau. Observons
donc la nature, enseignante grandement mésestimée. Le Soleil, symbole
spirituel par excellence, incarnation de la conscience en ce monde, agit
sur l'eau. Lorsque l'eau est sous forme dense comme la glace, par ses
rayons, il lui donne davantage de fluidité, jusqu'à la rendre liquide. Puis,
alors qu'il continue à diffuser sur elle sa vibration d'amour inconditionnel, elle s'évapore pour devenir d'une subtilité telle qu'elle échappe
à la préhension et au regard des Hommes. N'a-t-on rien à apprendre de
ce processus dont chacun est pourtant le témoin quotidien ? N'y a-t-il pas
là quelque lien à établir ou alors tout serait-il, une nouvelle fois, séparé,
différent et distant ? L'ascension, dans son acception actuelle, consiste
à quitter l'ère des Poissons – le monde de l'Eau – pour entrer dans l'ère
du Verseau – associé à l'élément Air – et porte en tous points ce même
changement d'état. Bien des éclairages sont fournis par le spectacle de
la Nature sur lequel, pourtant, peu sont enclins à porter un regard autre
que blasé, suffisant ou dénué de conscience.

III

Huit ans est l'âge auquel ma mère trouve judicieux que je commence à pratiquer une activité sportive régulière. Dans le petit bourg dans lequel nous résidons, celle qui apparaît comme une évidence est l'aïkido. Alors que mon père est grand amateur de football, je ne suis cependant pas obligé de m'orienter vers ce jeu martial perpétuant le principe de gagnants, de perdants, de victoires, de défaites, d'attaquants, de défenseurs, de tirs, de gardiens, de filets, de fautes, de coups francs, de juges de touche et d'un arbitre qui sanctionne, sépare, expulse parfois et décide du sort des uns et des autres en fonction de son point de vue forcément limité. Je parviens à échapper à ce conditionnement duel supplémentaire pour deux raisons : la première est que ma mère, qui s'occupe des inscriptions, porte en horreur le football et, la seconde, que ma sœur aînée est tenue de pratiquer la même activité que moi – à défaut de pouvoir suivre son cœur qui la guide vers le théâtre et la danse – et que les clubs de football locaux n'ouvrent pas encore leurs vestiaires aux filles…

Malgré sa classification, l'aïkido est un art infiniment moins martial que le football. Ici, ni vainqueur, ni arbitre, ni compétition. L'essentiel est ailleurs. L'énergie contenue dans la volonté de nuire ou d'agresser l'autre est utilisée non pour le vaincre, mais pour réduire sa tentative à néant. Morihei Ueshiba, le fondateur japonais de l'aïkido, a, en quelque sorte, concrétisé sous forme de techniques corporelles le principe de légitime défense en tant que réaction proportionnée, immédiate et absolument nécessaire. Aïkido est composé de trois caractères : *aï* signifiant « concorder » – littéralement « mettre les cœurs ensemble » – ou secondairement « harmonie », *ki*, « énergie » et *do*, « voie ». On peut ainsi traduire *aïkido* par « la voie de concordance des énergies ».

Le terme « concordance » est plus proche du sens japonais original de l'*aïki* comme étant une action de rencontre que le terme « harmonisation ». Certes, il peut être vu en l'« harmonie » l'objectif visé du fait de la pratique de l'aïkido, mais nul ne peut pratiquer l'aïkido sans faire concorder les énergies… Par la concordance, par le fait, donc, de mettre les cœurs ensemble, l'on est conduit à un point où il devient possible de communiquer avec celui initialement considéré comme l'« adversaire ». Alors que dans l'idée de vouloir l'harmoniser, c'est-à-dire de l'amener à une entente ou à se mettre d'accord avec soi, il persiste une forme de contrainte ou de tentative de prise de pouvoir. Par ailleurs, cette « harmonie » implique souvent une notion d'amitié ou de paix qui peut, d'un point de vue humain, se révéler à la fois superflue et inaccessible dans le sens où, même si l'on émane une énergie d'amour universel, l'on ne sera pas aimé par tout le monde… Les Japonais utilisent le mot *wag* pour « harmonie », terme composé de « paix » et de « concorder » : en concordant vers la paix, on crée l'harmonie.

Fervent pratiquant shinto, Morihei Ueshiba a également été initié à la religion Ōmoto-kyō, au bouddhisme Shingon et au Kototama. Cette ferveur spirituelle s'est trouvée confrontée à l'expérience directe de la guerre puisqu'il a participé au conflit russo-japonais avec nombre de ses élèves qui y ont péri. Son parcours de vie illustre une véritable réalisation spirituelle, partant d'une maîtrise de techniques guerrières servant à tuer rapidement un adversaire à la création d'un art visant l'accomplissement de l'être humain. Il a ainsi été conduit à recevoir la révélation de nouveaux savoir-faire martiaux et à transmettre l'« art de paix », afin de participer à l'élévation comportementale et spirituelle de l'Homme, bien au-delà d'une simple amélioration de ses performances physiques.

Lorsque, pour la première fois, à l'âge de huit ans, je salue humblement, à genoux, le portrait de ce vieil homme accroché au mur du dojo, je ressens une joie infinie. Je me sais être au bon endroit, au bon moment. Pendant bien des années, plusieurs heures par semaine, je vais ainsi inscrire dans chaque fibre de mon corps, par la pratique, l'essence de cet art de la paix, sans aucunement mesurer que, tout comme ce vénérable Ueshiba, il me faudra aussi un jour *être aïkido* au cœur de la guerre.

Mon père s'illustre par sa méconnaissance profonde de ce que l'aïkido embrasse puisqu'il déclare souvent à ses amis que ses deux aînés le pratiquent pour développer leur combativité. Le paradoxe est qu'il aurait certainement trouvé moins opportun – en termes de potentiel d'aguerrissement – que j'apprenne à jouer au football. Le combat n'est pas toujours là où on le croit…

L'aïkido n'est pas un sport, mais une manière d'appréhender l'Homme. Sur le tatami, l'on n'y parle pas d'adversaire, mais de *partenaire*. Fondamentalement, l'aïkido est une école de compassion. Basé sur le principe de la concordance des énergies, il exige d'unir tout d'abord celles de son propre corps – un centrage et une coordination des membres permettant l'action –, puis celles des deux partenaires. Celui qui reçoit le flot agressif de la part de l'autre ne va pas s'y opposer, mais, au contraire, accompagner son mouvement, respirer avec lui, s'aligner sur son rythme. Alors que l'agresseur s'attend à affronter une résistance, il rencontre en réalité le vide et même une aide, un soutien, un accompagnement pour poursuivre son mouvement, cause de sa chute inéluctable – la sensation peut se comparer à celle d'une porte qui s'ouvre au moment où l'on tente de l'enfoncer. On comprend ainsi que la toute-puissance réside dans l'accueil de l'autre. Plus l'énergie de choc et d'opposition qu'il déploie est importante, plus l'assistance à la poursuite de son mouvement sera conséquente. Et cette assistance ne requiert quasiment aucune énergie puisqu'elle se nourrit de celle dépensée par l'autre. Alors que si l'on résiste en entendant rester sur sa position, l'on va tout simplement cristalliser l'autre dans son attitude initiale. Accompagner le mouvement d'attaque d'autrui le conduit au déséquilibre. L'affronter le stabilise.

Dans cette pratique de l'aïkido, j'apprends à agir comme un intermédiaire ou canal entre un état d'agressivité et un état où l'agressivité a cessé d'être. Il est donc question de laisser cette agressivité se déployer dans une direction où elle ne rencontre pas d'obstacle afin qu'elle s'épuise d'elle-même. J'apprends à devenir une sorte de « passeur de colère », non pas une personne qui étouffe la colère de l'autre, mais qui la dirige de manière à la rendre inoffensive. J'apprends non pas à dominer, mais à fluidifier, dénouer, débloquer, neutraliser l'agressivité, la violence et l'émotion produites par le partenaire. J'apprends, peu à peu, la différence entre empathie et compassion. À chaque fois que je veux terrasser l'autre, le vaincre ou utiliser ma force physique, je termine au sol. À chaque fois que je perds cet état de celui qui accompagne sans aucune émotion le mouvement de l'autre, je suis confronté aux douloureuses limites de mon ego. Avec l'aïkido, j'intègre qu'en définitive, il n'y a jamais d'autre adversaire que soi-même.

Néanmoins, cette intégration ne dépasse pas les murs du dojo. En effet, lorsque je rentre à la maison, je revêts à chaque fois les mêmes habits étriqués du petit garçon terrorisé par son père, parfaitement incapable de transposer sa pratique dans le contexte familial. Je ne vois absolument pas mon père – le commandant – comme un partenaire. Je ne parviens à canaliser ni sa violence ni sa colère. J'ai même plutôt le sentiment de tout aspirer puis de tout concentrer dans mon ventre, sous la forme d'une boule dense, compacte et pesante.

Face au commandant, je perds toute distance, tout détachement, toute aptitude à relativiser. Telle une éponge, j'absorbe ses ordres, ses contre-ordres, ses réprimandes, sa mauvaise humeur, son hypertension, ses coups, sa conception duelle de la vie, sa caricaturale ingratitude, sa muflerie, son arrogance, son orgueil et les inepties de sa stratégie éducative. Quasiment chaque jour, deux interrogations apparaissent en mon esprit : « *Comment vais-je tenir jusqu'à ma majorité ?* » et « *Est-ce qu'un jour cet homme prendra conscience du mal qu'il a fait ?* » À cette époque, je suis loin d'appréhender ma situation comme découlant d'un choix d'âme éclairé, réfléchi et surtout fondé sur la perspective d'une stimulation renouvelée d'aptitudes intrinsèques. Au contraire, lorsque j'entre dans un système de comparaison avec ce que semblent vivre, chez eux, mes camarades de classe ou les autres enfants que je peux être amené à côtoyer, c'est toujours à mon désavantage : eux ont un père qui leur parle, les écoute, joue avec eux et qui, s'il ne se montre pas plus affectueux que le mien, au moins ne les frappe pas. Enfermé dans les limites exiguës de ma personnalité, je demeure bien sûr aveugle à toutes les tribulations vécues par toutes celles et tous ceux qui, si ma situation leur était décrite, supplieraient tous les dieux du Ciel de pouvoir la vivre à la place de la leur.

Bien peu de gratitude m'anime, en effet, alors que mes parents disposent de confortables revenus, que la maison familiale est spacieuse et plutôt bien aménagée, qu'il m'est donné la possibilité de pratiquer assidûment cet art fabuleux qu'est l'aïkido, que mon père, grand amateur de musique, possède une extraordinaire collection de disques qui, pour la plupart, enchantent mes oreilles et que, dans un grand bureau, de nombreux ouvrages richement illustrés s'alignent du sol au plafond. Rattrapé par mes frustrations existentielles, j'oublie toujours assez vite le plaisir éminent que j'ai de dévorer quotidiennement tout ce qui a trait à l'histoire de certaines civilisations dont les conditions de la disparition me fascinent : Égypte ancienne, Mésopotamie, peuples précolombiens, Moyen Âge japonais, royaumes africains précoloniaux et tribus indiennes d'Amérique du Nord.

À ceux à qui il est beaucoup demandé, il sera beaucoup donné... Lorsqu'une nouvelle série de livres à la couverture noire et bordeaux vient faire son apparition dans les rayonnages de la bibliothèque, je sais intimement que je vais abandonner toute la littérature enfantine et adolescente qui me divertit, mais ne me nourrit pas pour partir en exploration de ce que je considère alors comme un trésor. Cette collection s'intitule « La Parapsychologie – les pouvoirs inconnus de l'homme » et son arrivée sous le toit familial va changer ma vie. Non pas que son contenu va être partagé ou évoqué au cours de discussions familiales – il n'en sera d'ailleurs jamais question –, mais la survenue enchanteresse de ces livres va me permettre de poser enfin des mots sur ce que, au plus profond de moi, je sais et sens être vrai sans que quiconque m'en ait parlé.

Il y est question de perceptions extrasensorielles, d'apparitions diverses, de vie extraterrestre, de rêves prémonitoires, de précognition, du nombre d'or, de guérisons miraculeuses, de témoignages de réincarnation, de prodiges du corps, de regard magnétique, de rites et de traditions mystérieuses, de communication avec l'au-delà et de bien d'autres thèmes qui entrent en résonance avec une multitude de notions que je gardais secrètement en mémoire, sans savoir avec qui les partager. La vérité est que, lorsque je vois ces livres arriver à la maison, je me sens à une place que je ne voudrais échanger avec nul autre au monde, du moins pas tant que je n'en aurai achevé la lecture. À bien y regarder, l'on n'est jamais seul. La vie déborde de clins d'œil invitant à l'envisager avec joie et gratitude.

L'un de ces livres va me permettre de donner du sens, sinon une explication, à une expérience qui m'a beaucoup troublé. Peu après la rentrée scolaire, j'ai sympathisé avec un garçon de ma classe de deuxième année du cours élémentaire –choisi, comme d'habitude, parmi ceux présentant les capacités intellectuelles les moins élevées. Une nuit, je rêve de lui, me voyant dans sa maison, en sa compagnie ainsi que celle de son père que je ne connais pas. Dans mon rêve, il m'apparaît avec des cheveux mi-longs tirant sur le blond vénitien et une riche moustache de Gaulois. Le lendemain soir, à la sortie de l'école, la vue d'un homme stationné devant mon école, au volant de sa voiture, vitre baissée, absolument identique à celui de mon rêve m'interloque. Mon camarade me salue et le rejoint, puisqu'il s'agit de son père venu le chercher. Je reste quelques instants sur le trottoir, coi, tentant de comprendre comment il m'a été permis de voir en rêve un homme que je ne connaissais pas encore.

Du haut de mes huit ans, je me rends à l'évidence que non seulement le temps n'est pas linéaire, mais qu'en outre, il nous est possible de rencontrer des êtres durant nos nuits, sans en conserver nécessairement de preuve matérielle. De retour à la maison, je partage avec une sorte d'incrédule euphorie mon extraordinaire découverte à ma mère qui, manifestement, ne semble pas mesurer ce que, en termes d'ouverture, celle-ci signifie pour moi.

Extérieurement, cette expérience ne présente aucun intérêt particulier. L'échange le plus profond que j'aurai avec ce camarade se limitera à nos conceptions respectives des meilleures techniques pour gagner au jeu de billes. Quant à son père, je ne l'ai jamais rencontré au-delà de sa forme à la sortie de l'école primaire. Intrinsèquement, en revanche, c'est pour moi une révolution qui me permet d'entrer dans une autre dimension de conscience. Une fois que la vie invite à accéder à un nouveau champ de compréhension, aucun retour en arrière n'est envisageable. Autant le savoir intellectuel, fruit d'un apprentissage mental, a vocation à être oublié dès la mise en relief de son inutilité –ce qui advient tôt ou tard–, autant les prises de conscience dont on valide la substance par expérience directe ouvrent dans chacune des cellules des espaces ne pouvant jamais plus être voilés.

Il y a ainsi une différence fondamentale entre savoir et connaissance. Puisque le langage courant français a tendance à confondre ces deux notions, le terme de «connaissance» peut être utilement remplacé par celui de «sagesse».

Le savoir s'acquiert, s'accumule, se perd, est temporel, périssable, aléatoire et circonstanciel. Il est une construction mentale certifiée et possédant un sens et une certaine valeur jusqu'à ce que quelque chose ou quelqu'un vienne démontrer son contraire ou la hisser à un autre niveau, par le biais d'une observation analytique plus aboutie ou de ce que l'on nomme «découverte scientifique». S'il ne fait plus de doute pour grand monde que la Terre est ronde et qu'elle tourne sur elle-même, longtemps l'humanité a cru en son inerte platitude, du fait de son incapacité à en percevoir la forme et le mouvement. Le savoir est structuré par des croyances. Je ne parle pas ici que de croyances religieuses, mais bien de toutes les croyances, qu'elles portent sur des concepts médicaux, technologiques, éducatifs, économiques, sociaux ou encore, scientifiques. En tant qu'humains, nous pensons savoir beaucoup de choses. Sur le corps physique, par exemple, et sa composition organique, son fonctionnement, ses affections et la façon de les traiter. Mais, en vérité, quelle *connaissance* avons-nous de ce qui sous-tend cette vie mettant ce corps en mouvement? Faisant battre le cœur? Emplissant et vidant les poumons? Régénérant les cellules? Déclenchant un orgasme? Par-dessus la peur de disparaître, le désir de laisser une trace et du conditionnement social ou culturel, quelle est la cause de la perpétuation du genre humain? L'amour, diront certains. Bien. Que savons-nous de l'amour? Peut-il être appris, compris, transmis tel un héritage ou appréhendé intellectuellement?… Le savoir n'est que la description plate d'une réalité contenue dans l'enceinte des cinq sens. Dans ce que l'on nomme « connaissance » résident les Lois universelles, le mystère de la Vie qui ne se décrit ni ne se commente, le commencement et la fin et Ce qui Est, de toute éternité, avant le commencement et après la fin, la source de toute Sagesse.

La certitude de savoir quelque chose prive de le connaître. Si ce savoir a été transmis par une source extérieure, sans qu'on en ait fait l'expérience directe, tôt ou tard, il faudra l'oublier, c'est-à-dire cesser d'y accorder un quelconque crédit afin de pouvoir le découvrir par soi-même, par la « Voie du Cœur ». On peut ainsi être le plus érudit des théologiens sans pour autant se révéler en capacité de manifester la moindre compassion… Signe que la quête d'un savoir privé de conscience peut maintenir dans une posture bien sèche. Je ne nie pas son utilité puisque, encore une fois, tout chemin a sa raison d'exister et mène ultimement à la connaissance de soi. Seulement, lorsque l'on cherche véritablement à entrer en connexion avec sa nature profonde, vient alors un temps où s'impose cette exigence d'humilité : « *Je sais que je ne sais rien* » qui signifie « *je sais que mes constructions mentales, aussi élaborées soient-elles, ne me conduiront jamais à découvrir Ce que Je Suis, si elles ne sont pénétrées, traversées, éclairées par la Conscience à l'origine de toute chose.* »

En définitive, le pont entre savoir et connaissance est construit de pierres de conscience.

Ainsi, pour l'essentiel, le contenu de ces livres de vulgarisation ésotérique auquel il m'est donné d'avoir accès entre en résonance avec quelque chose présent en moi depuis toujours. Je n'y apprends donc rien, mais, en revanche, j'y trouve des explications sur la plupart de mes ressentis, sensations, impressions ou même certitudes inavouées qui meublaient mes espaces intérieurs.

Bien que produits par un collectif d'auteurs issus d'horizons très variés, ces livres sont écrits dans une langue qui m'est familière et qui, par voie de conséquence, trouve un écho en mon for intérieur. Certains écrits servent à cela : permettre à ceux qui les lisent de se rappeler leur langue maternelle, se rappeler ce son primordial qui vibre en eux et dont, parfois, ils ne gardent qu'un très lointain souvenir, une sorte de note à peine perceptible, comme voilée par les couches de savoir intellectuel, de conditionnement, de jugement, de peur et, surtout, de honte.

La honte est un puissant frein à l'ouverture du cœur. Elle est liée à la crainte du jugement de l'autre ou des autres par rapport à une chose faite, dite, portée ou pensée par soi. Ainsi, s'agissant de ressentis, certitudes ou croyances en lien avec ce qui échappe aux cinq sens, bien des êtres n'osent les partager ni même les assumer, en raison de la peur d'être taxés de fous, d'illuminés, de gentils crédules, de trouble-fête, voire de personnes dangereuses. La peur d'être jugé et exclu du «groupe» du fait de l'affirmation d'une différence ou de sa vérité intérieure maintient dans ce déni de soi. Ce déni est une fuite en avant et un renoncement douloureux à une évidence qui n'a de cesse de chercher à percer la coque de la personnalité. Le paradoxe de cette posture est qu'en aspirant à demeurer uni aux autres, l'on se maintient en fait séparé de l'expérience de l'unité intérieure…

À sept ans, je me sens entrer dans les vêtements de l'imposteur. Appelé par beaucoup «âge de raison», il est plutôt, en ce qui me concerne, celui qui sonne le glas de mon ambition de partager avec d'autres mes élans spirituels. Les rares occasions où, en famille, je me suis timidement laissé aller à faire état de mes convictions – réincarnation, loi de cause à effet, vie extraterrestre, puissance du Verbe, etc. –, j'ai attiré à moi un certain nombre de sarcasmes. Le commandant a dit, d'un ton à la fois péremptoire et dédaigneux : «Lui, de toute façon, il croit à tout.» Intérieurement, je lui ai répondu : «*Je ne crois pas, je sais.*» Ce savoir-là émane de la Connaissance et non d'un remplissage intellectuel. Je ne sais pas comment ni pourquoi je le sais, mais je le sais. Comment expliquer cela à quelqu'un qui a besoin de preuves visuelles pour adhérer ? Mais puisqu'il en demande, je décide un jour de lui en fournir une.

Le commandant souffre d'hypertension artérielle. Elle est, bien sûr, la somatisation de son état de guerre intestine. Afin de la surveiller avec un minimum de régularité, il s'est porté acquéreur d'un tensiomètre électronique qui, en plus de délivrer les chiffres des tensions systolique et diastolique, permet de mesurer le nombre de pulsations du cœur à la minute. Ce détail est pour moi d'importance, car, comme je me suis rendu compte que, sans effort particulier, je pouvais arrêter mon cœur de battre, je vois là une possibilité de montrer ce qui, *a priori*, semble constituer une singularité. Alors, prenant mon courage à deux mains, au détour d'une conversation à laquelle je ne suis initialement pas convié, j'annonce que je peux arrêter les battements de mon cœur. Le commandant passe assez promptement du ricanement gentillet à l'agacement manifeste : « Mais puisqu'on te dit que c'est impossible ! » Une fois n'est pas coutume, j'insiste. Ce qui doit advenir advient : on me passe autour du bras le brassard du tensiomètre qui, actionné par la commande centrale de l'appareil, se met à gonfler jusqu'à ce qu'un « bip » régulier accompagné d'un symbole en forme de cœur sur l'écran se fasse entendre. Autour de moi se trouvent ma mère, ma sœur et le commandant, que je sens très impatient de me rabrouer. Alors, aussi naturellement que l'on retient à souhait sa respiration, je demande à mon cœur de faire une pause. Et il s'arrête de battre, faisant nécessairement cesser de sonner l'appareil. Le silence qui s'abat sur la pièce n'est pas le seul fait du tensiomètre qui s'est tu. La puissante gifle que le commandant m'administre est sa réponse à ma remise en question du postulat cardiaque. « Tu n'es pas bien ou quoi ? Il ne faut jamais faire ça ! » Chirurgien-dentiste biochimiste trop orgueilleux pour admettre qu'il se trouve face à quelque chose qu'il jugeait encore impossible quelques secondes auparavant, il choisit ainsi de mettre un terme à tout échange sur le sujet. Je ne suis pas surpris par la gifle – question d'habitude –, en revanche, pour un homme qui s'est remis à marcher quelques jours après avoir été violemment percuté par un véhicule et qui raconte avec conviction des histoires d'hommes-serpents, je le trouve très en décalage avec l'ouverture d'esprit qu'il peut parfois manifester par ailleurs. Je passe bien sûr sur le fait qu'il m'interdise de réaliser quelque chose d'impossible…

Cette gifle, pour anodine qu'elle soit, étouffe cependant en moi toute velléité d'échanges ésotériques au sein du clan familial.

« Mais, ajouta-t-il, je vous le dis en vérité, aucun prophète n'est bien reçu dans sa patrie. » Ainsi est rapportée la parole de Jésus dans l'Évangile de Luc. Elle met en lumière cette tendance collective à vouloir

contenir chacun dans son apparence initiale, dans son rôle premier. Pour quelle raison ? Tout simplement parce que si l'on permet à celui que l'on a connu comme le simple fils du charpentier de délivrer un message révolutionnant la conception de la nature humaine, l'on devient, par voie de conséquence, obligé de réexaminer toutes ses croyances, ses jugements, ses opinions et limitations qui formaient son horizon. Accepter d'être enseigné, éclairé ou guidé par celui ou celle que l'on a vu naître et grandir requiert un degré certain d'humilité. Beaucoup d'êtres associent leur antériorité existentielle à une sagesse et une maturité plus vastes. Le paradoxe est que ce sont souvent les mêmes qui déclarent, amusés, admiratifs ou médusés, que « la vérité sort de la bouche des enfants ». Encore une fois, il y a confusion entre la forme et le fond ou, en d'autres termes, entre l'enveloppe et le contenu. Tant que l'on associe âge et taille du corps physique avec capacité de discernement, l'on demeure enfermé dans cette identification à la forme, à la personne. Or, ce que l'on est, pour mémoire, n'est tout simplement pas né… Ce que l'on est, en vérité, n'a pas attendu le jour de l'accouchement pour exister et ne disparaîtra pas avec la mort du corps physique. Bien sûr que, durant le temps de constitution de ses structures mentales, l'être nouvellement incarné a besoin du soutien aimant et vigilant de ses aînés afin d'être le mieux possible acclimaté aux réalités de son espace d'expérimentation terrestre. Mais ne confondons pas la construction de la personne, l'expansion matérielle du corps physique, l'élaboration des autoroutes neuronales et le développement de l'aptitude rationnelle avec ce qui en est à l'origine et, notamment, avec l'âme qui utilise ce « véhicule » pour accomplir sa mission de vie, partager son Essence, manifester son intention et transmettre au monde le plus haut degré d'elle-même.

Le savoir est emprisonné dans la personne qui est une entité éphémère, mortelle, périssable, fragile, compulsive. La Connaissance, à la fois réceptacle et contenu des Lois universelles, est portée par l'Être. Ainsi, lorsque les adultes pensent devoir « apprendre la vie » aux enfants, ils se vautrent dans une profonde méprise. Non pas qu'ils n'aient rien à leur transmettre, mais l'essentiel de l'éducation réside dans le fait de les aider à percevoir la Connaissance dont ils sont porteurs de toute éternité et de l'accueillir avec une humilité consciente, c'est-à-dire tout autrement que par le constat sporadique, superficiel et non suivi d'effet que « la vérité sort de leur bouche ».

Entre parents et enfants existe un contrat d'élévation mutuelle. Les parents élèvent leurs enfants et les enfants élèvent leurs parents. L'écueil, chez les parents, est de croire que leurs enfants ne savent pas pourquoi ils sont venus sur Terre puis d'ainsi s'évertuer à leur montrer un chemin qu'ils estiment bon pour eux. Dans cet effort illusoire se mêlent attentes, vœux propres non exaucés, complexes, projections, besoins de reconnaissance, tentatives d'accomplissement au travers de l'autre et, bien sûr, peurs transmises de génération en génération.

Comment continuer à croire que des êtres qui apparaissent sur Terre après soi puissent être porteurs d'une sagesse moindre, alors que, par définition, ils viennent amener quelque chose de nouveau, telles des graines de conscience qui n'ont pas encore été semées ? Beaucoup trouveraient aujourd'hui au mieux cocasse, au pire insupportable, que des humains du Moyen Âge leur enseignent avec une conviction opiniâtre que la Terre est plate et qu'au-delà de la ligne d'horizon de l'océan, c'est une sorte de précipice sans fond qui se déploie. C'est pourtant ce que vivent nombre d'enfants dont les parents, les aînés, les professeurs croient fermement détenir les clés de compréhension du monde et entendent bien les leur transmettre. « *Qu'essaies-tu de m'enseigner, avec une telle arrogance, comme si tu ne mesurais pas que l'état dans lequel tu me lègues ton monde n'est aucunement celui que j'entends faire perdurer ? Quelle est donc cette humanité dans laquelle la Vérité que je porte n'est pas accueillie, alors que je sais intimement être venu pour la partager au plus grand nombre ?* » Ainsi s'exprime en son cœur l'âme de l'enfant à qui l'on cherche à imposer des croyances limitantes, des peurs, des objectifs ou une vision duelle de la Vie. Cette voix intérieure pourra se manifester, au travers de la personne, par des tendances à la rébellion, la défiance ou même l'autodestruction. Et, souvent, les parents jugeront que leur enfant présente un « problème ». Ce ne sont pas des difficultés avec l'autorité, la discipline ou la loi qui caractérisent ces enfants. Leur souffrance découle du fait de ces règles qui ne respectent pas les Lois universelles, le principe d'expansion de la Vie et, prioritairement, la primauté du Féminin sur le Masculin.

Lorsque l'on part du postulat que les enfants sont de petits êtres insignifiants auxquels il est question de tout apprendre, il y a purement et simplement négation de leur grandeur intérieure, de leur accès direct à la Connaissance et de l'harmonie qu'ils viennent instiller en ce monde. Il y a là une concentration aveugle sur la forme, le contenant, l'enveloppe qui serait vide, en quelque sorte, et qu'il s'agirait donc de remplir de savoir, de codes moraux et de conditionnements. Il y a une concentration de l'attention sur le principe masculin qui encadre, organise et structure, sans ouverture offerte à la Puissance créatrice qui circule au travers. Combien de règles de savoir-être et de savoir-vivre n'ont en fait strictement rien à voir avec l'idée d'être et de vivre et, au contraire, maintiennent simplement dans une rigidité posturale socialement correcte ?

Laisser un enfant dessiner ce qui lui plaît ou jouer comme bon lui semble n'est pas suffisant pour lui permettre d'honorer, en premier lieu, sa polarité féminine. La nécessité de lui offrir la possibilité inaliénable de trouver son centre, sa voie, son chant s'impose bien avant celle d'apprendre à compter, lire ou répondre poliment aux attentes des adultes de son entourage… Pourquoi exige-t-on de tant d'enfants qu'ils embrassent les adultes – parfois inconnus – pour les remercier ? Cela revient à leur enseigner qu'ils ne disposent pas librement de leur corps et que le plaisir des grands passe avant le leur. Pourquoi tant d'adultes – parents, grands-parents, amis – quémandent sans cesse des marques d'affection auprès des enfants ou bien encore subordonnent leur droit d'accès au repos, à une friandise, à un jouet ou à un quelconque plaisir à une embrassade de leur part ? Cette contrainte imposée à leur corps inscrit durablement en eux la croyance de toujours devoir mériter pour recevoir quelque chose, et que, pour accéder à une certaine forme de satisfaction ou de plaisir, il leur faudra nécessairement sacrifier une partie de leur liberté à disposer d'eux-mêmes. Cette croyance, à l'âge adulte, conduit des hommes et des femmes à exercer des métiers que leur corps abhorre, à s'accoupler avec des êtres pour lesquels ils ont peu d'attirance et surtout, à sans cesse opérer des choix niant la voix de leur intuition.

Le changement de paradigme auquel aspire cette humanité en marche réside dans cette inversion des priorités : être avant de faire. La sempiternelle question posée à tous les enfants et adolescents « Qu'est-ce que tu veux faire plus tard ? » peut être remarquablement sclérosante si elle n'apparaît à la suite de « Que ressens-tu aujourd'hui ? », « Qui es-tu ? » et « Qu'as-tu à transmettre à ce monde ? » Il n'y a véritablement aucun sens à enseigner à des classes entières l'histoire du monde, au travers du récit parcellaire et idéologique de guerres, conquêtes et révolutions si les élèves ne savent comment appréhender leurs propres luttes intestines et soubresauts émotionnels. Il serait intéressant de cesser de commenter les effets de nos guerres intérieures pour enfin se résoudre à envisager que nous sommes porteurs des causes.

Faire croire que tel conflit a pris sa source dans telle décision de tel dirigeant au détriment d'un peuple tout entier, victime innocente du tempérament belliqueux de son chef, est une vaste entreprise de déresponsabilisation. Et la paix viendrait de ce même chef qui, une fois vaincu, signerait sa reddition en fonction d'éléments extérieurs ?

Enseigner exige un haut degré d'humilité. Il ne s'agit jamais de remplir l'autre d'un contenu nouveau, mais de lui permettre de révéler le trésor qu'il ou elle porte déjà. Quel professeur possède suffisamment de grandeur pour s'incliner devant sa classe et lui dire : « Qu'avez-vous à m'apprendre aujourd'hui ? » Le piédestal depuis lequel beaucoup entendent transmettre leur enseignement les prive de toute possibilité d'évolution et d'éveil et, en outre, maintient l'auditoire dans une fausse dépendance cognitive. L'hypothèse initiale établissant que l'un est savant et les autres ignorants est le point de départ de bien des comparaisons. Plutôt que d'apprendre à se connaître, par le chemin de l'accueil des élans qui se manifestent en toute liberté en soi, l'on va chercher à ressembler à ce que propose l'autre qui, lui-même, a pris modèle sur des aînés. Comment est-il possible que ce soit les anciens qui évaluent la valeur et le potentiel des jeunes, puisque ce que ces jeunes apportent leur est intrinsèquement inaccessible et inconnu, car neuf et en attente d'incarnation ?

Une nouvelle fois, l'on pourrait trouver bien saugrenu qu'un être qui ne connaît que quatre ou cinq notes de la gamme se mette à évaluer la qualité d'une œuvre symphonique. Lorsque les « anciens » demandent aux jeunes « ce qu'ils veulent faire plus tard », ils les incitent à se projeter dans un futur qui serait le prolongement linéaire d'un temps actuel, mais sans accès à toutes les merveilles contenues dans leurs bagages. Comment la réponse pourrait-elle être autre que « rien du tout » puisque, de l'observation de ce que ce présent offre, il ressort une aspiration profonde à manifester des créations beaucoup plus alignées avec une pureté, une harmonie et une vérité originelles. Le rôle des anciens est de permettre que ceux qui s'incarnent après eux puissent réaliser ce pour quoi ils ont pris forme humaine et non point de leur léguer un héritage, une tradition séculaire ou quoi que ce soit qui maintienne la Vie sur des rails ou dans le carcan de la nostalgie.

Éduquer exige un haut degré d'humilité, incompatible avec l'idée d'un passé à reproduire, faire revivre, regretter ou entretenir. La nostalgie, parce qu'elle maintient dans cette croyance d'un passé plus doux, agréable, lent ou accueillant empêche d'accueillir la magie du moment présent. Les âmes qui s'incarnent ne viennent pas pour perpétuer un climat d'antan ou restaurer des vestiges. Elles viennent construire sur des fondations les plus neutres, apaisées et cristallines possible. L'humilité de l'éducateur consiste ainsi à voir en ces jeunes êtres les précieux architectes d'un monde nouveau, plus harmonieux, plus en accord avec les Lois universelles, plus humain.

Ceux qui se laissent aller à poser sur la jeunesse un regard condescendant ou méprisant alors que le monde qui lui est laissé pour s'accomplir ne propose quasiment que compétition, conquêtes, crises, guerres, prédations, violence sociale, ruptures et clivages politiques, font montre d'un niveau d'orgueil et d'une absence de sens commun qui ont de quoi interpeller… En outre, aucun élève n'a jamais progressé du fait des critiques acerbes de son maître. Et tout élève, par définition, a vocation à dépasser son maître.

Lorsque le maître voit enfin en l'élève un autre lui-même en devenir, il n'y a plus la possibilité de le juger, le condamner et l'enfermer dans un état d'ignorance. Il ne demeure que la perspective de l'évolution, l'éveil et la maîtrise. Quel est donc cet enseignant qui conspue son élève du fait qu'il ne sache ni lire ni écrire, alors qu'il est, justement, celui censé lui transmettre ces compétences ?

IV

Huit ans est l'âge auquel je ne parviens plus à feindre l'insouciance.
Je tente bien de me fondre dans les jeux de mes camarades, de prêter une
oreille attentive à leurs histoires de héros masqués, d'équipes de football
ou d'autocollants à collectionner, mais l'immersion est toujours de courte
durée. Rapidement, je m'observe depuis l'extérieur en train de jouer un
rôle. Celui, en l'occurrence, du bon copain, enjoué, *normal*, doté d'un
âge mental équivalent à celui de son état civil, alors que je me sens une
vieille personne qui attend avec une relative patience d'avoir recouvré un
corps d'adulte pour pouvoir à nouveau jouir de sa liberté d'être et d'agir.
Je regarde les autres enfants de mon âge avec envie parfois – eu égard
à leurs conditions de vie présumées plus douces – et puis, échangeant
avec eux, je ne veux en définitive pas de leur vie, car elle impliquerait
que je renonce à tout ce que je sais. Je ne suis pas prêt à échanger mon
accès à la Connaissance contre un peu d'affection ou d'attention, quand
bien même j'estime éminemment rude mon existence quotidienne sous
les ordres du commandant.

Cherchant à mieux cerner les ressorts de ma personnalité, je lis des
livres traitant d'astrologie. Il y est invariablement écrit que, de par ma
date de « naissance », je suis du signe des Poissons. Outre une intuition
développée, on y évoque souvent une grande sensibilité, accompagnée
d'une récurrente hyperémotivité.

Je me serais bien passé de ce dernier aspect, bien peu compatible avec
la rigidité du commandant qui ne goûte pas les effusions émotionnelles,
qui plus est chez un garçon à qui il est exigé d'être un homme. Et, selon
le règlement qu'il a établi, un homme n'est pas censé pleurer. Mon

problème est que l'alliance de cette sensibilité et cette hyperémotivité est pour moi synonyme d'une tendance notoire aux pleurs. Une réprimande, une gifle, une chute, l'annonce d'un décès – même d'une personne qui m'est inconnue –, un film romantique suffisent à déclencher chez moi une effusion lacrymale qu'il m'est impossible de réguler. Je sens ces larmes qui montent, parfois même sans tristesse, avec une intensité et une constance qui me désolent. Je m'observe en train de pleurer, ainsi que je m'observe lorsque je fais mine de m'intéresser aux activités des enfants de mon âge. Je sens que ce contenu émotionnel, disproportionné par rapport à la taille de mon corps, devra tôt ou tard être vidé. Je n'ai aucune idée de la manière ni du moment, mais il me semble évident que ces émotions ne peuvent définir ce que je suis et n'ont rien à voir avec cette sorte de vacuité, de silence primordial que je sais être mon socle, ma fondation.

La présence de ces attributs astrologiques qui seraient telles des marques indélébiles attise ma colère. Je ne veux pas être estampillé « Poissons ». Fréquemment, j'entends ces comparaisons avec tel ou tel qui serait, *comme moi*, du signe des Poissons, comme autant de raccourcis aisés figeant une portion de l'humanité dans un même tempérament immuable. Je sens que ce que je suis est plus vaste que ces définitions forcément réductrices. Certes, en tant que garçon de huit ans, je manifeste indubitablement cette sensibilité exacerbée et cette inclination à laisser couler en abondance mes larmes. Cependant, je n'ai pas l'intention de conserver toute ma vie durant ces traits de personnalité et ne me reconnais pas nécessairement dans celles et ceux qui se présentent à moi comme étant, *eux aussi*, du signe des Poissons.

S'agissant de son signe astrologique, le commandant est Bélier. Je ne peux que me résoudre à l'évidence – pour ce que j'en ai vu durant ces quelques années – que son caractère s'aligne bien avec la description qui est faite de ce signe, dans les ouvrages auxquels il m'est permis d'accéder.

Je me sens très éloigné de ce qui émane de lui au quotidien, son impétueuse combativité et son humeur presque en permanence exécrable. Pourtant, on dit souvent que « la pomme ne tombe jamais très loin de l'arbre ». Puisse-t-il être des pommes très différentes du pommier ? Tout dépend de ce que l'on va déterminer comme points de jonction ou de ressemblance. Si l'on se réfère à l'aspect physique, à certains comportements, attitudes et aspirations qui sont la conséquence d'un inévitable mimétisme familial, alors oui, l'adage se vérifie. Si l'on se rapporte à la nature véritable, intrinsèque, l'Essence fondamentale, alors il n'y a plus ni arbre ni pommes, tout est un, indivisible, relié, connecté en tout point, en dehors de toute notion de temps et d'espace.

Il est à entendre que cette proximité entre le fruit et l'arbre, entre l'enfant et les parents, repose sur un lien se situant entre le fond et la forme, entre divinité et personnalité. L'âme est ce pont, cette arche qui vise à rapprocher, à unir à nouveau, par le biais des expériences multiples, le fond et la forme.

Dans le champ des âmes, dans cette dimension préalable à l'incarnation, des accords se nouent entre les âmes, des accords qui visent à s'aider mutuellement à atteindre cette unité. Ce sont des contrats d'âme. Ces accords, ainsi que cela a déjà été évoqué, sont des contrats d'élévation mutuelle. Aucun enfant ne *naît* dans une famille par le *simple* fait de l'accouplement d'un homme et d'une femme. Il y a une entente réalisée, en fonction d'un grand nombre de paramètres, entre les futurs parents et l'âme en instance d'incarnation. Quels rôles les uns vont-ils jouer pour les autres ? Dans quel but ? Le concept d'enfant non désiré est une ineptie qui éclaire le degré d'irresponsabilité pouvant frapper certaines consciences en ce monde… La croyance – partagée par beaucoup – que l'on ne choisit pas ses parents et que, dès l'arrivée sur Terre, l'on est marqué du sceau du hasard, de la fatalité, de l'injustice, de l'aléatoire ou de la chance maintient un grand nombre d'êtres dans la posture confortable de la victime. Cette posture, pour perdurer dans la conscience, a besoin de la coexistence de bourreaux, de juges, d'objets de comparaison, tous créés par cette illusion du chaos.

Cette notion de contrats d'âme est une clé essentielle de compréhension et d'acceptation de la nature profonde des rapports humains. Ce à quoi l'on assiste, dans la matière, est la version théâtralisée d'un scénario qui s'est écrit de façon collégiale par toutes les âmes concernées, avant le « lever de rideau ». En fonction de leur niveau de conscience, de leurs expériences passées, de leur degré d'engagement, de leurs défis à venir, de leur courage et du calendrier cosmique, les âmes vont s'attribuer des rôles comportant un impact collectif plus ou moins important, mettant en œuvre un nombre croissant de potentiels.

Il est bien sûr à comprendre que des *Intelligences* supérieures valident, en quelque sorte, les scénarios, afin qu'ils correspondent aux nécessités du Plan divin, lequel englobe toutes les hypothèses d'évolution, toutes les conséquences issues de l'utilisation du libre arbitre, toutes les voies d'expérimentation, jusqu'à une certaine limite qui est celle de l'autodestruction collective. Sans pouvoir dire que tout est écrit d'avance – précisément en raison de ce facteur de liberté –, il est quand même à concevoir que certaines hypothèses sont plus que d'autres nourries pour l'intention générale. Ainsi, d'un champ infini des possibles se dégage un courant directeur, que l'on peut qualifier de « plus grande probabilité » et qui est cette issue en permanence prédictible et prévisible du fait que les âmes incarnées convergent globalement vers leur plan d'incarnation, chemin de vie ou mandat, correspondant à la cause de leur présence en tant qu'êtres humains sur Terre.

Les temps actuels, sur Terre, constituent une fin de cycle, synonyme de changement de paradigme pour le collectif humain qui entre progressivement dans une nouvelle conscience. L'accession à cette nouvelle conscience concerne tous les humains de la Terre et non point seulement ceux qui seraient engagés dans un « cheminement » spirituel, un processus de dissolution des structures limitantes de l'ego ou une sorte de mission de transmission de clés de sagesse. Puisque, de façon presque exponentielle, la Terre elle-même élève son taux vibratoire, il est bien question pour tous ceux qui résident sur sa surface de l'accompagner dans cette élévation. L'idée n'est pas d'aider la Terre, cette grande Conscience n'a guère besoin des humains pour cela – et encore moins besoin d'être « sauvée », pouvant se débarrasser d'hôtes gênants en quelques éternuements, soupirs et frissons. Pour tout humain s'impose en revanche la nécessité d'aligner son taux vibratoire sur celui de la Terre, à défaut de quoi son corps physique aura tôt fait de manifester son inadaptation chronique aux fréquences pulsées, par le biais de dysfonctionnements d'organes ou de pathologies liés à la persistance d'espaces cristallisés.

On pourrait être amené à penser, de par l'observation distante d'une certaine partie de l'humanité, que beaucoup n'ont aucunement l'intention d'élever leur conscience et entendent plutôt faire perdurer certains archaïsmes et autres conditionnements favorables à la préservation farouche de leurs intérêts personnels. D'une part, ce serait oublier que des centaines de milliards d'âmes en instance d'incarnation attendent de pouvoir bénéficier d'un corps physique sur Terre pour y poursuivre leur évolution dans cette époque particulièrement propice à l'éveil de la conscience, d'autre part, ce serait occulter le fait que dans toute école se côtoient des élèves turbulents, d'autres appliqués, des apprentis assidus, des surdoués, des instructeurs débutants et d'émérites professeurs et que tous, en dépit d'apparences souvent trompeuses, convergent vers un même point de rencontre. L'enseignant a autant besoin de l'élève pour se perfectionner dans l'art de transmettre que l'élève a besoin des compétences de ce dernier pour accroître sa capacité à se reconnecter à la Connaissance. Et les plus grands enseignants ne sont pas toujours ceux que l'on croit. Ainsi, en cette humanité, certains qui se sont incarnés pour aider d'autres à atteindre l'état de compassion empruntent des chemins qui pourraient sembler, vus par le petit bout de la lorgnette, contraires au but poursuivi.

Chaque être humain présent sur Terre est, initialement, un diamant brut. Une gangue – cette pellicule pierreuse plus ou moins épaisse – entoure ce diamant jusqu'à parfois le masquer entièrement. Ce diamant brut, s'observant dans le miroir ou à travers le regard des autres, ne perçoit de lui-même que la gangue au cœur de laquelle sa véritable nature se dissimule. De quoi a-t-il besoin pour se reconnaître ? Il a besoin de chocs, de frictions, de frottements, de contacts répétés avec d'autres gangues et de polissages répétés pour parvenir à se voir tel qu'il est au-delà de cette couche vulnérable, friable, temporelle qui masque son éternité adamantine. Lorsque, las d'avoir joué à oublier qu'il était un pur diamant à mille facettes, il décide de retrouver la mémoire de sa nature originelle, il va alors émettre une demande préalable à son enfouissement dans la matière Terre, dans l'incarnation : « *Que me soient données toutes les frictions dont j'ai besoin pour réaliser ma nature véritable.* » L'Univers, qui est pur Amour, répond à l'instant même de sa formulation à cette demande qui témoigne d'une intention de l'âme de se fondre à nouveau dans l'éternité de la Vie, c'est-à-dire de sortir de cette roue interminable du cycle des réincarnations, appelée « karma » par la tradition orientale. Schématiquement, la première des réponses de l'Univers est la mise en relation des âmes les unes avec les autres, depuis les plans d'existence précédant celui de l'incarnation. C'est dans ce plan d'existence que s'écrivent les scénarios évoqués plus haut. Ainsi, les âmes vont s'entendre pour jouer les unes pour les autres, tour à tour, le rôle de révélateur, de guide ou de « pioche ».

La personne, constituée de l'ego et du mental, est l'identité dans laquelle la presque totalité de l'humanité s'enferme dès l'âge de raison, pour ensuite la défendre avec la plus grande des obstinations, oubliant au passage la demande formulée avant l'incarnation ainsi que les accords et contrats d'âmes noués avec toute une foule d'intervenants successifs ou simultanés. Si l'on compare cette personne à la gangue, il est aisé de comprendre qu'elle va devoir recevoir un certain nombre de coups de pioche avant de se détacher complètement de la pierre qu'elle masque en s'y accrochant. Si l'on pose sur la gangue juste des caresses, un léger souffle ou de doux murmures, va-t-elle, par elle-même, se distinguer de la pierre précieuse et lui permettre d'être contemplée ? Il est permis d'en douter. Peut-on blâmer la pioche ou la main qui la tient pour son action abrasive, alors même qu'à l'instar d'un Judas pour le Christ, c'est l'être par lequel s'accomplit, sinon le Plan divin, au moins la Volonté de son Soi supérieur ? Est-ce le diamant – l'être de Lumière – qui reçoit le coup de pioche ? L'aphorisme revendiqué par Goethe et Nietzsche « *ce qui ne tue pas rend plus fort* » se rapporte à ces coups-là. D'aucuns l'ont contesté avec force, tout simplement parce qu'ils sont demeurés dans la sphère de la personne. Bien évidemment que la personne, vouée à disparaître, s'amoindrit du fait de la répétition de ces « coups » portés. Grand bien lui fasse, c'est conforme à la volonté de l'âme, afin qu'elle puisse investir toute la dimension humaine et non plus rester reléguée à l'arrière-plan ! L'aphorisme, dans son contenu, est cependant encore bien trop attaché à l'ego qui commente lui-même les coups de pioche qu'il reçoit et en profite pour s'octroyer un supplément de résistance. On peut le conduire jusqu'ici : « *Ce qui dissout la personne révèle l'être véritable.* »

L'oubli du scénario que l'on a coécrit et de l'identité des plus grands piocheurs permet que l'on s'approche très près d'eux et que l'interaction naisse afin que l'histoire puisse se jouer. Cet oubli est fort heureux puisque si ce souvenir était conservé intact, bien peu iraient naturellement se frotter à tous ces êtres « programmés » pour s'attaquer à leurs structures égotiques. En vérité, la souffrance commence à l'instant où, face au déroulement de l'histoire, l'on juge et condamne la situation avant de se mentir en déclarant qu'on ne l'a pas voulue, que l'autre est mauvais, méchant, contre soi, qu'il faut fuir, lutter, se battre, convaincre, changer l'extérieur pour apaiser l'intérieur, etc. Ce mensonge engendre dans le corps une sensation de torsion ou de compression. Elle est la réponse immédiate de l'âme à ce qui est verbalisé par la personne et qui est contraire à la vérité. Ce n'est pas le contenu de l'expérience en cours qui génère une souffrance, mais bien le refus de la vivre et de la transcender. Ce refus marque une opposition avec le but poursuivi qui est celui de la diffusion, en la conscience incarnée, de l'unité, l'harmonie, l'amour et la vérité.

Et les nourrissons et les jeunes enfants, qui ne se mentent pas à eux-mêmes, qui n'ont même pas de structure mentale, pourrait-on objecter, comment peuvent-ils aborder autrement que dans la souffrance les épreuves, parfois extrêmement denses, qui se présentent à eux ? Cette vision, basée sur l'apparente inertie intellectuelle des humains nouvellement incarnés, occulte le fait que même le fœtus est marqué par de puissants archaïsmes qui l'incitent à entrer en opposition avec ce qu'il peut ressentir émanant de sa mère ou de son père.

Et, encore une fois, nul ne s'impose une épreuve qu'il ne saurait être en capacité de transformer en initiation. Sauf à ne voir en un enfant qu'un petit corps sans défense – et donc à le réduire à une forme de chair particulièrement vulnérable –, il est à envisager que les êtres nouvellement nés sont encore assez proches du plan de conscience précédant l'incarnation et bien plus résilients qu'ils n'y paraissent. Si tant est que les adultes veuillent bien voir en ces derniers d'autres facettes que celles de la victime…

Par « résilience », on entend la capacité d'un être, d'un groupe, d'une structure à s'adapter à un environnement en changement. Utilisé dans des domaines aussi divers que la physique, la biologie, l'économie ou la psychologie, le terme de « résilience » évoque aussi la capacité à récupérer un fonctionnement *normal* et à revenir sur une trajectoire de croissance après avoir subi un choc ou une altération.

L'existence que l'on traverse ici sur Terre demande, en permanence, de faire preuve de résilience. Pour deux raisons : la première est que l'environnement change. Non tant dans son apparence extérieure que sa constitution vibratoire et sa gamme de fréquences. Et ces changements se caractérisent notamment par une sorte d'accélération ressentie avec plus ou moins d'inconfort par beaucoup. La seconde raison est que, effectivement, chacun a à récupérer son « fonctionnement normal » et à revenir sur sa « trajectoire de croissance », autrement dit, son chemin d'ascension. On pourra assez aisément concevoir que certains chocs, certaines altérations avaient eu pour conséquences que l'on s'en éloigne singulièrement.

Ces chocs et ces altérations sont toutes les blessures, les souffrances, les peurs, les colères, les sentiments de trahison, d'abandon, d'impuissance, d'humiliation, les reniements, les doutes, les mensonges, les manipulations qui, de vie en vie, ont modifié et influencé la façon d'être, forgeant des croyances limitantes, ternissant le rayonnement, changeant la perception du monde, des autres et, surtout, de soi-même. On s'est de moins en moins vu et senti comme un être divin incarné relié à la Source ou au Tout, mais plutôt, au fil du temps, comme une individualité isolée, en errance, en quête du moindre mal, de la moins grande douleur possible, plongée souvent dans une sorte de nostalgie d'un « ailleurs » lumineux, mais si lointain, tellement inaccessible.

À des degrés divers, chacun possède en soi cette résilience, cette faculté de récupérer son fonctionnement normal et de revenir sur une trajectoire de croissance. L'élévation actuelle du niveau vibratoire de la Terre active en soi la résilience, justement parce que, par ses prises de conscience, sa soif de lumière et d'amour, sa volonté grandissante d'ôter ses voiles et de transcender ses limites, chacun entre en résonance avec la planète. En tant qu'être en phase d'éveil, porteur d'un champ magnétique, on s'aligne petit à petit sur elle et l'on se branche littéralement sur sa longueur d'onde.

Aujourd'hui, il est à comprendre que le niveau vibratoire de la Terre ne s'élève pas de façon linéaire et continue, mais plutôt sous la forme de paliers, presque par à-coups, au gré de grands cycles cosmiques. Il apparaît que pour de nombreux êtres qui se sont engagés dans la Voie de l'Ascension –la leur et celle de la Terre–, le franchissement de ces paliers, qui sont des phases de transition, génère inconfort, fatigue, voire une certaine instabilité émotionnelle.

La vie sur Terre est un formidable agglomérat d'expériences qui interagissent les unes avec les autres. D'un point de vue spirituel, elles sont toutes neutres. Absolument neutres. Le jugement posé sur une expérience appartient à la dimension humaine qui va estimer anormal que telle situation ait lieu, injuste que telle personne ou groupe de personnes aient à vivre telle situation ou, à l'inverse, puisse accéder, *a priori* sans talent particulier, à telle opulence ou opportunité.

D'un point de vue strictement humain vont exister des expériences dites négatives, initiées, entretenues ou coordonnées par de prétendues « méchantes » personnes, animées de « mauvaises » intentions. Cette conception enferme dans l'idée d'irresponsabilité individuelle. La responsabilité des événements ayant lieu dans son cercle d'appartenance social, familial ou amoureux n'implique pas du tout une quelconque culpabilité. Il n'est aucunement question d'affirmer que tel bébé abandonné à la naissance ou tel autre battu par ses parents ou encore tel enfant vivant les pires outrages l'a, d'une certaine manière, mérité, eu égard à d'éventuelles vies antérieures troublées par la commission de fautes ou de crimes abjects. Voyons plutôt le courage –au sens du cœur en action– qui anime ces êtres cherchant, par ces défis dimensionnés à la taille de leur capacité à les relever, à retrouver la pleine conscience de leur nature originelle, par les frictions s'opérant sur leur gangue.

Pourquoi, bien souvent, veut-on voir disparaître ce que l'on estime être de la souffrance autour de soi ? Pourquoi, bien souvent, veut-on extraire celles et ceux qui sont autour de soi de la souffrance qu'ils semblent ressentir du fait de leur expérience en cours ? Pourquoi, si souvent, cherche-t-on à sauver les autres, comme si ce qu'ils vivaient n'était pas juste, pas conforme à la volonté de leur âme ? Comme si ce qu'ils vivaient était une sorte d'accident ou de mouvement aléatoire dans l'Ordre universel ? Quel orgueil aveugle à ce point l'humanité pour décréter que ceux qui expérimentent des situations confrontantes et exigeantes doivent en être sortis, sauvés par ceux qui auraient, selon les apparences, choisi de plus douces stimulations ? Pourquoi voir en ceux qui manifestent un grand courage dans leur choix d'existence de faibles et impuissants êtres qu'il faudrait sauver des griffes de leur destin chaotique ?

Il est assez aisé d'être lucide sur la manière dont on se perçoit soi-même en fonction du regard que l'on porte sur les autres. Tant que, en ce monde, l'on croit encore voir des victimes sans défense qu'il faut protéger ou sauver, tant que l'on désigne encore des coupables dont on appelle la neutralisation, le jugement ou la condamnation, tant que le spectacle de l'existence terrestre éveille encore en soi peur, colère, tristesse, sentiment d'injustice ou de dégoût, il est simple de concevoir que ce sont là tous des aspects de soi qui, reflétés par l'extérieur, sont observés exactement du même œil partial. L'élévation de l'empathie à la compassion est à ce coût. Qui donc pourrait être véritablement aidé –donc élevé– en étant perçu comme une victime irresponsable, faible et incapable de puiser en son sein ces ressources qui sont la raison pour laquelle il ou elle a attiré les circonstances présentes ? L'aide pérenne n'est pas une incitation à l'esquive, la fuite ou l'évitement d'une situation donnée, mais bien une invitation –parfois vigoureuse– à retrouver, intrinsèquement, son accès au potentiel de résolution du « problème » rencontré, à se reconnecter à cette immuable certitude qu'aucune épreuve ne peut apparaître hors de soi qui ne soit propulsée intérieurement par une force équivalente.

L'aide ne réside pas tant dans l'action d'apporter un concours tangible ou matériel à autrui que dans la vibration que l'on émane à son contact et dans la qualité du regard que l'on pose sur lui.

Les yeux sont fréquemment désignés comme le portail de l'âme. Ils contiennent un cristallin – cristal-Un. Le cristal est un amplificateur dont la portée n'est plus à démontrer. Bien des civilisations l'ont utilisé, parfois même jusqu'à leur propre perte. Aujourd'hui encore, des usages divergents sont constatés avec le cristal. Certains l'honorent comme un être vivant doté d'une conscience, d'une mémoire, d'une sagesse et d'une connectivité particulières. D'autres, le voyant davantage comme une sorte de minerai-esclave, l'ont liquéfié et placé dans des écrans au travers desquels ils font circuler des informations dont la finalité n'est pas nécessairement d'élever le taux vibratoire de ceux qui s'en abreuvent… Ainsi, de par cette manière de regarder l'autre, soit en tant que victime, soit en tant que bourreau, on va lui envoyer une information qui va contribuer à le maintenir dans cette posture duelle. Et puisque chacun est tenu de prendre conscience de ce qu'il sème et émet, il sera tôt ou tard confronté à l'obligation d'aligner son regard sur le fond – et non la forme –, puis de mesurer l'impact de ses projections, à défaut de les maîtriser.

N'en déplaise aux élans sauveurs de certaines ou certains, une observation élevée, consciente, silencieuse, discrète, reconnaissante, aimante, offerte à un jeune enfant qui, dans son humanité, traverse une expérience très douloureuse peut être mille fois plus apaisante, accompagnante, réconfortante, bienfaitrice, libératrice que toute action personnelle fondée sur une intention prétendument justicière ou une pulsion émotionnelle.

Il est à concevoir que rien ne se passe dans la forme, dans l'objet visible, mais que tout s'accomplit dans les plans subtils qui sont la cause véritable dont on constate les effets ici-bas par nos yeux de chair. Tant que l'on cherche à modifier les effets sans percevoir la cause et son sens, l'on est exactement comme une personne qui, le matin, devant le miroir de sa salle de bain, s'évertuerait à vouloir coiffer les cheveux de son reflet. Pourquoi ce que l'on comprend immédiatement, par bon sens, dans l'expérience du quotidien devient-il ardu à intégrer lorsqu'il s'agit de soi ? Le principe est le même : *ce qui est à l'extérieur est comme ce*

qui est à l'intérieur, ce qui est en haut est comme ce qui en bas, pour la
réalisation d'une seule chose.

Ainsi, à huit ans, je me suis d'ores et déjà raconté beaucoup d'histoires : « *Je ne veux pas de ce commandant pour père, sa disparition*
serait une aubaine, je souhaite en finir avec la vie, le suicide est une
option envisageable, mon existence est trop dure, les autres ont plus de
chance que moi, etc. » Toutes ces histoires que j'ai inventées ont, bien
sûr, généré beaucoup de souffrances en moi, puisqu'elles sont contraires
à la vérité. Ce n'est pas mon éducation qui me fait souffrir, mais la
croyance que je ne l'ai pas voulue, qu'elle n'est pas ce que je suis venu
vivre sur Terre, la croyance que je ne suis pas à la bonne place. Chaque
jour qui passe, la peur m'étreint davantage. Je me sens terrorisé par le
commandant dont j'essaie le plus possible d'éviter la présence, du moins
en tête à tête. Ne surtout pas être tout seul à endurer sa vibration… Cette
peur est liée à mon propre jugement de ma situation et de ceux qui la
constituent. L'idée globale que je doive exceller pour mériter d'être aimé
ou, au moins, pour ne pas être puni, que je ne sois pas autorisé à pleurer
ou à laisser transparaître mes émotions et, enfin, que ma mère ne m'est
absolument d'aucun secours lorsque je suis battu par mon père condi-
tionne mon rapport au monde. Je crains les adultes que je vois appartenir
à une caste inaccessible. Lorsqu'un adulte s'adresse à moi, même avec
une grande douceur, je perds le peu de moyens à ma disposition. Mes
mots s'entrechoquent, mon débit s'emballe, je réponds à la vitesse de
l'éclair des stupidités que je regrette dans la seconde qui suit. Je ne me
crois pas mériter que l'on s'intéresse à moi et trouve insupportable,
extrêmement gênant que des adultes prennent le temps de s'abaisser à
me parler et, plus encore, à s'enquérir de mon état. Sympathiquement, ils
me demandent parfois si je « vais bien ». Souvent, c'est le commandant
ou ma mère qui répondent à ma place, comme s'ils pressentaient la
possibilité que je dise *ma* vérité –ce qui, pourtant, est loin d'être le cas.
Est-ce que je vais bien ? Quel mystère ! Qu'est-ce que cela peut bien
signifier ? Est-ce ne pas être malade ? C'est le cas, je ne le suis jamais.
Alors, « oui, je vais bien », réponds-je invariablement.
   Ma sensation d'imposture vis-à-vis des autres enfants vient notamment
du fait que j'imagine qu'ils ne peuvent comprendre mon existence depuis

leur existence privilégiée emplie d'agréables moments de partage avec leurs parents. J'ai honte, profondément honte de l'expérience qui est la mienne et celle de ma sœur. Profondément honte de ce qui se trame derrière les murs de la maison et qui échappe à tous ceux qui, bien souvent, pourraient être tentés d'envier notre situation du fait de l'aisance matérielle de nos parents. Pour rien au monde, je ne voudrais que mes camarades de classe prennent connaissance de ma souffrance.

Je veux être comme les autres enfants et certainement pas inspirer la pitié. Alors, pour fortifier ma posture de normalité, je vais même mener une campagne de glorification du commandant. Lorsque des questions me seront posées ou, juste pour me sentir *de* ce monde, je vais parler de lui à mes camarades en des termes extrêmement élogieux, lui tresser des lauriers et assurer une propagande dont il n'aura jamais idée. Je vais faire état de sa très vive intelligence, de sa culture particulièrement étendue, de sa puissance financière, de sa générosité, de son endurance physique, de son courage, de son dynamisme, de son indéfectible soutien à mon égard, en occultant soigneusement sa violence physique et verbale, son irascibilité, ses blessures psychologiques, sa dureté, son intransigeance, ses charges émotionnelles ou la démesure de son orgueil.

Comme l'on se ment en se disant que l'on ne veut pas de son histoire, il devient nécessaire de mentir aux autres pour leur faire croire que son histoire est conforme à ce que l'on voudrait qu'elle soit. Bien des êtres, en tant qu'adultes – comme certaines personnes subissant des violences conjugales ou d'autres vivant dans une forme d'esclavage social – demeurent dans cette posture de double mensonge. Le premier pas vers la liberté consiste toujours à cesser de mentir aux autres, à oser révéler sa souffrance, quand bien même celle-ci est la conséquence d'un mensonge initial à soi et du refus de prendre la responsabilité de l'expérience qui est en train d'être donnée par la vie. Décréter la fin du déni de soi est un premier pas vers un déverrouillage progressif du cœur.

Les temps actuels ne sont guère favorables au déni de ce que l'on est. En d'autres termes, ils poussent, parfois violemment, à sortir de la non-considération de certaines réalités constituantes.

Les temps actuels sont à l'exacerbation de tous les aspects de soi-même que l'on dissimule tant bien que mal, que l'on tente de réguler, de compenser, d'anesthésier, d'occulter, d'amoindrir ou de fuir.

Les temps actuels sont à la mise en exergue, en vue de leur libération, de tous les « enfants intérieurs », ces autres « soi-même » laissés pour compte, enfermés depuis des éons dans ces cachots blessants que l'on nomme humiliation, impuissance, rejet, trahison, abandon, jugement, etc.

Les temps actuels, pour quiconque a choisi une incarnation d'éveil à soi, sont ceux du passage à l'âge adulte. Une incarnation exigeante, certes, mais synonyme de sortie de l'illusion.

Il est venu le temps, d'abord, de cesser de s'identifier aux émotions qui étreignent et, ensuite, de reconnaître qu'elles sont, en vérité, la voix intime de parties « blessées », stimulées au quotidien par ce que la Vie « envoie » à chacun. Et force est de remarquer que la Vie se montre dispendieuse en stimulations… C'est une grâce, car, conformément au vœu d'ascension que chacun a individuellement pu formuler, on lui demande précisément de mettre en relief toutes les parties de soi qui ont besoin de cette reconnaissance préalable à toute *guérison*. Or, si l'on persiste à croire que les cris de douleur, de colère, de tristesse et de peur qui déchirent ses entrailles émanent de ce que l'on appelle communément « Je », l'on demeure comme des parents qui pleureraient en même temps que leur nourrisson, se plaçant, de fait, en totale incapacité de lui apporter ce réconfort pourtant indispensable à sa croissance.

Il est donc question de prendre ce recul sur soi-même et de puiser ensuite dans l'énergie de la Mère ou du Père qui, parce qu'ils portent sur l'enfant en peine un regard empli de compassion, d'amour et de sérénité, vont l'aider à quitter sa souffrance et à grandir.

En ces temps propices aux déferlantes émotionnelles, qui est-on ? Est-on telle la vague qui se forme au gré de tempêtes dont le rythme, assurément, ne saurait décroître ? Est-on tel ce bateau chahuté par cette même vague ? Ou est-on le phare qui, dans l'agitation de ces longues nuits impétueuses, offre une direction sécurisante, un port d'attache apaisé et la rassurante lumière de sa conscience ? Il ne s'agit pas d'être coupé des émotions, mais d'en être l'observateur libéré parce que conscient de l'origine, de la nature, de l'effet et de la finalité de ces messages envoyés par des parties de soi-même.

Cette époque, avec sa succession de portails énergétiques, qui sont toutes ces conjonctions mêlant éclipse, pleine lune et solstice ou équinoxe, est riche en *éclairages* de parties oubliées, niées, non reconnues.

Il n'est plus temps de désigner *l'autre* comme le responsable de ses maux, de ses inconforts, de son mal-être, de sa tristesse, de sa souffrance, de toutes ses défaillances. Il n'est plus temps, non plus, de confier à autrui la charge de soulager la souffrance de parties intérieures non acceptées, car cet « autrui » est déjà lui-même accaparé par les siennes.

V

Cinq années se sont écoulées. Je suis maintenant âgé de douze ans.

Après de longs mois de préparatifs, le projet est entré dans une irréversible phase de concrétisation : mes parents, mon frère cadet, ma sœur aînée et moi allons nous rendre au Zaïre*, pays natal du commandant, immense contrée en plein centre de l'Afrique dont il n'a plus foulé le sol depuis son départ hâtif vingt ans auparavant. La joie que je sens circuler en moi est indicible. Outre le fait que c'est mon premier voyage lointain, il va m'être enfin donné la possibilité de transposer en expérience vivante les rares récits du commandant.

J'aspire clairement à mettre des images animées sur la puissante vibration que je sens émaner de ce sol, sur ces contes de sorciers, d'hommes-serpents, d'ancêtres qui font tomber les verres de vin sur les tables, de chefs coutumiers, de pratiques animistes. Et puis, je veux voir le creuset du commandant, comprendre ce qui a forgé son identité, comparer son lieu d'apparition et le mien, rencontrer sa famille et observer la manière dont il se comporte avec elle. J'ai le sentiment qu'en connaissant davantage mon père, sa culture, sa langue et son pays d'origine, il m'apparaîtra moins comme une terre étrangère. En vérité, je nourris le fol espoir qu'en me rendant dans son pays, il n'y aura plus de frontières entre nous.

L'atterrissage à Lubumbashi, dans le Katanga**, vient mettre un terme à un interminable périple qui a débuté à Bruxelles, s'est poursuivi à Rome,

_____

* Actuelle République démocratique du Congo.
** Ancienne province la plus méridionale du Zaïre.

puis à Lusaka en Zambie, le temps d'une pause incongrue d'une journée dans l'enceinte du vieil aéroport comme figé dans les années 1950, avec son sol en parquet impeccablement lustré et ses serveurs de thé en livrée, formés aux us et coutumes britanniques.

Notre arrivée sur le sol zaïrois provoque un mouvement frénétique qui dépasse tout ce que j'avais pu imaginer par rapport à ce moment. Les formalités douanières échappent complètement aux règles habituelles – du moins celles en vigueur en Europe. Je vois mon père, comme dans un état second, distribuer des billets de monnaie locale aux opérateurs en uniforme qui se jettent sur lui comme des mouches sur un pot de confiture. Quelques tampons sont apposés sur les passeports au fur et à mesure de la récupération des oboles. Ce n'est même pas de la corruption de fonctionnaires, juste la compensation d'une partie d'un salaire qu'ils ne reçoivent presque jamais.

Notre entrée dans la grande salle des arrivées, qui grouille d'hommes levant une main vers le ciel en vociférant, me laisse le souvenir d'un tourbillon au sein duquel toute résistance est vaine. Il faut oser s'abandonner, se laisser emporter par ce vortex d'une infinie puissance qui émane de ce sol extraordinaire, l'un des plus diamantifères au monde. Dans une relativement douce bousculade, tous nos bagages nous sont enlevés des mains et disparaissent de notre vue dans un temps extrêmement bref. Il s'agit de ma première expérience directe du lâcher-prise. Se délester de ses bagages, sans peur de perdre quelque chose… Faire confiance au mouvement de la Vie qui, dès que l'on cesse de résister contre lui, enveloppe, traverse, porte, devient ce que l'on est autant que l'on devient ce qu'il est…

Par crainte de l'inconnu, l'humain conditionné par ses habitudes résiste à tout changement, ce qui est précisément contraire au lâcher-prise. Cette perspective d'un lâcher-prise provoque dans le mental de grosses sensations de peur panique, car celui-ci sait intrinsèquement qu'il n'y a pas de retour en arrière possible. Pendant ce temps de transition, l'humain confond souvent lâcher-prise et résignation. C'est pour cette raison que beaucoup, encore, essaient de tester l'efficacité de leur lâcher-prise pour en observer le résultat. Bien entendu, cette forme de lâcher-prise incomplet qui peut se voir comme une tentative de négociation de l'ego est illusoire. La foi en la guidance du Divin ne permet pas l'attente d'un résultat pour pouvoir y croire.

La dimension de conscience unifiée n'autorise pas les tests, mais exige un lâcher-prise effectif et définitif. C'est seulement à partir de cette réalisation qu'un état d'être originel peut commencer à s'imprimer dans le quotidien.

Il est à comprendre que le lâcher-prise n'exclut en rien la capacité à prévoir, à organiser, ni n'exonère de ses responsabilités. Il ne s'agit nullement d'abandonner ou de tolérer l'intolérable. Le lâcher-prise n'est pas se résigner, mais être conscient de ses limites. En renonçant à l'idée de contrôler l'avenir, on place son énergie dans le « ici et maintenant ». Notre seul pouvoir, notre seule responsabilité réelle s'exercent dans l'instant présent qui, bien sûr, prépare les instants futurs, mais sans que l'on puisse obtenir de garanties quant à l'avenir, si proche soit-il.

Le lâcher-prise met en harmonie le détachement le plus profond avec un sentiment véritable de responsabilité envers soi-même et les autres. Il est la source de la vraie confiance en soi. Tant que l'on demeure dans l'illusion de la séparation et s'attribue un pouvoir sur ce qui est, l'on ne peut que se surestimer ou se sous-estimer.

Lâcher prise, c'est accepter avec une totale sérénité ce que l'on ne peut changer et manifester le courage de changer ce qui peut l'être, à la lumière d'un discernement suffisamment affiné pour différencier les deux.

Le commandant grimace : son attaché-case lui a été arraché des mains. Il contient tous les documents d'identité de la famille, les attestations d'assurance nécessaires à un rapatriement éventuel, les billets d'avion pour le retour et puis ces épaisses liasses de billets dont la valeur est certes davantage symbolique que transactionnelle.

Son retour au pays prend une étrange tournure. Descendre dans ses racines implique de renoncer à toute forme de contrôle, à lâcher les branches, à affronter ses peurs, à faire face à ce que recèlent ses profondeurs.

Ancrage, enracinement… Bien des théories, des exercices, des pratiques circulent sur la notion d'ancrage. Afin d'installer, de renforcer ou de parfaire son ancrage, il suffirait pour certains de marcher pieds nus dans l'herbe, pour d'autres de visualiser des sortes de racines partant de dessous ses pieds et plongeant dans le sol et, pour quelques autres encore, de pratiquer le jardinage ou bien la pêche en rivière… En clair, toute une liste d'activités certainement très agréables, apaisantes, réjouissantes, mais indéniablement temporelles, provisoires, ponctuelles et surtout fondamentalement extérieures.

L'ancrage n'est pas un exercice, une attitude ou une posture. Il est un état. Et il ne se décrète ni ne s'improvise. L'ancrage est intimement lié à l'incarnation, c'est-à-dire, littéralement, au fait de descendre dans la chair, dans le corps. Et que doit-on y descendre, dans ce corps ? Tout simplement sa conscience ou son esprit, pour employer un terme plus vaste. Évidemment ! s'exclameront peut-être certains, persuadés de ne rien apprendre de neuf dans ces propos. Certes, sauf que cette descente complète est le processus spirituel le plus difficile, exigeant, confrontant et inconfortable qui soit. Sans une acceptation pleine, entière, incon-ditionnelle de son incarnation, dans tous ses aspects – géniteurs, sexe, apparence physique, attributs psychiques, contextes familial, social, culturel, éducatif, géographique, etc.–, il n'y a point d'ancrage véritable. Sans une exploration courageuse de ses sombres cavernes intérieures, il ne peut y avoir d'ancrage.

L'ancrage n'a que peu à voir avec le fait d'être « terre à terre », cartésien, organisé, pragmatique ou capable d'affronter sans faillir les aléas apparents de l'existence. L'ancrage n'est pas l'apanage des hommes ni de celles et ceux qui se définissent comme « réalistes » et ayant les « pieds sur terre ». L'ancrage n'est certainement pas la caractéristique de ceux qui occupent leur corps et uniquement leur corps. Ceux-là sont simplement enfermés dans l'illusion conférée par leurs cinq sens. Cela ne suffit pas non plus d'aimer la nature, les animaux ou se sentir en communion avec le « petit peuple de la forêt » pour asseoir son ancrage à la Terre.

Il est à concevoir que la Terre porte dans les cinquante premiers kilomètres de sa croûte de bien lourds stigmates qui correspondent à tout le sang versé par l'humanité depuis ses origines, au travers de toutes les guerres, tous les massacres, sacrifices, meurtres, abattages et outrages qui n'ont cessé de se perpétrer depuis des milliers et des milliers d'années. Ce sang, véhicule de l'esprit dans le corps, qui a imprégné le sol en des quantités dont chacun peut sans difficulté imaginer l'importance, ne s'est pas transformé miraculeusement en une belle eau neutre et cristalline en entrant au contact de la Terre. Ce sang est, de fait, resté porteur d'une information vibratoire très dense, sorte d'empreinte émotionnelle de fréquence basse qui demeure en quelque sorte prisonnière de cette épaisse couche souterraine, tant que le niveau de conscience présent en « surface » ne permet pas une spiritualisation effective de la matière – toujours dans le sens de faire descendre l'esprit dans la densité.

Cette spiritualisation de la matière doit s'harmoniser avec l'œuvre alchimique accomplie en permanence par le collectif des arbres-maîtres, que bon nombre d'humains s'emploient d'ailleurs savamment à abattre, en toute inconscience. En outre, à ce réseau souterrain d'épais ruisseaux émotionnels s'ajoute la somme des corps meurtris, porteurs de toutes ces mémoires traumatiques et qui ont été enterrés dans cette même couche.

Et ce magma énergétique se traverserait, se franchirait par la simple intention ou en s'aidant de quelques visualisations et autres méditations guidées ? Non. Ce qui est en haut est comme ce qui est bas, ce qui est à l'intérieur est comme ce qui est à l'extérieur, cela a déjà été rappelé. En clair, il ne faut espérer s'ancrer durablement au cœur de la Terre, être parfaitement enraciné si une œuvre intensément déterminée d'illumination de ses grottes intérieures n'a pas été produite, une œuvre d'éclairage, d'accueil, d'amour de ses propres ombres et « monstres » enfouis, une œuvre réalisée sans jugement, avec le plus haut degré de compassion vis-à-vis de soi. De la même manière, les « promenades » dans les plans subtils ne peuvent mener ailleurs que dans les méandres du *bas astral* si l'on n'a préalablement épuré certaines fréquences de sa personnalité et clarifié sans équivoque ses intentions.

En effet, lorsque l'on tente de s'ancrer dans cette réalité quadridimensionnelle, sans passer par cette œuvre préalable de mise en lumière, ses racines entrent, lors de leur déploiement vers le cœur de la Terre, en résonance avec les fréquences lourdes contenues dans le sol – tant au niveau physique que vibratoire – et font gronder ses propres monstres intérieurs. Et cela, personne ne le supporte bien longtemps.

De quoi la Terre a-t-elle besoin en ces temps d'Ascension ? Précisément de piliers d'ancrage de Lumière, c'est-à-dire d'hommes et de femmes conscients de leur essence, de leur rôle dans le processus d'implantation de la nouvelle grille magnétique de la planète, des êtres qui conscientisent le fait que leur puissance de rayonnement et de manifestation de l'amour inconditionnel dépend de leur capacité à s'incarner pleinement dans leur corps.

L'ancrage est l'attribut des maîtres, c'est-à-dire de ceux qui ont atteint l'équilibre entre le haut et le bas, entre le vertical et l'horizontal, qui sont expression juste de cette fameuse « croix » de l'incarnation. De ceux qui, par leur conscience fusionnée, honorent avec un amour identique leur corps, leur âme, leur esprit et *Ce qui en est à l'origine*.

Ainsi, au cœur de ce vortex, à l'aéroport de Lubumbashi, capitale de la province minière du Zaïre, tous nos repères ont été emportés en quelques secondes. Nos regards se tournent vers le commandant qui tourne le sien vers cette foule qui semble scander son nom. Plus de bagages, plus de papiers, plus d'argent et personne à blâmer de la situation, tout est allé trop vite pour l'ego qui n'a pas eu le temps de se défendre. Présentement, le commandant est aux prises avec plusieurs aspects de lui-même : celui qui piaffe d'une envie de retrouver son attaché-case, celui qui veut se battre contre cette oppressante marée humaine, celui qui veut reprocher à son épouse et ses trois enfants d'avoir lâché prise et celui qui vient en ce pays, mais ne veut pas y être assimilé. En même temps, perdre la face devant tous ces gens qui le voient comme l'incarnation du rêve européen est tout simplement inconcevable. Son ego, ainsi poussé dans ses derniers retranchements, n'a alors d'autre possibilité que d'imposer à toutes ses *extensions* une mesure de lâcher-prise qui est acceptation, ici et maintenant, de ce qui est.

Au centre du tourbillon, dans l'œil du cyclone, existe un espace de paix et de silence. Un espace depuis lequel l'on est à la fois le témoin et la chose observée. J'y sens un cœur qui bat dans chacun de mes pieds. J'y respire ce parfum de poussière, de fumée, de chaleur, de transpiration et de nourriture mêlées que je connaissais à l'avance. Je savais quels seraient l'odeur, le son et la couleur de l'Afrique. Je ne fais que les reconnaître, les retrouver.

Je laisse cette vague pénétrer chaque cellule de mon corps. Elle me permet d'y faire descendre bien davantage ma conscience. Je ne suis soudain plus seulement Gregory ou ce Mutombo ponctuel. Je deviens Gregory Mutombo. Je sens dans mon corps tout entier l'union de l'Europe et de l'Afrique, du ciel et de la terre, des branches et des racines, qui se réalise. Je fonds en larmes. C'est une lame de fond qui provient de mon bas-ventre, de mes entrailles. Ces larmes ne charrient aucune tristesse, aucune peine, aucune frustration. Je sens cette eau qui coule abondamment sur mes joues comme ma façon de bénir cette Terre que je foule, comme une façon d'unir mes perles de cristal aux diamants du sous-sol. J'aurais certes aimé les garder pour moi, les retenir et ne pas apparaître aux yeux de tous ces gens dans cette vulnérabilité. Personne ne semble comprendre. Pourquoi ce garçon pleure-t-il ? S'est-il blessé ? Est-il malade ? Comme à l'accoutumée, mon frère, de six ans mon cadet, ne montre pas la moindre émotion. J'envie son stoïcisme, sa distance, sa liberté, son indépendance. Le commandant me lance un regard sévère avant de marmonner « Mais qu'est-ce qu'il a, lui ? » à l'adresse de ma mère, qui me tend alors un sourire un peu gêné.

Peu à peu, le vortex se déplace sur un axe et nous emmène tous les cinq dans un espace plus restreint où se trouvent nos bagages – dont l'attaché-case – rassemblés dans un coin, comme par enchantement. Le commandant retrouve un semblant de sourire jusqu'à ce qu'un personnage « officiel » en abacost* lui annonce à demi-mot qu'il faut payer la « taxe de récupération ». S'ensuit un dialogue de sourds au cours

---

* Abréviation de « à bas le costume ». Doctrine vestimentaire imposée par Mobutu, en vigueur au Zaïre entre 1972 et 1990. Afin d'affranchir la population de la culture coloniale, elle interdisait le port du costume et de la cravate, au profit d'un veston d'homme, lui-même appelé « abacost », sans col, taillé dans un tissu léger et généralement à manches courtes.

duquel le commandant tente d'expliquer qu'il a besoin de récupérer son attaché-case pour pouvoir payer la « taxe », tandis que le fonctionnaire demande de l'argent pour que soit restitué ledit attaché-case…

Et puis, *quelque chose* se déploie dans le commandant. Une puissance sans nom qui a toujours forcé mon admiration. Une vibration qui déplacerait n'importe quelle montagne. Qui rend possible l'impossible. Je sais que, au-delà de toutes ses aspérités qui sont pour moi source de tant de frustrations, c'est pour cette extraordinaire intensité que je l'ai choisi pour père. Cette puissance, lorsque je la sens tangible à ce point, exalte l'amour que je lui porte. En ces instants, je me reconnais à travers lui. En ces instants, j'oublie mon lourd manteau émotionnel, ma fébrilité et mon sentiment d'insécurité. Rien ne résiste à cette puissance lorsqu'elle se manifeste. Et certainement pas la posture précaire d'un fonctionnaire des douanes zaïroises qui, rien que pour nous, vient d'inventer une nouvelle taxe. En même temps, j'éprouve une sorte de compassion pour cet homme qui, dépassé par la décharge énergétique que lui envoie le commandant, semble maintenant le supplier de bien vouloir récupérer ses bagages sans lui tenir rigueur du retard qu'il a généré. Et le fonctionnaire de se mettre soudain à houspiller deux ou trois agents, prétendument trop lents à porter nos bagages vers notre véhicule… Bon prince, le commandant lui glisse discrètement quelques billets dans la main, comme une marque de sa souveraine mansuétude.

Il est des lieux qui façonnent un être humain. Non point par l'attachement éventuel qui pourrait advenir du fait d'une implantation géographique prolongée – cela n'a rien à voir. Ce sont des lieux de rendez-vous, dans tous les sens du terme. Des lieux qui deviennent des points de jonction entre les Cieux et la Terre, par l'entremise du corps de celles et ceux qui les foulent. Le changement intervenant dans les cellules de l'être humain concerné est une sorte d'alignement fréquentiel, de calibrage vibratoire touchant plusieurs dimensions de sa conscience, des mémoires de certaines de ses vies passées et aussi des informations liées à son plan d'incarnation, c'est-à-dire ce qu'il s'est engagé à accomplir durant son temps en tant qu'individu.

Beaucoup d'êtres humains se sentent ainsi appelés, pour des motifs qui échappent à tout raisonnement intellectuel, à se rendre sur tel lieu ou dans tel pays, parfois depuis l'enfance. Mus par la certitude que ce voyage *doit* se réaliser, ils seront très fréquemment attirés par une nouvelle destination lorsque la première aura été visitée. Les multiples rencontres qui ont lieu au cœur de ces rendez-vous géographiques s'inscrivent dans une vaste architecture dont on ne peut souvent mesurer l'ampleur qu'à la fin de tous les périples.

Des danses, des chants, des applaudissements nous accompagnent sur tout le trajet menant à la maison qui va nous accueillir. En premier lieu, je les sens davantage destinés au commandant qu'à ma mère, ma sœur, mon frère et moi. Cela se conçoit aisément : il était parti, lui le fils unique, et il est revenu. Nous, nous ne faisons que l'accompagner, en somme. Quand bien même sa « gloire » rejaillit sur nous, elle demeure son attribut. Nous, nous n'émanons pas ce même éclat alchimique de celui qui, dans l'imaginaire collectif local, a transmuté son Afrique en Europe.

Et puis, progressivement, je mesure l'importance de chacun dans ce grand rendez-vous. J'observe ma mère… La blondeur de sa chevelure accroche les rayons du soleil et magnifie l'aura du commandant. Dans les yeux de tous ces gens en liesse, il a marié l'Afrique à l'Europe. Depuis un certain point de vue, il a hissé l'ancienne colonie au même rang que ceux – les Blancs – qui étaient venus depuis une position dominante apporter leur arrogance culturelle, religieuse, économique et sociale et ne se seraient jamais *abaissés* à épouser une Africaine. Alors, cette menue femme blanche, rayonnante dans sa robe bleue plissée, qui danse au rythme des tambours et des cris stridents, sourit avec son corps tout entier, embrasse, enlace, caresse, frappe dans ses mains, devient le symbole vivant d'une reconnaissance occidentale si longtemps refusée. Elle laisse toute la puissance de la terre africaine remonter dans son ventre, dans sa matrice comme un volcan aspirant en lui le magma. Elle est parfaitement à sa place, dans sa vérité. Elle honore son rendez-vous et accomplit son mandat d'incarnation, au son de tonitruants refrains scandés en swahili.

Le commandant tient ainsi une bonne partie de sa dimension du fait qu'il n'a pas juste épousé une Européenne : il a épousé une Européenne qui a épousé l'Afrique. Et lui, bien sûr, joue son rôle de converti à l'Occident, se maintenant dans une réserve émotionnelle et une contention physique censées aller de pair avec le sérieux et l'importance du rang social qu'il a atteint grâce, notamment, à ses nombreux titres universitaires. Pas question, donc, de se mettre à danser ou à reprendre des chants qui, de toute façon, sonnent aujourd'hui en son esprit presque comme une langue étrangère, lui dont le français n'a jamais été teinté du moindre accent.

Cet homme et cette femme incarnent, à leur manière, le symbole du yin et du yang : un Africain blanc et une Européenne noire. Je comprends que le message d'unité véhiculé par ces deux êtres accompagnés de leurs trois enfants dépasse de loin la personnalité des messagers. Elle est née au cœur de l'Europe, il est issu du cœur de l'Afrique. Voici donc, en ce lieu capital de rendez-vous, que je comprends l'identité des ascendants que j'ai choisis : l'extraordinaire puissance tellurique de l'Afrique canalisée dans une structure mentale façonnée par l'Occident pour mon père, et la remarquable capacité à explorer le champ des possibles des Occidentaux, mise au service de l'union des peuples pour ma mère.

Ce rendez-vous africain m'enseigne autre chose : la majesté. Elle ne s'observe certainement pas sur un quelconque trône.

Celle qui m'enseigne cela est une femme âgée d'une cinquantaine d'années, peut-être davantage. Elle vient de parcourir vingt kilomètres à pied, depuis son village, pour saluer mon père qu'elle a connu, semble-t-il, dans son jeune temps. Elle transporte un lourd panier rempli d'offrandes pour toute la famille, de la nourriture, des calebasses pyrogravées, des graines, quelques bijoux traditionnels, des sculptures en bois. Pour l'occasion, elle a revêtu la plus belle de ses robes, en tissu très coloré, imprimé à l'effigie du dictateur – lequel, qui a une conception assez élevée de lui-même, entend l'imposer dans tous les secteurs de la vie quotidienne. Elle a marché quatre heures sous le soleil et, ses présents discrètement remis, sans presque mot dire, s'apprête à reprendre la route, en sens inverse. Moi qui trouvais pénible le trajet en berline depuis l'aéroport en raison de la chaleur, je mesure avec une pointe de honte le ridicule de ma complainte. Je regarde cette femme s'éloigner, magnifique avec son port de tête altier, sa prestance, son éclatante dignité, sa noblesse et son refus catégorique de recevoir le moindre argent de la part du commandant, ne serait-ce que pour pouvoir se payer un retour en véhicule collectif.

À elle toute seule, cette femme est une initiation, un messager, un message, un maître, une leçon, un choc, un coup de gong, une gifle, un déchirement, un témoignage, une petite porte qui se ferme et une grande qui s'ouvre. Elle a parlé de bénédiction, nommé Dieu, remercié le Ciel de la *grâce* qui lui a été faite de pouvoir nous voir et offrir ses présents. Nous entendons qu'elle a parcouru tout ce chemin sans même l'assurance de nous rencontrer. Nous aurions pu être ailleurs, partis chez l'un ou l'autre, emportés par l'euphorie collective, aveuglés par les hourras ou l'émotion des retrouvailles. Cette femme est l'instrument que le Divin a choisi pour s'inviter, magistralement, au rendez-vous. Pour qui sait voir, tout est là : l'humilité dans sa plus superbe expression, le courage, la foi, la gratitude, la puissance du principe féminin, la structure inébranlable du principe masculin, le partage, l'amour sans attente, la souveraineté. Comment ne pas être touché par tant de vérité ? Devrais-je dire « frappé » plutôt, tant l'intensité de cette Présence a percuté notre confortable routine ?

Il y a un avant et un après pour le commandant et ma mère. Il ne pourront plus jamais dire « Nous ne savions pas… » Ils ont vu, senti, perçu Dieu s'invitant – évidemment sans prévenir – à la table des festivités. De ce « Dieu des Blancs » décrié si souvent, moqué, raillé, assimilé aux missionnaires salésiens, il ne reste plus rien. L'être qui est venu montrer au commandant et à son épouse le visage de Dieu est africain, femme, digne, humble, discret, paisible, généreux, éminemment modeste, courageux. Voici l'instrument que le Divin a désigné pour ouvrir le cœur de ceux qui L'enfermaient dans une posture hautaine, suffisante, prédatrice et conquérante. Voici celle que le commandant et son épouse ont choisie pour dissoudre leurs croyances et leur enseigner la foi.

La foi est l'attitude de celui ou celle qui accepte et tient pour indubitables des réalités ou des concepts qui lui sont présentement invisibles ou invérifiables, tels Dieu, la vie après la mort, la réincarnation, les civilisations extraterrestres, les hiérarchies angéliques ou bien encore la notion d'Ascension.

La croyance, portant sur ces mêmes concepts ou notions, correspond, si on ne la regarde qu'en surface, exactement à la même attitude. La différence entre foi et croyance ne réside en effet pas dans l'attitude elle-même, mais dans ce qui la suscite en soi. La foi ne procède pas d'un raisonnement logique ou d'une démarche intellectuelle amenant à la conclusion que l'objet de cette foi est possiblement réel. La foi naît d'une imprédictible impulsion intérieure tandis que la croyance s'élabore, voire se forge, à la suite d'une stimulation extérieure, souvent réitérée. La foi est une expérience à la fois permanente et toujours renouvelée, vivante, vibrante, en même temps mystérieuse et infiniment simple. La croyance, quant à elle, est un postulat sans cesse soumis à rude épreuve, car il a pour corollaire ce que l'on nomme le doute.

Dans nombre d'esprits, le doute et la foi semblent intimement liés, comme ne pouvant exister l'un sans l'autre, telles deux facettes d'une même médaille. Le degré de foi s'évalue fréquemment par rapport à la place encore occupée par le doute en soi. La foi apparaît alors comme une valeur relative – au doute – et non une valeur absolue. Dès lors que l'on quantifie ou qualifie encore en soi cette foi – « grande », « profonde », « puissante », « indéfectible », etc. –, il est à concevoir que cette prétendue foi dont on parle ou que l'on revendique subira nécessairement la pression d'un doute auquel on pourra accoler exactement les mêmes qualificatifs.

La foi ne se commente, ne se mesure ni ne se décrit, ou alors elle n'en est pas. Quelle est donc cette idée que certains seraient « très croyants » ? Ou que bien peu de foi animerait d'autres ? Il n'y a guère de place pour la demi-mesure ou l'entre-deux. Ainsi, tant que l'on établit des niveaux de foi, ce que l'on mesure n'en est pas. C'est autre chose : une croyance, une impression, une sensation. Au mieux une conviction.

Comme l'amour ou la joie, la foi est un état, et non l'action de croire en quelque chose de plus haut ou de plus vaste, en quelque chose transcendant la condition humaine, aussi solide cette croyance puisse-t-elle paraître. L'ego, dans son aspect dit « spirituel » se délecte de la contemplation de sa présumée ou croissante proximité avec le Divin. Et cette proximité est toujours contemplée par comparaison avec celle apparemment possédée par autrui. À cet égard, il y a autant d'orgueil spirituel à placer quelqu'un au-dessus de soi qu'en dessous, puisque dès lors que l'on se compare aux autres, la comparaison pourra s'effectuer tour à tour vers le « haut » et vers le « bas »…

À partir de l'instant où, dans une vision duelle, on se déclare « aligné », « ouvert », « connecté », « conscient », « croyant », « éveillé », etc., on génère, dans l'immédiateté, la contrepartie opposée de ce que l'on vient d'énoncer. Le « Je suis » qui se dit « aligné » ou « connecté » n'est pas le « Je Suis » véritable qui, lui, ne s'observe pas en train d'être aligné ou connecté, car c'est déjà sa nature intrinsèque, son essence. C'est l'ego spirituel qui cherche toujours à arborer des lauriers, à récupérer une expérience à son bénéfice, empruntant pour cela des chemins de plus en plus subtils. Le « Je suis » qui s'affirme « croyant » est simplement en train de contempler sa croyance. Et celui qui se voit « très croyant » place nécessairement son degré de croyance au-dessus de celui des autres, précisément à l'aide de cet ego qui cherche constamment à comparer, évaluer et séparer. En vérité, il y a autant de pertinence pour un être humain à se déclarer « très croyant », « animé d'une immense foi » ou « éveillé » que pour un poisson à se présenter comme très bon nageur…

La foi puise sa source dans le cœur et la croyance, dans la tête. Les deux peuvent parfaitement cohabiter en soi, simplement, lorsqu'il est question de sortir de l'illusion de soi-même, la conscience doit aussi éclairer ce qui, en soi, croit être en train de dissoudre des voiles.

Quand bien même la suite de ce séjour au Zaïre regorge de moments de partage tous plus beaux les uns que les autres et de rencontres d'une remarquable richesse, aucun ne porte la puissance alchimique véhiculée par la majestueuse marcheuse.

Peu à peu, je découvre mes parents sous un nouvel aspect : celui de récents convertis à la religion catholique dont l'enthousiasme me semble néanmoins aussi excessif que l'était l'athéisme réactionnel du commandant.

En mon for intérieur, je reste assez circonspect quant à la profondeur de la grâce qu'ils disent avoir reçue et redoute que la ferveur et l'engouement soudainement manifestés pour le message du Christ se diluent sur le trajet de retour vers la France ou, pire, s'engluent dans la sclérose dogmatique que j'avais déplorée lors de ma première expérience religieuse, à cinq ans, avec ma grand-mère, en cette belle journée d'août. Sept ans plus tard, je suis toujours autant réfractaire à ce décor – sinistre à mon goût – imaginé par les Hommes pour transmettre ce qui est censé être la Parole de Dieu. Pourquoi n'avoir retenu de tout l'amour émis par « Jésus » que son corps physique meurtri et cloué sur deux morceaux de bois ? Je ne suis jamais parvenu à comprendre le choix du crucifix comme symbole – sinon dans le but d'inciter une partie de l'humanité à souffrir autant que le Messie pour mériter son accès au paradis…

Je ressens un élan d'amour sans nom pour cet homme réalisé et son message qui, dépouillé de tous les travestissements humains, a toujours résonné en moi avec une extraordinaire intensité, alors que la liturgie catholique – telle qu'il m'a été permis de la vivre jusqu'à présent – m'apparaît, dans son ensemble, empreinte d'une grande sécheresse. Je n'y sens pas l'amour, la responsabilité, la conscience, l'autonomie, l'affirmation joyeuse de soi ou la liberté. Les offices catholiques auxquels j'ai assisté en France m'ennuient profondément. S'agissant de ces austères églises, à chaque fois, j'ai eu l'impression de me trouver dans de lugubres musées poussiéreux, emplis de vieilles statues, de vieilles et tristes personnes ânonnant d'antiques formules écrites par de vieux prêtres corrompus capables, tour à tour, de prêcher la miséricorde et de conduire au bûcher – au sens propre ou figuré – les porteurs d'une trop forte lumière. Se rendre dans une église dans l'idée de pouvoir y entrer en communion avec Dieu m'apparaît aussi absurde que de pénétrer dans un hôpital avec l'ambition d'y devenir médecin…

La connexion au divin n'est certainement pas corrélée à une présence physique dans un bâtiment, quand bien même celui-ci serait richement décoré, érigé démonstrativement vers le ciel ou construit sur un point tellurique particulier… Quant aux titres ou parures détenus par l'officiant, leur éclat est parfois inversement proportionnel à la capacité de ce dernier à ouvrir son cœur et à déployer sa conscience.

S'agissant, justement, de l'interconnexion de tout ce qui est, la Vie m'offre, sur le sol zaïrois, une dernière expérience qui va me laisser perplexe de longues semaines.

Nous nous rendons dans un village reculé, afin d'y saluer un parent du commandant qui n'a pu se déplacer jusqu'à lui. La rencontre en elle-même ne m'a laissé aucun souvenir. Dans ce village, le sorcier présente une particularité : il a trouvé une épouse. Celle-ci semble avoir le double de l'âge de celui de son mari et ne tenir debout que grâce à une sorte de rigidité cadavérique. Le mouvement de ses yeux, lent et inhabituel, n'invite pas à s'y plonger, générant plutôt une sorte de malaise. Le sorcier nous la présente fièrement en expliquant qu'elle l'a épousé en remerciement de ce qu'il a accompli pour elle, expliquant assez simplement qu'elle était morte et qu'il l'a ramenée à la vie. Qu'il l'a ressuscitée, en d'autres termes. Entre sourires polis et mine de franche incrédulité, le commandant prend quelques photos de ce couple improbable, puis nous quittons le village.

De retour en France, quelques semaines plus tard, le commandant récupère au laboratoire photographique les pellicules développées contenant notamment ces prises de vue. Comme souvent, il n'a pas la patience d'attendre d'être rentré à la maison pour les regarder et, dans la voiture garée sur le parking du laboratoire, commence à les faire défiler entre ses mains. Après quelques minutes et beaucoup de commentaires techniques ou esthétiques, il marque un temps d'arrêt, comme interdit face à une impossibilité manifeste. Il secoue la tête en réaffirmant à plusieurs reprises cette impossibilité : toutes les photos prises du sorcier et de sa vieille épouse réputée ressuscitée sont marquées d'une bande verticale noire sur son corps, empêchant manifestement qu'elle soit vue. Seule une infime partie de ses épaules dépasse de part et d'autre de la bande opaque, comme si son état intermédiaire entre vie et mort ne permettait pas une captation complète de son image sur une pellicule. Chacun, lors de l'observation des images, sent un frisson lui parcourir l'échine, car chacun, de ses yeux, a vu cette entité, là-bas, dans ce village isolé du Katanga. Il semble qu'à défaut d'hommes-serpents, nous ayons vu un cadavre animé…

VI

Le commandant a décidé d'accrocher un crucifix au-dessus des portes de chaque pièce de la maison. Cette multiplication de signes religieux me semble complètement superfétatoire, d'autant plus que je ne la vois s'accompagner d'aucune modification de son état d'esprit. Au quotidien, je le perçois toujours aussi combatif, irascible et prêt à sanctionner quiconque à la moindre contrariété. Outre les crucifix de toutes tailles et de tous types, de façon quasiment compulsive, il se met à collectionner de vieux missels, comme si l'accumulation de livres de piété allait augmenter sa proximité avec Dieu.

D'où provient ce besoin de posséder des objets comme moyens présumés de se rapprocher du Divin ? De Le figer dans des statues, images et effigies parfois adorées comme l'incarnation de ce Dieu Lui-même ? Qu'est-ce qui est adoré, d'ailleurs, dans ces formes ? Que projette-t-on dans ces objets, sinon sa croyance que le Divin est à l'extérieur de soi, à la fois tangible – par cette forme supposée abriter une émanation ou une parcelle de divinité – et inaccessible, car cette forme ne permet jamais de faire l'expérience directe de la rencontre avec Dieu, au travers de la reconnaissance de soi, étape préalable à la reconnaissance du Soi.

Tant que l'on reste identifié à sa propre forme, on continue de vénérer des formes, des objets ou d'autres humains comme symboles ou représentations du Divin, auxquels on se sent attaché, que l'on défend contre ce que l'on appelle profanations et blasphèmes, parfois jusqu'à sa propre mort ou celle de l'autre, oubliant que ce Divin n'est pas moins présent en l'auteur du blasphème ou de la profanation qu'en soi ou en la statue adorée.

La plupart des êtres humains se définissent comme une individualité portant tel nom, issue de telle lignée, présentant telle couleur de peau ou telle physionomie, originaire de tel endroit, détenant telle nationalité, diplômée de telle école ou université, exerçant telle profession, propriétaire de tels biens matériels, habitant telle ville, adepte de telle religion, philosophie, idéologie ou croyance, mariée ou unie à telle autre personne, appartenant à tel cercle d'amis, telle corporation, confrérie ou classe sociale, amatrice de telle musique, nourriture, activité culturelle, sportive ou artistique, partageant telle opinion politique, etc. Tous ces attributs sont communément mis en avant pour se définir ou se présenter. En effet, tous ces attributs, placés bout à bout ou en panorama, semblent ainsi bien « définir » ce que l'on est et permettre d'être « reconnu » par l'autre, par la société, en réponse aux besoins de l'ego…

Pourtant, la reconnaissance de soi passe par le *dépouillement* personnel – et non le développement personnel –, c'est-à-dire par un effeuillement progressif de tous les attachements et identifications à la personnalité, au « paraître ». Ce n'est que lorsque l'on se détache, les uns après les autres, de tous ces attributs extérieurs – « se détacher » ne signifiant pas supprimer, mais plutôt « ne pas s'y identifier » – que l'on commence à *entrevoir* ce que l'on est, en vérité.

Cette démarche, réalisée avec lucidité, courage et honnêteté, est essentielle dans le processus de (re)découverte de ce que l'on est. On conscientise alors que toute quête de reconnaissance dans le regard d'autrui est illusoire et vaine puisqu'aucun des attributs que l'on pouvait jusqu'alors mettre en avant, comme un blason, n'est expression de son Soi.

On n'est pas ce que l'on fait, ce que l'on possède, d'où l'on vient, ce que l'on aime, ce que l'on croit, ce que l'on lit ou ce que l'on mange. On n'est pas son corps physique, son caractère, son tempérament ni son signe astrologique. Ce que l'on est, aucun des cinq sens, d'ailleurs, ne le perçoit.

Parce que qu'est-ce que l'incarnation en définitive ? C'est une expérience de l'âme dans une enveloppe à la fois psychique et physique. Et cette double enveloppe change à chaque incarnation et, avec elle, tous ces attributs qui semblaient pourtant si bien définir l'identité... C'est donc bien que l'on est intrinsèquement autre chose que ce que l'on croit souvent. Quelque chose de bien plus vaste, élevé et lumineux. Et ce « quelque chose » ne s'envisage, ne se contemple que lorsque l'on accepte de déposer toutes ces pelures, tous ces oripeaux, ces masques que l'on faisait siens, parce que cela rassurait, sécurisait et permettait d'exister pour un temps dans le regard des autres.

Ce que l'on est est ce qui demeure une fois que l'on est dépouillé de tout. C'est ce qui demeure lorsque l'on s'est détaché de tous ses conditionnements familiaux, éducatifs, sociaux, professionnels, culturels, dogmatiques et religieux. Lorsque la personnalité se dépouille, l'être divin se révèle, dans sa grandeur, sa lumière, sa puissance, sa force et son infini amour. La Reconnaissance du Soi passe par ce chemin.

De l'observation de la conversion de mes parents – et de celle du commandant en particulier –, je retire une incompréhension. Ne parvenant pas, en ce qui me concerne, à dissocier la foi « conceptuelle » de son application au quotidien, je me trouve face à une interrogation : comment Dieu peut-Il brutalement investir la conscience d'un être sans que sa personnalité en soit profondément modifiée ? Je ne remets pas en question la sincérité de la foi dont mes parents font nouvellement état, seulement j'aimerais qu'elle s'immisce véritablement dans leurs actes et pensées. J'aimerais que les notions de miséricorde, de mansuétude, d'indulgence, voire de pardon ne soient pas simplement des qualités propres à ce Dieu en qui mes parents déclarent croire désormais, mais qu'ils les fassent leurs, vis-à-vis notamment de leurs voisins, interlocuteurs professionnels, créanciers, concurrents et, surtout, enfants.

Ce que je vis, en fait, est un puissant sentiment de frustration. Je me sens très déçu, car j'avais placé de nombreux espoirs dans cette conversion. Naïvement, je m'étais imaginé que mes parents allaient peu à peu se transformer en des sortes de moines paisibles et souriants. Et il n'en est rien. La seule transformation à laquelle j'assiste est celle des murs de la maison sur chacun desquels est désormais accroché un crucifix. Conversion n'est pas transfiguration.

En vérité, j'ai confondu la destination avec le chemin… Ce n'est pas parce que quelqu'un se sent appelé à se rendre dans un pays qu'il en connaît la langue, les lois, les traditions, la culture et, surtout, est capable d'en parler avec son cœur. Il en est de même avec cette question de la foi et du cheminement de la conscience vers le Soi. J'ai cru que, le concernant, la déclaration de foi du commandant allait être synonyme de manifestation de la Vérité de Dieu. Du moins, dans l'idée ronde, douce et infiniment aimante que je m'en faisais. Or, pour mes parents, comme pour la majeure partie de l'humanité, le passage de l'athéisme à la foi consiste à percevoir intérieurement une nouvelle réalité rendant peu à peu obsolète celle fondée sur l'identification au corps physique, la croyance en une sorte de hasard et l'illusion de la séparation avec autrui. Un bateau en perdition dans une tempête nocturne qui, enfin, entrevoit la lumière du phare et se met à suivre ce cap salvateur ne devient pas pour autant lui-même un phare, quand bien même son mouvement pourra inspirer d'autres bateaux…

Je commence à le comprendre : le commandant ne fera jamais rien dans la demi-mesure. Dans l'athéisme comme dans le catholicisme. Il a fait sienne l'idée selon laquelle Dieu « vomit les tièdes ». Sa conversion doit résonner dans toute la maison et affecter chacun de ses occupants. Une fois de plus, la version de la relation au Divin à laquelle je suis confronté, après ma première expérience de messe avec ma grand-mère, porte tout le poids de ce dogme que j'exècre.

Il a été décidé que nous irions, toute la famille, chaque samedi soir à l'église, car l'office du dimanche rassemble trop de personnes que le commandant reçoit la semaine dans son cabinet dentaire, et il ne souhaite pas les retrouver dans cette circonstance. Son acceptation du prochain a, en effet, ses limites. Et nous nous y rendrons à pied, car la maison dans laquelle nous habitons se situe précisément *rue de l'Église,* à deux cents mètres de l'édifice.

Ainsi, sans transition, nous passons en quelques mois de samedis soirs où ma sœur, mon frère et moi étions libres du fait des invitations mondaines presque systématiques auxquelles mes parents répondaient, à cette obligation non négociable d'assister à ces interminables cérémonies qui me semblent figées dans la glace. Je ne sens rien de ce Dieu dont le prêtre parle. Je ne perçois rien dans mon cœur de ce qu'il évoque dans ses homélies. Je passe beaucoup de temps à regarder autour de moi, dans les travées. Suis-je le seul à ne rien entendre du message ici transmis ? Quel est ce Dieu devant lequel tous ces gens s'agenouillent ? Est-ce une posture d'humilité ou de soumission ? Savent-ils intimement pourquoi ils reproduisent le signe de la croix sur leur corps en entrant dans l'église ? Pourquoi n'a-t-on pas plutôt songé à manifester un signe ou un geste qui symbolise l'ouverture du cœur, l'amour incarné plutôt que l'objet ayant servi à supplicier le Divin qui s'est fait chair ?

Je décide de ne pas m'imposer le signe de la croix sur le buste lorsque je rentre dans l'église, qui m'apparaît comme contre-nature, non pas par l'onde de forme – avec laquelle mon être vibre tout entier –, mais par l'égrégore de souffrance et de sacrifice auquel il connecte. La relative pénombre dans laquelle l'intérieur de l'église est plongé me permet de ne pas me plier à cette règle dogmatique.

Pour autant, je n'assume pas pleinement mon petit acte de rébellion. Une partie de moi se sent coupable de quelque chose, engluée dans cette notion de péché prête à se jeter sur quiconque porte en soi l'idée d'un Dieu vindicatif, autoritaire, intraitable et, surtout, extérieur. Et puis, une autre partie en moi ressent de la tristesse mêlée de frustration au moment de l'accueil en bouche de l'hostie, censé être le point d'orgue de la cérémonie, l'instant de la communion avec le Divin ; je ne parviens qu'à percevoir la fadeur d'un petit rond de pain sans levain qui vient se coller obstinément à mon palais.

La seule communion qu'il m'est donné de contempler est celle de la même mine affligée que tous s'accordent à afficher au moment où, après avoir reçu de la main du prêtre l'hostie, ils l'avalent comme si toute la gravité du monde venait de leur entrer dans le corps.

Si l'on se réfère au sens profond de l'eucharistie, ne devrait-il y avoir de moment plus joyeux, dans toute la pratique religieuse d'un chrétien, que celui-ci ? Peut-être que du haut de mes treize ans, je ne suis pas encore à même de percevoir la joie autrement que dans son expression physique, comme l'esquisse d'un sourire… Le sacré comme source de joie semble pourtant s'être éteint dans l'étouffoir du dogme. «*Seigneur, je ne suis pas digne de Te recevoir...*» Soit. Partons du postulat que cette indignité porte sur la personne ou l'ego qui, assurément, n'est pas en capacité d'accueillir la gloire du Soi – celui que l'on appelle «Seigneur» –, de par leur nature clivante. Quelle pourrait être ensuite la parole qui permettrait à la conscience de se détacher de l'individualité et de se reconnaître comme source, émanation, réceptacle du Divin, non seulement parfaitement digne de Le recevoir, mais en outre de Le partager, Le manifester et d'En être l'exemple vivant dans l'une des multiples formes qu'Il a choisies pour s'expérimenter en dehors de Lui-même et que l'on nomme «corps physique»? Si elle existe dans la liturgie, mes oreilles adolescentes ne l'ont pas entendue. J'aspire du plus profond de mon âme à faire l'expérience directe de Dieu et j'ai l'impression que, dans Sa Maison, ceux qui En parlent ne L'ont jamais rencontré.

J'habite rue de l'Église, c'est le principal bâtiment que je vois lorsque je regarde par la fenêtre de ma chambre. Ce n'est pas anodin, à mon sens. Je vis et grandis sur le chemin qui conduit à la Maison de Dieu...

Par un curieux concours de circonstances vient un samedi soir où je suis seul à demeurer dans la maison de mes parents. Avant de partir, le commandant m'a ordonné de me rendre à l'office du soir. Je n'imagine pas désobéir parce que cela m'obligerait ensuite à mentir. Non pas que je considère cela comme une faute, mais juste que mes piètres qualités de comédien et mon hyperémotivité ne me le permettent pas. Et je n'aime pas assez ma personne pour bien mentir, c'est-à-dire pour bien la protéger de ses propres faiblesses. La raison pour laquelle je ne vois pas dans le mensonge une faute est qu'il repose soit sur une ignorance, soit sur un acte d'amour.

Sur une ignorance, lorsque le mensonge émis est la conséquence d'un accès limité à la Vérité. Qui peut se prétendre détenteur de la Vérité? Qui peut prétendre dire *la* Vérité? Sa vérité n'est pas la Vérité. Qui peut donc affirmer ne jamais mentir sans être déjà en train de mentir...? Les vérités d'hier ont-elles toutes résisté à la lumière de la conscience d'aujourd'hui?

Sur un acte d'amour de la personne, lorsque le mensonge émis est une volonté de se préserver ou de préserver l'autre, en modifiant, occultant ou travestissant une certaine réalité afin de la rendre compatible avec une certaine idée que l'on peut se faire de l'harmonie, de l'équilibre, de la paix ou du confort.

Juger et condamner celui ou celle qui ne dirait pas « la vérité » revient à juger et condamner son ignorance ou bien sa volonté de préserver son idée de la paix. Beaucoup trouvent naturel qu'une mère mente face à des envahisseurs pour préserver la vie de son enfant caché dans la cave, qu'un résistant ne livre pas ses camarades de lutte à un État corrompu. Beaucoup de parents trouvent naturel de mentir à leurs enfants en leur inculquant des histoires de père Noël, de père Fouettard, de saint Nicolas, de lapins de Pâques, de petites souris, en leur dissimulant leur désastre conjugal, la mort d'un proche qui serait « parti pour un long voyage », voire qu'ils sont, pour certains, le fruit d'une adoption, d'un inceste, d'un viol ou d'une relation d'un soir. Sont-ils à blâmer pour autant ? Ne font-ils pas du mieux qu'ils peuvent ? Que celui qui n'a jamais menti, c'est-à-dire qui a toujours dit *la* Vérité, s'installe en premier sur le fauteuil du juge…

S'agissant de cette injonction à me rendre à la messe du samedi soir, je n'envisage donc même pas de désobéir, quand bien même la perspective d'une longue soirée, seul à la maison sans la parenthèse du dogme, avait de quoi me tenter.

Je m'installe discrètement au fond de la nef, le plus loin possible de l'autel, après être entré sans me signer de la croix. Sur les bancs, j'y vois principalement des personnes d'âge avancé, emmitouflées, principalement des femmes que j'imagine veuves. Alors que je m'apprête à m'ennuyer tranquillement durant un peu plus d'une heure, mon pire cauchemar s'approche de moi. Il prend la forme d'une dame d'une soixantaine d'années, sorte de diacre ou d'assistante de cérémonie, qui me demande deux choses : la première est de m'asseoir au premier rang et la seconde, de lire, le moment venu, un texte au pupitre amplifié, devant l'assemblée des fidèles. La fermeté de son ton ne me laisse pas entrevoir la possibilité de décliner sa *proposition*. Je bredouille quelques mots inintelligibles qu'elle ne prend pas la peine de me faire répéter.

D'une part, sa demande n'attend pas de réponse de ma part et, d'autre part, l'énergie que je déploie est à ce point insignifiante qu'elle n'effleure pas sa conscience.

Je mesure avec effroi à quel point tout ce que j'ai tenté de fuir m'est ici imposé, jusqu'au signe de croix que j'aurai à réaliser publiquement en passant devant l'autel. C'est prioritairement la perspective de lire à haute voix un texte religieux devant tous ces inconnus, ce prêtre, Dieu peut-être, qui me tétanise. Je ne sais pas de quoi j'ai peur. La sensation est diffuse, puis se concentre dans le ventre, sous la forme d'une boule que je connais si bien. Si je m'écoutais, je partirais en courant, faisant fi de tous ces gens, de leurs besoins, de leurs croyances. Je n'aime pas la musique jouée par l'organiste, la grille harmonique qu'il utilise génère dans mon corps une contraction. Ou peut-être est-ce son interprétation froide et mécanique qui me donne cette impression…

Durant quelques instants, je rêve à de hauts murs blancs, cristallins, d'une mélopée céleste qui ouvre le cœur et la conscience, de mots qui apaisent, colorient, encouragent, élèvent, libèrent, soignent, unifient, je rêve d'une assemblée en mouvement qui danse, chante, rit, sourit, s'enlace et partage sa joie d'être ici et maintenant sans passé ni lendemain. J'ouvre les yeux et tout est sombre, froid, gris, triste. Même la flamme des cierges me paraît terne, comme menaçant de s'éteindre. Les intonations du prêtre m'agacent terriblement par leur impersonnelle similitude avec celle de tous les autres que j'ai eu à écouter. Pourquoi ce ton qui ne correspond à aucun de ceux que les gens emploient dans la rue, leur maison ? Dans la *vraie* vie ? Qui sont ces hommes qui, n'ayant ni femme, ni enfants, ni employeur, ni vie sociale véritable, nous parlent de ce qui est bon ou pas, sain ou malsain, de l'attitude à adopter, de générosité, d'amour, de tolérance, de pardon, du chemin conduisant au Salut ? Que peut-il pour moi, en définitive, ce type avec sa robe blanche ? A-t-il idée de mes tourments quotidiens ? De mes aspirations suicidaires qui, si elles affleurent peut-être un peu moins depuis que j'ai eu à entendre ce jeune garçon de huit ans parlant depuis l'autre côté du voile, demeurent toujours pour moi une démarche envisageable ? Quels mots a-t-il à offrir à un adolescent de treize ans, seul dans cette église froide au milieu de vieux adultes attendant d'être sauvés par un Seigneur extérieur, qui ne voit pas en quoi ces statues, peintures, objets de culte, chants plats, mots seraient l'expression de l'Amour infini de Dieu ? Il voit plutôt que l'Amour infini de Dieu est justement dans le fait qu'Il permette que tout ce « cirque » ait lieu en son Nom.

Ma colère est puissante, profonde, viscérale. Qu'ont fait les Hommes de ces perles de conscience qui leur ont été gracieusement confiées ? Je sens que, puisant dans ma rage, je pourrais raser ce bâtiment et son décor d'un simple revers de main si la possibilité m'en était faite. Sauf que là, aujourd'hui, une couardise plus profonde que ma colère me maintient les fesses sur mon banc, dans l'attente d'aller propager à haute voix des mots certainement vidés de leur substance par un pouvoir clérical temporel et patriarcal que j'abhorre et, en définitive, perpétuer comme d'autres avant moi la croyance en un Dieu tantôt sévère, tantôt miséricordieux, assis quelque part dans le ciel, sur un hypothétique trône.

La dame me pointe du doigt. Mon cœur s'emballe dans ma poitrine. Je me lève. Mes jambes me portent à peine. Je passe devant l'autel comme un automate et en oublie le signe de croix. Je perçois des regards mi-indulgents mi-réprobateurs, présumés ou effectifs, se poser sur moi. Je m'approche du pupitre équipé d'un microphone en acier chromé. Un texte imprimé sur une feuille y est posé. Je n'en vois que le premier mot : « *Je* ». Décidément, les Cieux sont bien peu cléments avec moi. Nulle possibilité de fuir. Prononcer ce « je » implique de faire descendre une certaine vibration dans la matière, dans la chair. Nulle possibilité de n'être qu'observateur de mots sortant de ma bouche. Prononcer ce « je » impose d'assumer ce qui vient immédiatement ensuite. Je trouve cette épreuve effroyablement difficile. Ma gorge est complètement nouée tandis que toutes ces paires d'yeux sont fixées sur moi, dans l'expectative de ce que ce timide garçon métis va dire. L'acte de courage serait-il de partir en courant en maudissant haut et fort cette assemblée ou bien consiste-t-il en le fait d'être là, à gauche de cet autel de marbre gris près duquel se tient un prêtre dégarni qui dégage une odeur de tabac froid ?

Je prends une inspiration et me mets à lire à toute vitesse les mots inscrits sur cette feuille, sans chercher à comprendre quoi que ce soit, ni à y mettre la moindre conviction. La dame se lève de son banc aussi précipitamment que je lis son texte pour me demander de ralentir mon débit. C'est trop tard. Je n'ai plus vraiment peur, je lis de plus en plus lentement, comme freiné par le poids de la honte, en me répétant à quel point je me déteste d'être aussi émotif. Je suis cependant persuadé que personne n'a rien compris, tellement mon élocution est chaotique, saccadée et inhabitée.

Mon ego, prompt à se raccrocher à la moindre prise, se délecte de cette catastrophe annoncée, toisant en quelque sorte la dame du haut de son incapacité à accueillir la Vie dans toute sa plénitude : « *Il ne fallait pas me désigner pour lire votre texte, Madame, si vous n'êtes pas contente. D'abord, vous auriez pu le faire vous-même. Quelle drôle d'idée que d'envoyer à la tribune un jeune garçon assis au fond de l'église dont la mine dit pourtant clairement qu'il ne veut pas être vu et, même, préférerait être ailleurs !* » Ce sabotage inconscient de ma prestation et d'une partie de la cérémonie n'a assurément pas fortifié mon amour-propre, le dégradant même encore un peu plus, mais au moins ne me suis-je pas rendu complice de la perpétuation de ce dogme qui ne me rapproche pas de Dieu, voire m'en éloigne.

Ainsi, mon âme a-t-elle choisi de me faire expérimenter la Puissance du Verbe… La dame, la Mère, l'initiatrice vient me chercher à la périphérie, me conduit dans la Lumière de la Maison de Dieu, jusqu'à m'inviter à me placer à la droite du prêtre – le Père, le Principe masculin. Je suis au centre, en ce point d'équilibre des polarités, debout, dans ma verticalité, face aux fidèles qui sont ce plan horizontal vers lequel mon cœur est censé s'ouvrir pour transmettre la Parole divine. Toutes les identifications à la petite personne doivent en cet instant sacré laisser la place au « Je Suis » véritable, symboliquement inscrit sur cette feuille posée devant moi. En vérité, ma peur, ma colère et ma honte n'ont rien à voir avec des conditions extérieures, un dogme, la présence des fidèles ou le ton employé par le prêtre pour prêcher ou partager son homélie. Elles m'enseignent l'alignement, la maîtrise, l'humilité et le courage nécessaires pour accueillir en Soi le Verbe dans toute sa pureté, sa puissance, sa beauté et sa joie. Cette expérience, forte et imprévisible, dans l'expression du « non-soi » est une grâce qui, telle une graine semée en profondeur, a pris des dizaines d'années pour germer et pouvoir être récoltée par ma conscience.

Dissimuler, esquiver ou fuir ce qui, en soi, incommode et perturbe est une entreprise à la fois ardue et illusoire. Avancer que le brassage énergétique auquel est soumis l'humanité lui laisse assez peu de répit ne me paraît pas excessif… Lorsque l'on commence à se rassurer d'avoir pu quitter une mer déchaînée pour poser enfin pied sur la terre ferme, c'est le sol qui, soudain, se met à trembler. Lorsque, ensuite, on s'accroche aux branches pour tenter d'échapper aux soubresauts du plancher, c'est le vent qui, par rafales successives, secoue comme si l'on était un simple fétu de paille. Avant d'être renvoyé de nouveau à la mer…

Il n'y a guère plus beaucoup d'endroits sur Terre permettant de se soustraire aux stimuli de la Vie. On le sait, l'époque des existences monastiques, retirées et préservées des multiples sollicitations inhérentes à l'incarnation terrestre est révolue. Et les voies d'ascèse pure, axées sur le déni de la plupart des besoins de douceur du corps, n'ont pas conduit à réaliser en soi l'équilibre des polarités, seulement à servir de référence pour trouver la Voie du Milieu. Ce furent des expériences, parmi d'autres.

Les temps présents sont à la mise en relief, à la mise en lumière de tous les aspects encore occultés, niés, compensés ou refoulés en soi. Cela entraîne le fait non pas que l'on entre collectivement dans une ère difficile, marquée par une pénibilité croissante ou une hausse de la tension générale, mais que l'on soit, chaque jour davantage, conduit à regarder avec le plus de lucidité possible ce qui, littéralement, pose problème en soi. Se morfondre sur l'état présumé du monde, dénoncer à grands cris ce qui semble injuste ou lutter contre des forces apparemment sombres ne fait que renforcer et alimenter ce vers quoi l'on oriente son attention.

En vérité, on n'a d'autre option que celle de faire face à ce qui émerge en soi, à chaque instant... Faire face à ces éruptions émotionnelles, ces inconforts chroniques, ces déstabilisations, ces effusions de peur, de colère, de doute, ces sensations de solitude, d'insécurité, de manque, d'angoisse et de tristesse.

Faire face, c'est d'abord remercier la circonstance, l'événement ou l'être qui a généré le malaise et, humblement, y reconnaître l'Univers qui encourage à réaliser sa véritable nature.

Faire face, c'est ensuite renoncer à toute recherche compulsive de « consolation » extérieure afin d'entrer tout entier dans le ressenti physique du tourment et d'en explorer courageusement chaque nuance, chaque détail, chaque subtilité.

Faire face revient, de façon concrète, à accueillir dans son corps, inconditionnellement et dans toute sa dimension, ce « visiteur » fiévreux, tremblant, noué, brûlant, dépressionnaire et corrosif, bien qu'il soit entré en soi sans même qu'on l'y ait invité.

Le chemin de l'éveil – du moins dans une conception ancrée – n'est évidemment pas un évitement de ces manifestations émotionnelles variées, bien souvent puissantes. L'éveil – en tant qu'acceptation consciente et reconnaissance pleine de ce qui est – fait immédiatement suite à la transcendance de toutes ces résistances et fuites. Croire que l'éveil équivaudrait à une sorte d'anesthésie générale doublée d'une immunité existentielle peut être source de profondes désillusions. L'éveil ne préserve pas de la douleur liée aux affres et frictions de l'incarnation ni n'extirpe de la condition humaine ou des limitations relatives à la matérialité du corps.

Il convient peut-être de différencier la douleur de la souffrance... La souffrance est l'étirement, le gonflement, l'amplification de la douleur initiale. Cette expansion désagréable est la conséquence d'un refus égotique de ressentir cette douleur liée au fait d'être incarné, c'est-à-dire d'être une entité de lumière se sentant parfois enfermée dans un corps de chair. L'éveil, en tant qu'acceptation de ce qui est, ne mène ainsi pas à une libération de la douleur, mais plutôt à un empêchement de la douleur de se transformer en souffrance.

Faire face n'est donc pas résister en s'accrochant de toutes ses forces à ce qui semble pouvoir ramener dans la dernière position confortable connue. C'est de cette manière bien paradoxale que l'ego se convainc pourtant qu'il fait face…

Faire face, en définitive, c'est ouvrir grand les yeux sur soi-même et aimer sans limites ce que l'on voit.

VII

Le commandant a décidé de transformer une chapelle en cathédrale.

Pas suffisamment exalté par les activités de sa vie quotidienne, il a trouvé, en une vieille fermette plantée sur une pâture humide à une douzaine de kilomètres de la maison que nous habitons, un moyen d'exprimer toute l'étendue de sa puissance créatrice. Particulièrement habile de ses mains, inventif et disposant d'une force vitale que l'on peut sans exagération qualifier de « hors norme », il voit en cette petite bâtisse sans cachet le point de départ d'une œuvre d'envergure dans laquelle il va pouvoir investir son temps libre, son argent, son courage et son énergie.

Lorsque je visite les lieux pour la première fois avec mes parents, mon frère et ma sœur, je ressens une certaine joie, probablement du fait que je vois le visage du commandant qui s'illumine comme celui d'un petit garçon devant un magnifique nouveau jouet et que se profile l'idée d'un projet commun, dans le sens de « générateur de communion ».

Quelques vêtements de l'ancienne propriétaire – récemment décédée – sont pliés avec soin sur une chaise placée dans un coin de la pièce principale. On perçoit assez nettement sa présence, sorte de vibration dense, contenant de la colère et une certaine défiance, comme si elle goûtait assez peu que cinq étrangers pénètrent chez elle sans y avoir été conviés et, surtout, que le commandant évoque en ses murs les pharaoniques aménagements qu'il entend y entreprendre.

Durant les cinq années qui suivent, l'ampleur que les travaux prennent dépasse tout ce que quiconque aurait pu imaginer. Avec l'aide ponctuelle de professionnels du bâtiment, souvent seul, le commandant consacre tous ses jours fériés et congés annuels à la transformation d'une humble maisonnette sans confort en une imposante résidence dotée de dépendances multiples. Ma sœur et moi sommes mis à contribution durant toutes nos vacances scolaires et nombreux sont les week-ends où il nous est demandé de participer aux travaux. Mes cours d'aïkido ne sont plus qu'un lointain souvenir, évidemment sacrifiés sur l'autel de l'engagement collectif. Ce qui apparaissait initialement comme un projet enthousiasmant prend peu à peu des tournures de galère à bord de laquelle les notions de pause, de détente, d'encouragement, de félicitations et de remerciements sont pures vues de l'esprit, dépourvues de toute forme d'application dans l'expérience du quotidien. Les journées de labeur démarrent tôt le matin et s'achèvent tard le soir. Ce n'est pas tant les efforts physiques qui posent problème aux adolescents que nous sommes que l'ambiance exécrable dans laquelle les travaux s'exécutent.

Le principe sur le chantier est immuable : il y a un chef qui commande et des subordonnés qui obéissent. Le chef, par définition, a toujours raison et lorsque, d'aventure, il commet une erreur, c'est du fait exclusif de l'incapacité des subordonnés à le seconder convenablement. La règle présente l'avantage d'être simple à comprendre et le désavantage de ne posséder aucune exception. Quand bien même ma sœur et moi sommes habitués à ce rythme et avons depuis longtemps cessé de nourrir toute illusion quant à une modification à notre bénéfice de nos conditions d'existence, il n'en demeure pas moins que nous traversons sporadiquement de sombres périodes de lassitude qui nous conduisent à envisager de nouveau, au moins en paroles, l'hypothèse du suicide et, de façon fugace, pioche en mains, celle du parricide.

Pour créer de nouvelles fondations, nous creusons le sol durant des mois entiers, extrayant des dizaines de tonnes d'une terre glaise qui adhère aux pelles et aux semelles de nos bottes en caoutchouc. Puis, ce sont les mêmes quantités de béton que nous coulons dans les espaces préalablement libérés avant de nous atteler à l'érection méticuleuse de murs de soutènement, façades, pignons et cloisons faits de parpaings et de mortier que je deviens rapidement capable de produire en des quantités industrielles.

Lors de sa visite sur le chantier, une amie de mes parents réputée pour sa finesse d'esprit et son élégance salue avec insistance le courage qu'elle constate, en ma sœur et moi, du fait que nous participions aux travaux avec autant de dynamisme et de bonne volonté. Elle fait mine de confondre courage et absence de choix, afin de nous faire passer un message de compassion, que nous entendons parfaitement et accueillons avec une gratitude gênée et silencieuse. Le commandant lui répond avec un naturel qui la décontenance d'abord, puis l'offusque, que nous sommes effectivement bien «commodes» et qu'il dispose en outre de nous comme d'«ouvriers asiatiques qu'on paie avec un bol de riz»...

Bien qu'habitués à ce genre de sorties, le fait que celle-ci ait lieu en notre présence, face à une personne extérieure au cercle familial, réveille en nous cette blessure ancestrale d'humiliation, partagée par tant d'humains sur Terre. Quand bien même l'on sait avoir choisi ses géniteurs en son âme et conscience, il est néanmoins des instants de vie où l'on peut être quelque peu tenté de s'en blâmer...

En quête perpétuelle de reconnaissance, je cherche à chaque instant à satisfaire le commandant, en devançant ses attentes, en lisant dans ses pensées, en portant plus lourd que mon jeune corps ne le devrait, en apprenant seul à manier tous les outils de construction et de déconstruction, en demeurant calme lorsque les éléments semblent s'être ligués contre le chantier, en faisant preuve d'esprit d'initiative, en oubliant la fatigue et en faisant mine de croire à ses promesses lorsque, au comble du contentement, il se met à évoquer la perspective d'une prochaine pause ludique dans tel parc d'attractions. Lorsqu'il me demande d'abattre telle partie d'un mur, je le fais tomber tout entier. Lorsqu'il me demande de commencer à creuser un fossé, c'est une tranchée complète que je réalise. Lorsqu'il me demande d'être un bon manœuvre, je me transforme en contremaître. Ma loyauté est absolue. Cette loyauté n'est pas fondée sur la certitude d'une cause juste, mais sur l'espérance d'un signe d'affection, d'une félicitation, d'un témoignage de satisfaction. C'est cette forme d'amour que je mendie en me dépensant ainsi pour son projet. Comme pour nous encourager à donner encore plus de notre personne et justifier son absence de gratitude à notre égard, il avance fréquemment que nous – ma sœur et moi – ne travaillons pas pour lui ou à fonds perdu, mais que, pierre après pierre, nous sommes en train de constituer notre héritage.

Je sais intimement que cela est faux, du moins par rapport à une vision strictement matérielle d'un héritage. Je sais que, ni de près ni de loin, cette future grande bâtisse ne sera jamais notre propriété, que la seule richesse dont nous hériterons est une capacité à concrétiser ce qui est présumé impossible, à trouver des solutions au milieu des décombres, à exploiter sans limites nos potentiels, à éclater de rire au paroxysme de l'effort, à relativiser nos frustrations en s'autorisant néanmoins d'en pleurer à chaudes larmes, à utiliser la peur et le manque comme de puissants leviers d'accomplissement.

En parallèle de ces activités manuelles, je me dois de conserver ma place de premier de la classe. En bon petit soldat, je parviens à être présent sur tous les fronts. Cependant, beaucoup commencent à prendre conscience que mes adversaires locaux ne sont pas de taille à rivaliser. «*À vaincre sans péril, on triomphe sans gloire*», a écrit justement Corneille, dans *Le Cid.* Le proviseur de mon collège, à qui l'on n'en demandait pas tant, explique par écrit puis oralement à mes parents que je perds mon temps dans son établissement, que j'y brade mon talent. Il leur propose ainsi de me placer dans un collège où les élèves sont classés par niveau – système qui, en ces temps, est plutôt pratiqué dans des structures privées.

C'est ainsi que je suis inscrit, pour la rentrée de quatrième, dans une institution catholique située à une trentaine de kilomètres de la maison. Je vais devenir pensionnaire, partir pour la semaine et rentrer le vendredi soir à la maison. Mon dossier scolaire me conduit à être positionné dans la classe « A » – celle qui, sans surprise, regroupe les meilleurs élèves. Je me retrouve déchiré en l'indicible joie de passer cinq jours par semaine loin du commandant et l'affolante perspective de ne plus être premier de la classe, du fait d'une concurrence bien plus musclée que celle à laquelle je suis habitué. Comme j'ai la sensation qu'une fois n'est pas coutume, on me demande mon avis, je valide sans réserve l'idée du pensionnat, sans néanmoins vouloir donner l'impression que cela m'arrange d'être loin de la maison. Je mets uniquement en avant les arguments pédagogiques, même si l'idée d'un nouveau type de compétition, hautement moins confortable, instille un certain doute en moi. J'essaie juste de demeurer fidèle à mon principe : *j'ai peur, donc j'y vais.*

Le jour de la rentrée des classes, j'entre dans la cour de l'école comme dans une arène. Je suis entouré d'enfants ou d'adolescents qui se connaissent tous déjà et se retrouvent joyeusement après les vacances estivales. Je reste planté sans bouger sous le préau, mon cartable neuf entre les pieds, partagé entre l'idée que personne ne me voie et celle que tout le monde me regarde.

Machinalement, je cherche parmi tous ces êtres en mouvement quelqu'un « de couleur », non pas que je me sente identifié à la teinte de mon corps physique, mais je veux savoir si à ma singularité de nouvel élève s'ajoute aussi celle de mon origine ethnique. Manifestement, tous sont blancs de peau. Un, en particulier, entend d'ailleurs le revendiquer, voire le défendre. Il me semble bien plus âgé que moi. Il doit appartenir à une classe de troisième et avoir doublé quelques années scolaires. Il porte les cheveux très courts, presque ras et est vêtu de la panoplie complète du « skinhead », depuis le blouson noir jusqu'aux chaussures à grosses semelles, d'inspiration militaire. S'approchant de moi en compagnie de deux camarades, il me fixe droit dans les yeux et pose à la cantonade cette question : « Vous ne trouvez pas que ça pue le nègre, ici ? » Ses acolytes ricanent sans répondre verbalement, acquiesçant juste de la tête. Les mâchoires serrées, l'œil sombre, il crache bruyamment sur le sol, juste devant mes pieds, puis s'éloigne en grommelant quelques lieux communs sur l'identité de la nation, le péril noir et la suprématie blanche.

Je viens d'expérimenter l'agression directe, radicale et imprévisible. Trop occupé à essayer de me rendre invisible dans la cour de cette école, j'en suis devenu une cible de choix attirant à elle l'objet de ses peurs. Mes cinq années de pratique assidue de l'aïkido ne m'ont été d'aucun secours, s'agissant de parer ou d'accompagner la violence du choc. L'attaque a été brève et efficace et moi, la cible, inerte. La banale tétanie de la victime face à son bourreau…

Quelques années auparavant, j'avais déjà, dans mon bourg, eu à essuyer certains quolibets portant sur ma couleur de peau ou mon nom de famille, mais rien qui me fasse véritablement mesurer que ma seule présence physique – ou, plutôt, l'idée que l'on peut s'en faire – puisse constituer un problème pour d'autres. Si jamais mon sentiment de solitude n'avait été suffisamment prégnant en ce jour de rentrée des classes dans ce nouvel établissement, cet adolescent haineux l'a, en quelques mots bien choisis, particulièrement bien stimulé.

Afin de parachever le tableau, je note que les codes vestimentaires locaux ne correspondent pas ou peu aux miens et que mes efforts entrepris pour tenter d'être « à la mode » ou, du moins, pas trop en retard sur celle-ci, me placent en surbrillance dans le décor actuel.

Pour autant, l'agression verbale de cet adolescent ne me touche pas. Je la constate, je l'entends, mais les mots ne pénètrent pas dans mes cellules. Je ne leur donne pas de pouvoir autre que celui de concevoir que nous ne partagerons probablement pas notre repas ensemble à la cantine. J'attendais une main tendue, quelque attention qui me permette de briser la glace qui m'entoure, mais j'ai tellement attendu que l'on m'intègre, que l'on m'accepte que j'ai créé exactement l'effet inverse : on a trouvé ma présence nauséabonde. La leçon est parfaite et répond à la vibration que j'émane : « *Je ne m'aime pas suffisamment pour oser venir à vous sans craindre que vous me rejetiez et j'attends que vous m'aimiez à ma place, que ce soit vous qui accomplissiez ce pas vers moi.* » Récoltant ce que l'on sème et recevant des autres une réponse équivalente à la façon dont on s'aime, la Vie ne pouvait m'envoyer de meilleur messager que ce garçon qui se croit raciste.

J'observe que je n'éprouve aucune colère ni rancœur contre lui. Quelque chose à travers moi, bien plus vaste que ma personne, l'a regardé dans les yeux tandis qu'il m'insultait et s'est reconnu en lui, au-delà de la peur. J'ai senti cela et, même si dans mon humanité, dans ces entrelacs d'émotivité toujours prompts à surgir en surface, je préfère recevoir des témoignages d'affection ou d'amitié, je sais que nul ne peut être réduit à ses paroles, ses gestes, son humeur ou son caractère. Alors peut-être qu'en définitive, oui, cela a été ma plus belle prise d'aïkido, la plus réussie, la plus maîtrisée : depuis une posture de grande vulnérabilité, se laisser sans coup férir traverser par une vibration *a priori* hostile, n'en garder aucune trace et offrir en réponse à l'agresseur ce regard de l'âme. Un regard qui non seulement ne juge ni ne condamne, mais en outre élève à la dimension de l'unité.

Ce garçon reproduira sa diatribe à trois ou quatre reprises, durant les mois suivants. Je lui offrirai à chaque fois la même absence de réaction jusqu'à ce qu'il fendille lui-même sa propre armure. Avant les vacances estivales, lors d'une fête de l'école marquée par des activités ludiques, culturelles et sportives, les circonstances font que nous nous retrouvons à devoir jouer l'un contre l'autre, dans le cadre d'un tournoi de tennis de table. Après avoir manifesté son refus de jouer « contre un nègre qui risquait de le salir », il se résout finalement à se placer en face de moi, pour éviter l'expulsion du tournoi et, probablement, une sanction disciplinaire.

Séparés par le petit filet de la table dans lequel – selon ses mots – il me verrait bien prisonnier, nous commençons le match. Persuadé de me battre, il ne daigne pas me regarder dans les yeux et me renvoie la balle le plus fort possible, accumulant fautes et erreurs d'appréciation de distances. Je me contente de rattraper ses balles, même celles destinées à finir leur vol dans le mur ou sur les tables voisines. Je le laisse s'épuiser dans sa propre obstination, tout en lui proposant implicitement une autre possibilité : celle d'une rencontre pacifique. Ce n'est plus du tennis de table dont il s'agit, c'est de l'aïkido. Et je sens que, peu à peu, au fil des échanges, nous nous mettons à danser ensemble, à dialoguer silencieusement à travers les mouvements de cette petite sphère blanche qui virevolte entre nous. Peu à peu, nous cessons de nous battre, car je n'offre plus aucune accroche à sa hargne. Au-delà du score, il ne peut ressortir ni vainqueur ni vaincu. Ce n'est absolument pas le but. La Vie ne nous a pas placés là pour nous départager, mais, au contraire, pour nous ré-unir. Ses services deviennent précis et ses revers de plus en plus mesurés. Sa violence a disparu, il ne me frappe plus avec la balle et commence même à jouer avec moi. Nos échanges s'étendent, s'allongent, s'apaisent, s'arrondissent, s'harmonisent. Au fil des minutes, il redevient ce petit garçon libre de toute imprégnation extérieure, de tout conditionnement familial, de toute déformation sociale, de toute haine inculquée, ce petit garçon qui s'amuse. Luttant encore ponctuellement contre une irrépressible envie de sourire, il grimace en se mordant les lèvres. La joie qu'il sent monter à travers lui ne peut se dissimuler bien longtemps. Il me demande maladroitement pardon pour une balle mal servie, s'excuse du bout des lèvres pour un revers trop dynamique. Je suis presque gêné par la vulnérabilité qu'il s'autorise à dévoiler et ressens un profond élan de sympathie – d'amour, devrais-je dire – vers lui, vers ce qu'il est, derrière l'intenable masque de la répulsion.

Peu importe le résultat du match, nous l'avons gagné tous les deux. Il a été magnifique. Il n'y a plus de filet entre nous, plus de séparation. Nous nous serrons la main. Il me sourit. Je lui réponds. Je trouve la vie belle lorsque l'histoire est ainsi écrite. Cela m'émeut aux larmes. C'est toute la joie que je maintiens confinée en moi depuis des années qui les pousse vers l'extérieur.

Certains de mes proches camarades m'avaient incité à me battre contre lui – malgré une différence de gabarit de toute évidence en ma défaveur –, à riposter ou à surenchérir dans le vomi verbal. Intuitivement, je savais que ce type d'escalade n'était pas la solution. Qui conquiert par la violence aura à défendre sa conquête par le même procédé.

Le poids du conditionnement écrase une grande partie de l'humanité, annihilant tout accès à sa véritable nature et la privant d'exprimer son Essence profonde. Beaucoup croient encore que la réalisation de soi est liée à l'affichage d'une certaine réussite, à l'accession à un statut dont la pertinence est validée par la reconnaissance extérieure. Cependant, le fait de susciter l'envie ou l'admiration chez autrui ne renseigne en rien sur son propre degré de réalisation intérieure. Quand bien même cette admiration porterait sur de supposées qualités spirituelles…

La somme de ses renoncements et dénis, tel un carcan, emprisonne dans des rôles que l'on joue contre son gré, en se pliant comme un triste automate au conformisme ambiant, transmis de génération en génération. Simplement pour être accepté, intégré, considéré, admis, prétendument respecté. Simplement pour être le moins mal aimé possible, dans un monde dans lequel on a appris, parfois avec violence, à dissimuler ou à bâillonner sa voix intérieure.

Pour autant, l'affirmation de soi n'est pas une réaction à ce poids, à cette sensation. Elle n'est pas une révolte contre une impression d'enfermement.

L'affirmation de soi n'est pas la défense de ses idées, de ses opinions ou de son point de vue.

L'affirmation de soi n'a rien à voir avec la rébellion ou la lutte contre un système, un clan ou une situation.

S'affirmer n'est pas se différencier, se faire remarquer, se distinguer, briller ou prendre parti.

L'affirmation de soi n'est pas la conviction revendiquée de posséder un niveau de conscience supérieur, d'être « connecté » ou d'être sorti de ce qui serait une matrice d'illusion.

L'affirmation de soi n'est pas une posture intellectuelle ou mentale fondée sur le rejet de ce que l'on n'aime pas chez les autres, dans la société ou sur cette planète.

Celui ou celle qui s'affirme n'a personne d'autre que lui ou elle-même à convaincre du bien-fondé de ce processus.

Il ne s'agit pas de s'affirmer par rapport aux autres, mais face à son petit « moi » conditionné, subordonné, égoïste, craintif, routinier, sclérosé, couard, menteur, manipulateur et prompt à la fuite. Il n'y a de « victoire » que sur celui-ci.

S'affirmer n'est pas s'imposer, parler plus fort que les autres, ni avec davantage d'éloquence ou d'arguments percutants. S'affirmer n'a rien à voir avec une joute verbale, vindicative et stérile qui ne fait qu'exciter et gonfler l'ego.

L'affirmation de soi n'est pas un acte extérieur, visible, spectaculaire, démonstratif, observable. L'affirmation de soi n'est pas un trait de caractère ou un attribut notable de la personnalité.

S'affirmer, en premier lieu, est dire « oui » à ce que l'on est. S'affirmer, c'est oser marcher dans une direction qu'on peut être le premier ou le seul à suivre, sans attendre les encouragements des uns, ni craindre les railleries des autres.

S'affirmer, c'est ne plus s'identifier à une communauté, un travail, une opinion politique, une nation, une religion, ni à ceux, non plus, qui, d'une seule voix, disent être sortis du troupeau.

S'affirmer, c'est transcender la peur de l'inconnu pour embrasser tout le champ des possibles.

S'affirmer, c'est permettre à sa voix intérieure de se frayer un chemin au milieu de sa masse ignorante.

S'affirmer, c'est manifester, dans tous les aspects de son existence, son alignement, sa rectitude, sa maîtrise, sa Lumière. Tout le reste n'est que tribune donnée à l'ego qui s'arc-boute sur la croyance que les paroles prononcées ont le pouvoir de rallier l'autre à sa cause ou de le changer.

L'affirmation de soi est l'abandon résolu et courageux des fonctionnements archaïques, réponses préfabriquées, pensées formatées et schémas transgénérationnels.

S'affirmer, c'est fendre son armure quand tous cherchent à se protéger ou à se défendre.

En vérité, l'affirmation de soi est une vibration silencieuse, puissante, lumineuse et humble. L'affirmation de soi est expression pure, joyeuse et paisible de la voix de son âme.

Ces deux années de pensionnat s'écoulent avec douceur, joie et intensité. Je noue de belles amitiés avec certains des pensionnaires et apprécie les longs échanges nocturnes que nous avons parfois dans le théâtre désaffecté situé dans les soupentes du vieux bâtiment principal. Il est notre espace de liberté lorsque nous nous échappons du grand dortoir collectif qui rassemble toutes les classes, sans la moindre distinction. La sensation d'enfreindre le règlement est d'autant plus grisante qu'elle m'est particulièrement inhabituelle, comme un courant électrique qui me traverse en flux continu. Je sais que je ne lèse personne, simplement que je me donne le droit, fugacement, de m'extraire du cadre. Dans l'obscurité poussiéreuse des rideaux défraîchis du théâtre, je joue le rôle de l'adolescent libre de ses faits et gestes. L'on me tend une cigarette déjà allumée qui circule comme une luciole rougeoyante dans le petit groupe. Pour paraître comme les autres, j'aspire une pleine bouffée de fumée. Outre le fait que je trouve le goût infect, cela me donne immédiatement la nausée, me renseignant sur le degré de tolérance de mon corps à l'ingestion ou l'inhalation de certaines substances. Je réitérerai néanmoins l'expérience, encore et encore, jusqu'à ce que le dégoût se transforme en plaisir.

Je sais pertinemment que je cours un risque important du fait de ces escapades nocturnes. Le surveillant de dortoir est un ancien policier municipal aux tendances mythomaniaques assez affirmées qui place en *garde à vue* chaque pensionnaire qui se fait prendre pour ce type de « délit ». Il me fait cependant plus rire qu'il m'effraie. En revanche, la perspective d'être, à mon tour, interpellé par le surveillant et que cette arrestation donne lieu à une condamnation qui serait portée à la connaissance du commandant est tellement terrifiante que je ne lui permets pas d'exister dans mon champ mental. Je laisse cette possibilité aux autres.

Les temps de scolarité sont cadencés par les périodes de vacances qui, invariablement, sont consacrées à la construction de la cathédrale du commandant. Brique après brique, depuis les profondeurs d'une cave immense creusée dans le prolongement du bâtiment originel, le monument s'élève. Les défis géologiques se présentent les uns après les autres ou simultanément – des sources souterraines, des pierres énormes, un sol argileux acide qui décolore les vêtements et attaque les ferrures. J'apprends néanmoins, chaque jour, qu'aucun problème ne peut advenir dans son champ d'expérimentation que l'on ne soit en capacité de résoudre. Je comprends que ce n'est pas tant la Nature qui met au défi que soi-même. Je sais qu'il n'y a pas de point à atteindre, que cette bâtisse ne sera jamais achevée et qu'elle n'a, en vérité, pas vocation à l'être. Elle n'est qu'un chemin de dépassement des limitations de chacun, un itinéraire de découverte de l'infinie puissance de manifestation de l'être humain qui refuse de croire impossible ce qu'il n'a pas encore tenté d'accomplir. La leçon est incroyablement rude, harassante et exigeante, mais extraordinairement gratifiante.

La tentation de comparer son existence avec celle de l'autre est cependant omniprésente et rend la leçon encore plus ardue à intégrer. Tandis que ma sœur et moi, employés bénévoles sur ce chantier, sommes vêtus de guenilles rapiécées et chaussés de bottes en caoutchouc dont l'étanchéité est plus qu'approximative, nous croisons fréquemment les enfants des voisins. Ce sont deux adolescents de notre tranche d'âge qui reçoivent de leurs parents en permanence les plus beaux vêtements et toutes sortes de véhicules à moteur. Bien loin de me considérer encore comme le cocréateur de mes conditions de vie et d'assumer mon choix d'incarnation, je me laisse parfois aller à envier leur existence dont je ne sais quasiment rien, mais qui me paraît tout de même bien plus douce que la mienne. Et puis, incidemment, j'apprends que leur mère est sourde et muette… Moi qui aime tant parler avec la mienne – peut-être par compensation avec le fait que je n'ai jamais de discussion avec le commandant –, je me pose alors la question furtive, un peu honteuse, de l'échange de nos vies respectives. Je n'attends pas la réponse, car me revient instantanément l'image de ces deux jeunes garçons matériellement très choyés dont je m'étais également laissé aller à envier l'existence. Leur mère était ensuite décédée dans cet accident de la route à Paris au cours duquel le commandant avait lui-même été violemment percuté. Je conçois une fois pour toutes qu'il n'y a non seulement rien à envier à quiconque, mais rien non plus à comparer.

Si, globalement, tous les êtres humains sont présents sur Terre à cause d'une même intention – expérimenter cette idée de la séparation d'avec le Créateur puis, expérience faite, prendre le chemin de retour à l'unité –, l'on ne peut pas vraiment dire que tous ont conscience de l'intention qui a motivé leur incarnation.

L'une des principales difficultés dans la remémoration de l'intention et de la causalité de l'incarnation réside dans l'identification à cette personne que l'on croit être ou devenir ainsi que dans cette tendance à vouloir trouver le sens de l'existence dans la reconnaissance extérieure et dans la place occupée dans la société. Cette société, par ses jugements de valeur, ses opinions, ses glorifications, son conditionnement, ses notions du bien et du mal, ses dogmes, son code moral, etc., va certes valider certaines croyances de la personne sur elle-même.

Est-on sur Terre pour trouver une place dans la société ou alors pour utiliser cette société afin de trouver le chemin qui mène à soi, donc au Soi ? Les deux, puisque tout est interconnecté. L'un n'est pas dissociable de l'autre. Nul ne peut se prétendre en dehors de la société ou totalement détaché des tribulations de ce monde, sans pour cela recourir à un subterfuge de l'ego, toujours prompt à proclamer sa libération afin de ne plus être inquiété par les investigations de la conscience. La société est le prolongement de chacun et chacun est une parcelle de cette société qui comporte une infinitude de réalités d'existence qui se superposent, s'interpénètrent et s'influencent sans cesse. Il en est de même à l'échelle individuelle.

S'agissant alors des mandats d'incarnation, c'est-à-dire des causes pour lesquelles des âmes viennent investir un aspect d'elles-mêmes dans des corps physiques qui se retrouvent ensuite à coexister sur cette planète, on peut les décrire comme quatre grandes étapes ou paliers correspondant, en quelque sorte, à l'ambition intrinsèque de chacune.

Laissant à chacun la possibilité de percevoir la notion d'âme de la façon la plus libre qui soit, il peut cependant être entrepris d'en proposer une tentative de définition, tout en sachant que le vocabulaire humain ne contient pas les mots adéquats pour la circonscrire sans la réduire. En effet, la Source qui, par essence, est ce qui est à la naissance de tout, englobe des réalités qui dépassent largement l'entendement. L'être humain essaie fréquemment, avec ses seules capacités mentales, de comprendre ce qui est au-delà de tout raisonnement linéaire ou de toute démonstration rationnelle, ce qui revient généralement à vouloir faire entrer un éléphant dans un dé à coudre… Néanmoins, dans une démarche humble d'ouverture permanente de conscience, il peut être intéressant d'en approcher une description.

En premier lieu, la Source est Conscience, c'est-à-dire qu'Elle est un état d'être et non une manifestation physique. La Source est ainsi hors du temps et de l'espace.

Dans l'intention de Se connaître, la Source s'est reflétée en Elle-même, en quelque sorte, et a engendré la Création, avec des interactions entre une polarité masculine et une autre féminine, entre des champs magnétiques, entre un intérieur et un extérieur, entre l'amour et le non-amour, entre la connaissance et l'ignorance. Et la matière a été créée, de la plus subtile à la plus tangible. Cette matière a introduit la notion d'espace, car l'énergie tournant sur elle-même a commencé à délimiter des zones distinctes. Ces densités composées d'énergies différentes ont créé des mouvements et donc des enchaînements que l'on a appelés «temps». Cette notion d'espace-temps appartient au monde de la matière, de la densité. L'espace-temps est une manifestation de la Source, mais n'est pas la Source Elle-même. C'est une séparation consciente de la Source.

Les différences de densité ont entraîné des frictions qui ont produit un «bruit». Ce bruit est le Son primordial, le Om, le «Verbe» du Commencement. Ce Son est émanation de la pure Conscience et imprègne toute la Création, dans l'absolue éternité.

Progressivement, des parties de la Source se sont cristallisées, de par cette intention initiale d'expérimenter ce qui n'est pas Unité, et se sont détachées d'Elle. C'est ainsi que sont nées les âmes, en tant que véhicules d'expérimentation de la Source.

Une âme n'a ni commencement ni fin ; pourtant, ne dit-on pas de certaines âmes qu'elles sont plus anciennes que d'autres ? Ces deux aspects apparemment contradictoires coexistent néanmoins. Comme l'on fait partie de tout ce qui est, on a littéralement toujours existé ; pourtant, l'énergie individuelle qui est devenue «soi» s'est formée à un instant précis. Imaginons que la Source soit l'océan. Cet océan a toujours été. Maintenant, remplissons un verre d'eau en puisant dans cet océan. En cet instant, l'eau, bien qu'existant de toute éternité, s'individualise dans ce verre, en apparaissant dans une forme distincte. Voilà, de façon très imagée, comment une âme peut à la fois n'avoir ni commencement ni fin et présenter des caractéristiques temporelles.

Au sein de l'espèce humaine, il existe différents degrés de conscience de l'âme. Si l'on trouve, chez les âmes appartenant à même bande de fréquence, une qualité de conscience commune, il y a cependant une différence au niveau de l'étendue de leur conscience. Un être dont le niveau de conscience est moins élevé n'est pas égal – au sens strict du mot « égal » – à un autre possédant une conscience plus grande. Il existe véritablement une inégalité. Mais cet état est temporaire dans le flot de l'évolution.

Il est par ailleurs à concevoir qu'en répondant à cette impulsion à expérimenter la dualité, les âmes ont inscrit en elles une blessure ineffaçable : celle de leur séparation d'avec la Source, quand bien même c'était cette envie d'expérimenter, d'agir, de comprendre, de vivre et d'inventer qui avait initié cette séparation. C'est cette même blessure qui servira d'impulsion à leur retour à la Source.

Beaucoup d'êtres humains sont habitués à croire que leur participation au processus évolutif se limite à la durée d'une seule existence. Cette croyance est le reflet du point de vue à cinq sens de la personnalité. L'existence de la personnalité n'est que l'une des myriades d'expériences de l'âme, qui se déroulent de façon simultanée. L'âme, elle, existe hors du temps. Son point de vue est incommensurable et ses perceptions ne sont pas limitées comme celles de la personnalité. Les âmes ayant choisi pour chemin d'évolution l'expérience de la vie physique, telle qu'on la connaît, ont incarné leur énergie d'innombrables fois, sous de nombreuses formes psychologiques et physiques. À chaque incarnation, l'âme a créé une personnalité et un corps différents. Cette personnalité a contribué, à sa façon, avec ses propres aptitudes et les leçons qu'elle a dû apprendre, de manière consciente ou inconsciente, à l'évolution de son âme.

L'Esprit demeure à jamais. L'âme, même si elle a l'éternité pour évoluer, est cependant vouée, *in fine*, à terminer son parcours dans la Manifestation. Lorsque toutes les incarnations dans toutes les sphères sont achevées et lui ont permis toutes les acquisitions de conscience, alors l'âme se fond à nouveau dans la Source qui grandit en connaissance d'Elle-même.

On peut ainsi, depuis le point de vue de l'âme, établir quatre grandes expériences humaines qui sont comme quatre grandes marches ou paliers. Ce qui, bien sûr, rend prodigieusement intense la vie sur Terre est la coexistence – la confrontation, parfois – d'êtres animés par une aspiration à la réalisation d'expériences pouvant être fondamentalement différentes.

Imaginons que l'on place dans une même grande pièce huit personnes d'âge relativement identique. Quatre hommes et quatre femmes. Dans ces huit corps, introduisons ensuite huit personnalités, c'est-à-dire une structure psychique formée par l'adjonction d'un ego et d'un mental. Dans ces huit personnalités, qui fonctionnent par paires, l'on trouve deux personnalités de très jeunes enfants, deux d'adolescents, deux d'adultes plus ou moins matures et, enfin, deux de vieillards – chaque paire étant représentée par les deux sexes. Extérieurement, rien ne les différencie, sinon, évidemment, leur polarité sexuelle. Maintenons-les quelques semaines dans cette même pièce qui comprend des jeux, des ouvrages de toutes sortes, des espaces préservés, des placards fermés à double tour frappés de la mention « ne pas ouvrir – danger », de la nourriture, des substances hallucinogènes, des armes, des sources de plaisir des sens, sept fauteuils plus ou moins confortables et des fenêtres offrant une vue sur des paysages radicalement différents : la mer, la montagne, le désert, la forêt, la ville, quelques êtres portés au pinacle par une foule, une guerre civile, un miroir, un ciel étoilé et un néant visuel. Comment ces huit êtres vont-ils s'entendre ? Quels types de relations vont-ils nouer ou entretenir ? Quelle sera la nature de leurs rapports ?

La Terre est une planète-école qui ressemble à cette pièce. Au sein du cosmos, elle est l'école de la paix, non pas en tant que lieu où l'on expérimente directement l'état de paix, mais celui où l'on aspire à le vivre. Quel meilleur endroit au monde qu'un champ de bataille pour faire naître en soi un intense désir de paix ? Ce n'est certainement pas entouré d'angelots, posé sur de doux coussins de plumes roses et bercé par une relaxante musique que l'on va chercher à développer intérieurement un état de paix, puisque rien, hors de soi, ne stimule cette aspiration… La Terre est ainsi cette planète où un nombre considérable d'âmes aux tendances belliqueuses viennent apprendre la paix en se lassant, en définitive, de la confrontation avec d'autres âmes aux tendances similaires. Pour vouloir véritablement installer la paix en soi, il faut être fatigué de la guerre et ne plus y trouver d'avantage.

Le premier palier, parmi les quatre grandes familles de mandats d'incarnation, correspond à l'expérimentation du corps physique. À l'échelle d'une vie, il tient dans le temps de la petite enfance, durant lequel l'on apprend à contrôler sa vessie et son sphincter, à tenir debout, à marcher, à courir et l'on découvre les premières subtilités du corps physique. Décliné sur une existence entière, il s'observe chez des âmes qui viennent animer un corps physique afin de s'accoutumer à sa densité, son fonctionnement, sa résistance, son endurance, sa solidité et sa capacité à endurer des traitements *a priori* contre-nature. Certaines s'incarnent ainsi juste quelques semaines, le temps de tester la chair, choisissant des mères résolues à avorter en cas de grossesse, les circonstances de ce que l'on appelle une « fausse couche » ou bien encore la condition de mort-né. À l'échelle du Divin, le drame ou la faute n'existent pas. L'expérience est neutre en elle-même. La sanction morale, la condamnation sociale ou religieuse, le jugement implacable qui peuvent aveuglément s'abattre sur celles qui décident de procéder à une interruption de grossesse n'existent que dans la dimension humaine qui ne parvient pas à voir au-delà de la sa propre condition et, en particulier, à déchiffrer les termes du contrat subtil pouvant avoir été établi entre l'âme d'une femme en capacité de procréer et une autre simplement désireuse d'expérimenter, pour un temps bref, la sensation d'être à l'intérieur d'un corps physique terrestre. Une âme qui « descend » dans une femme qui ne souhaite pas enfanter sait parfaitement où elle s'engage, puisque l'intention de cette dernière se lit très clairement depuis les plans subtils. Il n'y a qu'à partir d'une vision duelle et manichéenne plaçant perpétuellement victimes d'un côté et coupables de l'autre que l'on peut juger ce qui, en vérité, constitue un non-événement. Parmi ces êtres venus expérimenter la matière à travers l'animation d'un corps physique, beaucoup vont choisir de lui faire subir toutes sortes de traitements : activités extrêmes, absorption de drogues, d'alcool, de nourriture en quantité importante, scarifications, automutilations, privation totale de soin, anorexie, tatouages, etc. Évidemment, un certain nombre d'entre eux connaîtront une sortie relativement rapide de l'expérience du fait de l'incompatibilité chronique des cellules avec des pratiques résolument involutives. Pour autant, rien n'est écrit d'avance et il n'est pas rare, surtout en ces temps actuels, que d'autres aspirent – inconsciemment – à rejoindre le deuxième palier, estimant avoir suffisamment appris du fonctionnement du « véhicule » de leur âme.

Le deuxième palier correspond à l'expérimentation de l'esprit grégaire. Les êtres qui s'incarnent avec pour objectif d'accomplir ce type de mandat sont censés avoir validé, en quelque sorte, les expériences du premier palier et, même s'ils peuvent de temps à autre refaire quelques incursions dans les vibrations précédentes en retrouvant, par exemple, certaines habitudes éprouvantes pour leur corps physique, ils s'offrent surtout la possibilité de se découvrir au travers de semblables. Par semblables, il faut entendre les membres de la famille, du clan, de la tribu, du groupe, de la communauté religieuse, du gang, du club, de la région, etc. Il s'agit pour eux de développer le sentiment d'appartenance à un ensemble et de commencer à sortir de la seule expérience de la matière corporelle et de l'intérêt nombriliste. Cette étape favorise par ailleurs une forme d'enracinement par un attachement assez fort à une terre d'origine, une culture, des traditions, une histoire, des rites qui pourront être défendus, protégés – parfois avec violence – au prétexte de la préservation de leur identité. Il est effectivement à concevoir que ces êtres situent toute leur identité dans ces éléments certes temporels, extérieurs et périssables, mais constitutifs de la structure de leur expérience. Les juger pour leur volonté de maintenir le décor qu'ils ont choisi pour accomplir leur mandat d'incarnation est à la fois stérile et significatif d'une incapacité à reconnaître chez ces êtres la nécessité d'intégrer préalablement certains aspects de la condition humaine avant accéder à une plus grande liberté.

Le troisième palier des mandats d'incarnation incite à développer le sentiment d'appartenance à la race humaine, au peuple de la Terre, au-delà de tous les clivages. Il n'est ici plus question de défense d'un patrimoine régional ou de particularités religieuses ni de repli identitaire. Les êtres ont dépassé ce stade. Ils expérimentent puis promeuvent l'idée d'unité entre les nations du monde, de préservation de la Nature et de l'environnement dans son ensemble, avec une notion de responsabilité de plus en plus marquée. Beaucoup professent la nécessité croissante de connexion, de partage, de constitution de réseaux d'échange, de relations d'entraide. Certains se sentent appelés à œuvrer dans le domaine de ce que l'on nomme « l'aide humanitaire », souvent emportés par une forme d'empathie qui sous-tend une compassion naissante. L'aspiration à être « utile » en ce monde emprunte encore des formes compensatrices, c'est-à-dire traversées par l'énergie dite du « sauveur » qui, bien souvent, oublie que charité commence par soi-même, ainsi que par l'idée tenace qu'il faut combattre « l'injustice » et « l'inégalité ».

Les concepts d'injustice et d'inégalité sont liés à une vision encore parcellaire des êtres humains et de ce qui les fait entrer en interaction. Lorsque l'on prend conscience de la grande diversité de leçons que viennent apprendre les âmes qui s'incarnent sur Terre, on ne peut plus demeurer bien longtemps dans la croyance que ce que vivent les unes serait injuste ou bien qu'il faudrait que toutes vivent plus ou moins la même expérience, dans un souci d'égalité. Qui est-on pour affirmer que ce que vit untel est injuste ? Certes, cette prise de champ exige du temps, de l'humilité et la libération en soi de toutes les colères adolescentes qui maintiennent dans une dynamique de rébellion perpétuelle, laquelle a pour effet, en outre, de cristalliser ce contre quoi on lutte.

Le quatrième palier des mandats d'incarnation rassemble, à l'échelle planétaire, une très petite portion d'êtres humains. Ils sont ceux que l'on peut désigner comme étant des « âmes anciennes ». Non pas une ancienneté entendue en termes de temps linéaire, dans une optique de pluralité d'incarnations successives – même si une certaine corrélation peut exister –, mais dans le sens de maturité acquise et de sagesse développée. Ce sont donc des êtres qui ont entrepris de dépasser toutes les notions manichéennes de bien et de mal, de justice et d'injustice, de coupables et de victimes, d'attachement à un pays, à une religion, à une culture, à une apparence physique. Ils commencent à comprendre qu'il n'y a personne à sauver sur Terre, qu'il n'y a donc aucune urgence, que toutes les expériences sont neutres et, surtout, choisies.

Ces êtres représentent un infime pourcentage de l'humanité. Ils ont vocation à montrer l'exemple – ainsi que le feraient des maîtres d'école ou des professeurs d'université – de ce que procure une existence de responsabilité et de manifestation de l'amour inconditionnel. Ils peuvent sembler nager à contre-courant, c'est-à-dire ne pas se conformer au diktat collectif, à la pensée commune, aux croyances partagées par le plus grand nombre, aux modes, etc. Effectivement, ils parviennent à établir une différence entre les émotions, manques et attentes de la foule et ce qui les traverse véritablement. Cette nage à contre-courant, même si elle peut apparaître comme une forme d'opposition, n'a cependant plus rien à voir avec l'état de rébellion, manifesté par les âmes adolescentes. Ici, il s'agit d'une affirmation de soi solide, ancrée, assurée, autonome qui n'est pas une réaction, mais un état d'être apaisé et apaisant. La marche pour atteindre ce quatrième palier est remarquablement haute. Elle demande une grande légèreté, une vraie souplesse mentale et un détachement total de la personne que l'on croyait être. « *Être en ce monde, mais point de ce monde* » prend là toute sa mesure. Ainsi que Gandhi le rappelait, il convient maintenant d'être le changement que l'on souhaite voir survenir dans ce monde. Toutes les aspirations à la paix, l'amour, l'harmonie, la joie, l'unité et la plénitude doivent être comblées en soi, par un retournement de la conscience qui cesse d'attendre des solutions qui proviendraient du dehors. C'est la fin de la quête du bonheur, la fin de recherche.

La cohabitation, sur Terre, d'êtres humains mus par des intentions qui sont créatrices d'expériences extrêmement diversifiées, interactives et évolutives, peut donner l'impression d'un désordre permanent, à la limite du chaos, d'un monde dangereux toujours prêt à sombrer dans la guerre globale ou d'une jungle dans laquelle seuls les plus féroces et rusés parviennent à goûter à la quiétude. C'est justement au cœur de ce creuset en perpétuelle ébullition que s'accomplit, cycle après cycle, l'alchimie de la race humaine.

Au cours d'une incarnation, une âme ancienne passe avec plus ou moins de souplesse et de fluidité par les trois premiers paliers avant de retrouver la pleine mémoire de son mandat terrestre. Ces trois paliers s'inscrivent dans les phases normales d'acquisition – ou, plutôt, de réappropriation – de sa maturité originelle, c'est-à-dire celle qu'elle détient du fait de ses expériences de vies passées. Certaines, il est vrai, s'endorment en cours de chemin, dans l'un des paliers. Leur sommeil est cependant bien agité puisqu'il est soumis à des turbulences liées à l'occupation indue d'un espace vibratoire « réservé » à autrui. En effet, chacune est tenue d'occuper la dimension vibratoire pour laquelle elle a pris forme humaine, afin que puisse se jouer le « scénario » collectif qui permet, au travers de la transmigration permanente des âmes, l'accomplissement d'un mouvement ascensionnel.

À l'âge de quinze ans, je passe le plus clair de mon temps assoupi sur le second palier. Parfois, je me réveille en sursaut, puis m'assieds sur le quatrième palier, en un point où il m'est permis de tout observer, entendre, percevoir et intégrer. Dans ces parenthèses d'éveil, je n'ai plus rien de cet adolescent craintif et émotif et sens surgir en moi une incommensurable force tranquille, une puissance sans nom dans laquelle le commandant lui-même vient puiser. Parfois à court de solutions dans certaines situations de leur quotidien, mes parents se sont aperçus de mon aptitude étrange à délivrer des éclairages qui surgissent de nulle part, comme des fulgurances de sagesse rendant complètement insignifiants mon âge et les fragilités de ma personnalité. Et puis, tel un génie oriental qui retourne dans sa lampe merveilleuse une fois son message transmis, je réinvestis dans les minutes qui suivent mon costume étriqué de garçon introverti qui s'observe en train de ne rien dire alors que des torrents d'intuition s'écoulent à travers lui. Mon élocution redevient hésitante, mal assurée, souvent trébuchante, parfois aux prises avec quelque consonne palatale bloquée entre mon plexus solaire et ma gorge.

Mes années de lycée sont marquées par une lente décroissance de mes résultats scolaires. À mesure que l'âge de la majorité légale approche et, avec lui, la possibilité de disposer comme je l'entends de ma vie, j'investis de moins en moins d'énergie et de temps dans mes études.

Quand bien même je sais parfaitement ce que j'encours du fait que mes notes seront loin de tutoyer leurs sommets habituels, je fournis le simple minimum, celui me permettant d'accéder, de justesse, aux sections scientifiques des classes supérieures, considérées comme élitistes. Ce n'est bien sûr pas un choix de ma part, en tout cas conscient, que d'opter pour cette filière. C'est la volonté du commandant qui veut voir ses enfants emprunter des chemins qui ressemblent au sien.

L'année du baccalauréat est celle de l'effondrement. Alors que toutes mes périodes de vacances sont consacrées à la réalisation de travaux d'édification de la cathédrale, je ne parviens plus du tout à produire des efforts pour assimiler des données académiques dont je ne perçois pas l'utilité. Les matières principales de ma filière sont les mathématiques et les sciences physiques. Alors que tout me paraît clair et compréhensible durant les cours, je me perds dans un brouillard épais comme une purée de pois à chaque examen, devenant incapable de résoudre la moindre équation, de comprendre même, avant cela, l'énoncé du problème. Une sorte de blocage mental se déclenche lorsque je suis mis en situation de devoir atteindre un objectif dans un délai imparti, tel un mécanisme implacable d'autosabotage dont j'observe à chaque fois la survenue avec dépit et angoisse.

Dans les matières scientifiques – c'est-à-dire celles censées déterminer de par leur coefficient élevé la réussite ou l'échec à l'examen du baccalauréat –, j'obtiens les plus mauvais résultats de ma section. Le classement est sans appel : en mathématiques, je termine dernier.

Les quelques nuits qui précèdent la réception dans la boîte aux lettres de la maison de mon bulletin scolaire sont peuplées de cauchemars indescriptibles. Comme pour conjurer mon sort, je m'imagine avant de m'endormir enveloppé par la compassion de mon professeur de mathématiques, à qui j'aurais fait état de ma situation familiale et de ce qui surviendrait immanquablement s'il ne changeait pas mes notes sur mon bulletin. Je crée une sorte de rêve avant mon cauchemar afin de rendre la réalité plus douce. Je me raccroche à cette création délirante comme à une bouée de sauvetage, tout en la sachant trop peu dimensionnée pour pouvoir me garder à la surface.

Le temps est venu. De retour du lycée, je suis devant la porte de la maison, il me faut maintenant la pousser. En théorie, je pourrais fuir. Mais pour aller où, en plein hiver ?... À cause de ma minorité, le commandant enverrait probablement la police à mes trousses... Ou alors, partir à l'aventure et tenir quatre mois jusqu'à l'âge de ma majorité... La montagne me paraît gigantesque, mais je vais quand même tenter de la gravir. Je vais ouvrir cette porte et avancer. J'ai peur. Je tremble, mais j'avance.

Je ne sais pas ce qui va se passer, mais je sais comment *cela* va se passer. *Cela* est mon épreuve, mon initiation. Mon Golgotha à moi. Avant de me présenter, je monte déposer mes affaires de classe dans ma chambre, au troisième étage. Le commandant, qui m'a entendu rentrer, m'appelle d'une voix terrible depuis le rez-de-chaussée. Je lâche un « oui » inaudible en ôtant mon blouson. Juste prendre quelques secondes... Je m'agenouille, joins mes mains l'une contre l'autre sur ma poitrine et entre en prière : « *Je ne me sens pas la force ni le courage de traverser* cela *seul. Enveloppe-moi de Ta Présence, Seigneur. Et qu'il soit fait selon Ta volonté et non la mienne.* » Une boule de peur me serre le ventre, brûlante, dense, pleine. Son intensité est à la hauteur de la violence dont je sais le commandant capable. J'ouvre les yeux, me relève et descends...

Je n'entends pas bien les mots rythmant les salves de coups qui s'abattent sur moi. Ils n'ont pas de réelle importance. C'est une vibration lourde et basse, ce sont des questions n'appelant pas de réponses de ma part, ce sont des reproches qui tournent en boucle, c'est une pluie d'insultes. Les gifles sont très appuyées. Mes oreilles en sifflent. Je sens mes pommettes qui enflent progressivement et mes lèvres qui se fendent. Le goût du sang m'envahit la bouche. Je ne parviens plus à saliver. Le commandant m'a initialement ordonné de me mettre à genoux, les mains sur la tête, doigts croisés. Les jambes doivent obligatoirement former un angle droit, afin que le poids du buste repose sur les rotules. Sur un sol en carrelage, la position est particulièrement douloureuse, d'autant que, quelques années auparavant, l'on m'a détecté une malformation de cette articulation en raison d'une excroissance de cartilages.

Je n'ai maintenant plus peur. Nous y sommes, simplement… Il n'y a plus qu'à être patient et à endurer les coups, avec le plus de dignité possible. Le nombre de gifles qui me sont administrées et leur force me donnent néanmoins le tournis. Mes réflexes de protection se sont tus. Je lâche prise, laissant un homme du même gabarit que le mien m'enseigner que des centaines d'heures de pratique de l'aïkido ne valent rien sans un puissant ancrage ni sans amour de soi. Je ne résiste plus et m'abandonne à la toute-puissance de l'instant présent. Il ne demeure que le rêve lointain de m'évanouir, de quitter peut-être mon corps, de tomber à la renverse, quelque part, dans un immense précipice. La répétition de coups sur les pommettes et les arcades sourcilières est douloureuse et me ramène dans ma chair. J'entrevois mon sang qui macule le revers de main du commandant. Je redoute que cela l'énerve davantage, qu'il s'éloigne encore plus de son centre, du fait que je le souille. Je sens son alliance qui cogne mes joues à chacun de ses revers. Ce symbole métallique de l'union maritale de mon père et de ma mère me fait mal. « Pour le meilleur et pour le pire », dit-on…

Je pense déjà au lendemain, au lycée, à mes camarades, à l'histoire que je vais devoir inventer pour expliquer l'état de mon visage. Je déteste ce que je vis en ces instants, je déteste ma vie actuelle. J'attends une intervention de ma mère qui est là, à quelques mètres, debout face au plan de travail, s'affairant à je ne sais quelle futilité dans la cuisine. J'entraperçois des carottes que l'on râpe… Elle ne bouge pas. Je crois percevoir quelques mots sortant de sa bouche… Oui, j'ai bien entendu… Elle lui a dit : « Frappe moins fort. » Là, j'ai juste envie de mourir, de m'éteindre comme la flamme d'une bougie sur laquelle le vent souffle, pour la châtier de ne pas prendre davantage soin de moi, son fils, la chair de sa chair. Je sais que, d'une façon ou d'une autre, je lui ferai mesurer un jour cette absence d'engagement pour moi, ce déni de responsabilité. Le sang commence à se coaguler et à sceller mes lèvres l'une contre l'autre. Le commandant peut continuer à me harceler de ses « pourquoi ? » et « qu'est-ce que tu as à répondre ? », je ne pourrai plus parler avant que beaucoup d'eau chaude ait fait fondre ces ruisseaux rouge brun qui parcourent mon visage. Mon silence le met définitivement hors de lui. Les coups redoublent. Je me sens épuisé. N'en pouvant soudain plus, je fonds en larmes. « Si tu chiales, je te cogne ! » prévient-il. « *Quelle différence ?* » me dis-je. Ai-je jamais été, dans mon humanité, aussi malheureux de mon choix d'incarnation ? Je ne crois pas. Cette impression de dévastation est pourtant le prélude à une impulsion de vie d'une puissance qui surpasse tout ce que j'ai pu sentir me traverser jusqu'à ce jour.

Deux ou trois interminables heures plus tard, le commandant me renvoie dans ma chambre, le ventre évidemment vide, me disant, en conclusion, que je ne suis qu'un tas de viande. C'est, de fait, ainsi que je me sens… Ces mots tombent comme un achèvement alors que, paradoxalement, il est désormais question de bouger à nouveau. Je me redresse péniblement, en prenant appui sur le meuble devant moi. Mes genoux sont particulièrement douloureux, rendant impossible dans les premiers temps la position debout. Distant de quelques mètres de l'escalier, je n'ai d'autre choix que de m'en rapprocher en rampant, puis d'en gravir les marches à quatre pattes.

Parvenu dans ma chambre, je me rends dans la petite salle de douche qui sépare la pièce en deux. Il me *tarde* de voir l'état de mon visage. Face au miroir, je regarde une forme qui regarde une forme qui regarde une forme… Cette forme est ensanglantée. Ses lèvres et ses pommettes sont enflées. Son œil gauche ne s'ouvre plus. Je rince abondamment mon visage à l'eau tiède. En vérité, la seule chose qui m'importe est de ne pas apparaître trop défiguré le lendemain matin, dans la cour du lycée. Je m'accommode bien davantage de la douleur que du sentiment de honte, lié au fait d'apparaître comme celui qui, à dix-sept ans, reçoit encore des corrections physiques pour ses résultats scolaires. À l'étage inférieur, dans le bureau du commandant, est installé un petit réfrigérateur contenant quelques boissons. J'y trouve une canette en métal que j'applique doucement sur mes ecchymoses, dans l'espoir un peu vain de limiter l'enflement.

Le soir même, j'écris une longue lettre à ma sœur qui est maintenant étudiante en médecine, dans une faculté située à environ deux cents kilomètres de la maison. Je lui explique que je ne pourrai pas tenir bien longtemps ainsi, que je vais peut-être commettre l'irréparable si elle et moi ne trouvons pas une solution. Et, dans mon esprit, le commandant incarne le problème. C'est une lettre sans attente directe de réponse, comme une bouteille jetée à la mer, puisque le peu de courrier qui m'est adressé est systématiquement ouvert et examiné. Je la poste le lendemain matin, à l'aube, lorsque je me rends sur la petite place du bourg où sont rassemblés les bus communaux qui convoient tous les adolescents vers leurs lycées respectifs.

Nous sommes mi-décembre, il fait encore nuit noire à cette heure. Personne ne peut me voir avant que je monte dans mon bus dont l'intérieur est éclairé par une rangée centrale d'ampoules logées dans le plafond. Alors, comme un clown triste, je fais semblant de rester coincé dans la porte en accordéon lorsque celle-ci se referme, simulant un choc sur mon visage. Bien peu font attention à moi et remarquent mon entrée. Le chauffeur, assis derrière son volant, hausse vaguement les sourcils en tirant une bouffée sur sa cigarette. J'avance vers le fond du bus et rejoins mes camarades habituels qui s'étonnent de me voir arriver avec une main sur le visage. En dépit de l'antériorité manifeste de mes tuméfactions et de mon très mauvais jeu d'acteur, ils ont la délicatesse de faire semblant de croire à ma version des faits. Je sais qu'ils savent. Et ils savent que je sais qu'ils savent. Celui à côté duquel je m'assieds me tend un des deux écouteurs de son lecteur de musique portatif, sans trop me regarder, en souriant légèrement. Au-delà de ce qui pénètre dans mon oreille, c'est le merveilleux son de l'amour et de la compassion qui traverse tout mon être.

Une semaine plus tard, le jour du réveillon de Noël, en début de soirée, nous nous rendons en famille à l'église, pour l'office traditionnel.

Assez longuement mis en exergue par le prêtre, les concepts chrétiens de miséricorde et de pardon – *a priori* validés par le commandant, puisqu'il n'a de cesse de proclamer sa foi en Dieu – ne franchissent cependant pas la porte de la maison, à notre retour. Je suis le paria de ces deux journées de célébration. Il a été formellement interdit à quiconque de m'offrir quelque cadeau que ce soit. Toute la famille – oncles, tantes, grands-parents, frère, sœur, etc.– est fermement avertie : que personne ne s'avise d'outrepasser la consigne de ma quarantaine.

Je suis néanmoins admis à la table des festivités, ce qui m'apparaît plus comme une sanction supplémentaire que comme une faveur, car assister à l'interminable déballage des cadeaux, aux commentaires joyeux des uns et des autres, aux embrassades de remerciement, tout en me gardant moi-même d'esquisser le moindre sourire – qui serait perçu comme une insouciance fort peu à propos – est une épreuve en elle-même. Toute la durée de cette longue soirée, j'affiche la mine la plus neutre possible, à mi-chemin entre gravité et transparence, essayant de minimiser ma présence, tant pour mon confort que celui des convives.

Avec ma sœur, nous avons longuement parlé du contenu de la lettre que je lui ai envoyée deux semaines auparavant et qu'elle m'a dit avoir reçue tel un coup de poignard dans le cœur. Je lui voue un amour sans nom. Elle est celle qui dit « non », qui est préservation de la vie, qui est la mère protégeant l'enfant, qui est l'aînée tenant la main de son cadet, elle est le courage amoureux, la force douce, la persévérance du cœur. En tant que première-née, elle ne sait que trop bien, dans sa propre chair, ce que subir les foudres du commandant signifie. Elle me dit que cela suffit. Elle a un plan. Nous allons partir. Dès que j'aurai passé mon examen du baccalauréat, nous allons nous enfuir de cet endroit pour ne jamais plus y revenir. Elle, qui a déjà un pied en dehors de la maison grâce à son cursus universitaire, enlèvera celui restant. Nous n'avons pas d'économies, pas de tirelire. Nous n'avons jamais reçu d'argent de poche ou quoi que ce soit de cet ordre. En ce qui me concerne, je n'ai même pas une seule pièce de monnaie à ma disposition. Ma sœur me dit que, durant les six prochains mois, elle va épargner une partie de ce qui lui est donné chaque quinzaine par les parents pour ses achats de nourriture et qu'elle va multiplier les gardes d'enfants. Je sais bien ce qu'elle va sacrifier par ces travaux nocturnes. Cette première année de faculté de médecine est un concours, hautement sélectif. Seuls les étudiants qui s'y consacrent à plein temps peuvent espérer le remporter. Il faut croire que, dans sa conscience et son cœur, la santé de son frère doit passer avant celle de ses futurs patients.

Nous nous sentons déjà libres, mais pensons à notre frère, de six ans mon cadet. Nous ne sommes pas inquiets pour lui, car le commandant a toujours eu à son égard une attitude assez complaisante. Il reçoit quasiment tous les jouets qu'il désire et a été affublé d'un surnom qui, s'il n'est pas des plus élégants, témoigne en tout cas d'une vraie démonstration affective de la part du commandant. Nous sommes véritablement heureux qu'il puisse bénéficier d'une sorte de traitement de faveur, de par son rang dans la fratrie et de bien d'autres paramètres qui nous échappent. Nous pensons davantage au fait qu'il nous sera bien difficile de partager du temps avec lui, de le voir même, lui qui vient d'entrer en pension pour sa première année de collège dans un établissement classant les élèves par niveaux intellectuels. Allons-nous nous priver de lui durant au moins les six années qui le séparent de sa majorité ? Nous n'en savons rien. Nous aura-t-il oubliés, ma sœur et moi, d'ici là ? Le risque est à prendre. Nous ne lui parlons pas de notre projet, bien trop secret pour être gardé par un enfant de douze ans.

Mon dossier scolaire ne me permet de postuler à aucune classe préparatoire aux concours d'entrée dans les grandes écoles d'ingénieurs, ainsi que le commandant le voulait. Une solution a cependant été trouvée et elle m'est annoncée par le commandant, à table : « Tu vas faire l'armée. »

Je n'ai pas la moindre idée de ce dont il est question. Aucun homme de mon entourage – père, grand-père, parent – n'a approché cet univers. Personne n'a jamais raconté quoi que ce soit à ce sujet, sinon mon grand-père maternel, pour relater ses souvenirs de jeune homme craintif durant l'occupation du territoire par l'armée allemande. Tous les hommes de la famille ont été réformés ou exemptés. Le commandant, en se déclarant « soutien de famille » a lui aussi échappé à la conscription. Apparemment, il a été convenu que cela n'allait pas être mon cas. Comme d'habitude, j'écoute poliment ce qui m'est dit. Les renseignements ont été pris auprès d'une personne du bureau de recrutement local qui, par un curieux concours de circonstances, est venue recevoir un soin dentaire.

Un rendez-vous m'a été fixé le mercredi après-midi suivant, auquel je dois me rendre muni d'un dossier de candidature dûment rempli.

Lorsque je me présente, le jour du rendez-vous, accompagné de ma mère, j'ai donc le devoir de faire bonne impression et d'écouter attentivement les directives qui vont m'être données. Le militaire qui nous accueille est plutôt sympathique et avenant, ce qui, somme toute, me semble assez cohérent avec sa mission de recrutement. Il m'explique qu'après validation de mon dossier de candidature, je vais passer durant une semaine un certain nombre de tests psychotechniques, de culture générale, de logique, de français, de mathématiques ainsi qu'une batterie d'examens médicaux définissant mon éventuelle aptitude à occuper certains postes, à l'issue d'une formation de sept mois à l'École nationale des sous-officiers d'active. Enfin, il précise que la transmission de mon diplôme du baccalauréat sera indispensable pour confirmer mon engagement.

Je décide, en accord avec ma sœur, de ne pas me saborder lors de ces tests, mais, au contraire, de m'y présenter avec le plus grand degré d'implication possible, afin de ne pas avoir à affronter d'autres remontrances au moment des résultats. Le sésame pour cette école militaire étant, de toute façon, le diplôme du baccalauréat, au mieux je ne le transmettrai pas, au pire je n'en serai pas détenteur.

Les tests durent presque une semaine, dans une grande caserne de la ville de Lyon. Nous sommes des dizaines à être ainsi passés au crible, concomitamment avec les autres centres de sélection du pays. Je me sens très détendu durant chacune des épreuves auxquelles je suis soumis, notamment du fait qu'aucun enjeu ne pèse sur mes épaules. Je me prends simplement au jeu, usant parfois de dérision et observant ces jeunes hommes dont certains postulent pour le dernier rôle de leur vie puisque, dans la continuité de ces tests et de leur engagement effectif, ils la perdront sur un champ de bataille.

Grand bien m'en a pris de donner, tout en légèreté, le meilleur de moi-même durant ces tests, car, deux mois plus tard, je suis convoqué au bureau de recrutement pour être rendu destinataire des résultats. Ma mère m'accompagne, bien évidemment, afin d'entendre ce qui va m'être dit.

Particulièrement enthousiaste, l'officier nous annonce que j'ai obtenu «trop de points», en raison des possibilités de cumul de bonifications liées à certains choix d'options et de matières. De ce fait, la moyenne de mes notes s'élève à vingt-deux sur vingt. Au niveau national, je retrouve ainsi mon classement de mes années d'école primaire et de collège. Le recruteur me félicite chaleureusement et me voit déjà promis à un très bel avenir dans l'armée. Il n'attend plus que mon diplôme du baccalauréat dont une copie devra lui être adressée dès son obtention – réputée acquise d'avance –, quelques mois plus tard.

Je sais que, par ce simulacre d'engagement, je viens de m'offrir une période de détente relative. L'inquiétude que mon cas suscitait à la maison devrait sensiblement décroître.

Lorsque ma mère, en ma présence, rapporte au commandant les résultats que j'ai obtenus ainsi que les commentaires du recruteur, il ne peut s'empêcher d'y voir la preuve manifeste de la mauvaise volonté dont j'ai fait preuve auparavant. Bien loin de lui l'idée de me féliciter. Il perçoit au contraire un destin raté, évoque cette grande école d'ingénieurs que je n'intégrerai pas et déplore, en définitive, une orientation professionnelle réalisée par défaut.

Les temps suivants sont consacrés aux préparatifs de l'évasion. Je ne vois ma sœur que deux week-ends par mois, lorsqu'elle revient à la maison. Nous élaborons un plan dont l'une des composantes principales est que je ne dois plus être présent une fois mon diplôme du baccalauréat obtenu, afin de me soustraire à cet engagement dans l'armée. Ma sœur me parle de petites sommes d'argent qu'elle parvient à mettre de côté. À l'échelle de nos besoins à venir, le montant sera dérisoire, mais nous nous sentons déjà riches de notre liberté à venir. S'agissant de mon hébergement futur, je compte improviser, trouver dans l'instant une solution, me laisser guider par la vie. Je suis animé par la conviction que le plus poisseux des caniveaux sera plus confortable que ma chambre actuelle. Au-delà de toutes les considérations logistiques, je me sens approcher le bout d'un tunnel dont j'aspire ardemment à sortir depuis une bonne dizaine d'années. Je ne sais ce qu'il y a au-dehors, mais la vie me pousse à embrasser cet inconnu, à me jeter dans cette sorte de vide, tel un fœtus qui, quittant le ventre de sa mère, va emprunter le col de l'utérus pour aller à la rencontre de la vie qu'il a choisie. La notion de choix n'a pas sa place ici. Seule demeure une évidence. Dix-huit ans… En numérologie, on réduit souvent les nombres à un seul chiffre. Un plus huit égalent neuf. Neuf, le temps d'un cycle, d'une gestation. Je vais ainsi mourir à l'ancien et naître à un état nouveau.

VIII

Je m'installe à la table qui porte mon numéro de candidat et pose ma carte d'identité sur l'un des coins. Je me sens bien. L'évasion est planifiée pour demain matin à l'aube et c'est aujourd'hui que se déroule l'épreuve de mathématiques du baccalauréat, la dernière de la session d'examen. Le coefficient appliqué à cette matière la désigne naturellement comme l'épreuve reine. Lors du dernier conseil de classe, les pronostics des professeurs n'ont pas penché en ma faveur. Leur conclusion me concernant est : « *Doit faire ses preuves.* » Je veux bien entendre qu'un élève de classe scientifique dont les notes en mathématiques n'ont jamais franchi la moyenne parte avec un certain handicap…

Ce matin, le commandant a momentanément disparu de mon champ mental. Là, il n'est plus question d'obtenir une note honorable pour espérer s'en attirer les bonnes grâces. Ce n'est plus un pan de mur à édifier pour soutirer un peu d'attention de sa part. Pour une fois, il s'agit de travailler pour moi, de me donner quelque chose, d'agir en ma direction.

Je regarde les autres candidats assis sur les tables alentour. Ils me semblent tous concentrés sur l'épreuve à venir, certains paraissant néanmoins assez détendus, notamment ceux qui se savent déjà admis dans les classes préparatoires aux concours d'entrée aux grandes écoles d'ingénieurs et pour qui cette épreuve constitue une simple formalité. Aucun d'entre eux n'est au courant des projets militaires du commandant à mon égard. Aucun d'entre eux, non plus, ne sait que, demain, à la même heure, je serai un homme libre, indépendamment de l'issue de cet examen.

Les sujets sont déposés, à l'envers, sur la table de chaque candidat. Au signal verbal de l'examinateur, nous sommes autorisés à composer, pour une durée maximale de quatre heures.

Je retourne les feuilles de l'épreuve et lis en travers les intitulés. J'ai soudain la sensation d'une intense clarté intellectuelle qui s'accompagne d'un profond relâchement. La grâce ne prévient pas de son arrivée. Elle touche et c'est tout. Je me saisis de mon stylo et, durant quatre heures, ce que je ne suis jamais parvenu à accomplir durant dix mois de scolarité, je le réalise. Avec une facilité et une fluidité que j'observe comme un témoin, je noircis une quinzaine de pages, sans la moindre rature ni hésitation. La solution à chaque équation m'apparaît avant même que j'entreprenne de la résoudre. Je ne fais que laisser ma main écrire. Je ne cherche pas à comprendre et permets simplement à plus vaste que moi d'agir à travers mon enveloppe corporelle. Je me lève avant le terme, remets ma copie à l'examinateur et quitte la salle.

Dans le couloir, je croise d'autres candidats qui veulent partager avec moi leurs impressions et valider certaines de leurs réponses. Elles me semblent différentes des miennes. Me suis-je laissé berner ? Cette extraordinaire aisance a-t-elle été une pirouette de mon mental pour se soustraire à l'épreuve ? L'état de grâce s'en est allé, à cause du doute auquel j'ai permis de s'insinuer. Tout entier, je retombe dans mon anxiété habituelle, retrouvant cette sensation de boule dans le ventre présente depuis si longtemps, depuis toujours peut-être, alors même que l'enjeu véritable a presque disparu. Pourtant, je ne peux pas ne pas avoir réussi cette épreuve. Échouer me conduirait à devoir me présenter ultérieurement aux oraux de rattrapage or, à ces dates, mon évasion aura déjà eu lieu et je serai loin de ce lycée. De sombres perspectives me traversent, auxquelles je tente de ne pas donner trop de crédit. De toute manière, les dés sont jetés…

Je ne devrais plus avoir peur et, pourtant, l'émotion est encore là, palpable, sourde, prête à m'engloutir complètement. Je commence à comprendre qu'en l'absence même de stimulation extérieure, une peur peut demeurer en soi, se manifester puissamment et que ce qui, un jour, a été inscrit dans les cellules devra irrémédiablement être dissous par une investigation minutieuse, patiente, implacable, intransigeante et résolument courageuse.

De retour à la maison, le commandant me demande comment s'est passée l'épreuve de mathématiques. Je suis tenté de répondre la vérité : incroyablement bien. Je modère évidemment mon enthousiasme en me contentant de bafouiller que cela m'a semblé beaucoup plus facile qu'au cours de l'année scolaire. « Avec toi, on ne peut pas savoir de toute façon, tu es tellement con », rétorque-t-il. C'est mon dernier repas à sa table, son commentaire ne m'atteint plus, il est le dernier que j'aurai à entendre de sa bouche. Ce soir, je suis imperméable à sa vibration, à ses mots, à sa dureté.

Ma sœur est présente, son année universitaire est terminée. Elle n'attend plus que les résultats du concours d'accès à la deuxième année de médecine. Nous n'osons pas vraiment aborder le sujet afin de ne pas entamer la joie qui nous anime, mais nous sentons bien que le sacrifice consenti – en particulier par toutes ces soirées passées à garder des enfants en bas âge pour économiser cette petite somme – risque de peser lourd, au final, dans la balance.

Nous rejoignons notre chambre. L'un et l'autre écrivons une longue lettre adressée à nos parents, afin d'expliquer les causes de notre départ. Dans la mienne, je m'astreins à n'y faire figurer aucune critique, aucune rancœur, aucun jugement. J'y aborde assez longuement ma vision de l'existence ici-bas, de la connexion avec le Divin, de la responsabilité et de la paix et, par là même, annonce que je ne m'engagerai pas dans l'armée, que je ne veux ni blesser ni encore moins tuer quiconque. Je m'y inscris en faux contre les idées du commandant avançant notamment que la vie est un combat, qu'il faut se battre pour arriver à quoi que ce soit, que rien ne tombe du ciel et qu'en frappant des enfants ils deviennent plus forts et plus à même de lutter contre les aléas du quotidien. J'y décris la souffrance qui a été mienne, issue du manque de considération, d'affection, de douceur, de dialogue, de gratitude et d'amour ressenti durant ces dix-huit années. J'y évoque la tentation récurrente du suicide, comme exutoire à la pression ressentie. Niant complètement le devoir de protection duquel elle s'est soustraite, je dédouane ma mère de toute faute ou omission et souligne l'immense amour que je lui porte. Je conclus en leur souhaitant, à l'un et à l'autre, d'être heureux, en paix et de trouver la voie de la justesse et de l'harmonie dans leur relation avec mon frère cadet.

Sereins plutôt qu'excités, nous nous endormons paisiblement. Un ami de ma sœur, disposant d'une voiture, s'est engagé à venir nous chercher le lendemain, 26 juin 1992, à l'aube.

Par un curieux acte manqué, nous oublions l'un et l'autre de programmer notre réveil et nous nous apercevons assez brusquement, vers six heures, que le jour est déjà en train de se lever, qu'il nous reste peu de temps pour rassembler nos affaires et quitter la maison sans attirer l'attention. Nous trouvons vraiment grotesque, après tant d'années à attendre ce jour, d'avoir ainsi négligé ce point…

Principalement à l'aide de sacs-poubelle, nous vidons nos tiroirs, commodes et armoires de leur modeste contenu, puis nous effectuons en grimaçant quelques bruyants allers-retours dans un escalier qui nous paraît n'avoir jamais autant grincé que ce jour. J'utilise ensuite mon cartable de lycéen pour regrouper toutes les revues, livres et articles que j'ai accumulés en treize ans sur Michael Jackson, cet artiste à qui je voue un véritable culte et dont la compagnie virtuelle m'a énormément apporté durant toute mon adolescence. Enfin, nous posons, en évidence sur la table de la cuisine, nos lettres respectives accompagnées de nos clés d'entrée de la porte de la maison.

L'ami a garé son véhicule devant la maison, moteur tournant. Il s'étonne de notre retard et semble particulièrement tendu, comme s'il s'apprêtait à être complice, contre son gré, d'un acte répréhensible. Un magnifique soleil d'été commence à illuminer la rue de l'Église. Le dernier sac est chargé dans le coffre. Nous y sommes… Ma sœur et moi tenons la poignée de la porte de la maison ensemble et la fermons ensemble. La voiture démarre. Nous ne nous retournons pas. Cette première phase de vie est accomplie.

Dans la voiture règne une ambiance faite tour à tour d'euphorie, d'émerveillement, de gratitude, de recueillement et d'incrédulité. Je goûte un état inconnu en cette vie, traversé de sensations pour moi complètement nouvelles, dont principalement celle de disposer librement de mon corps et de mon temps.

Nous nous rendons dans une maison située à la campagne, dans un autre département. Elle appartient aux parents de notre ami, fonctionnaires en poste hors de France pour trois ans. Nous avons téléphoné à nos grands-parents et à notre tante afin de les avertir de ce que nous avions fait. Nous ne nous leur donnons aucune indication quant au lieu dans lequel nous allons nous installer, afin de les préserver de toute forme de chantage émanant du commandant. Nous apprenons en retour que nos parents ont immédiatement pris la route pour nous retrouver et nous récupérer, et qu'ils sont très affectés émotionnellement, chacun à leur manière et dans leur registre. Nous imaginons sans peine la furie dévastatrice pour l'un et la tristesse paroxystique pour l'autre. En tout état de cause, nous estimons qu'il est un peu tard pour venir à notre rencontre…

Ne pouvant me rendre sur les lieux d'affichage des résultats du baccalauréat, dans la ville où se trouve mon lycée, c'est une amie de ma sœur qui s'y rend. Elle me dit juste, par téléphone : « C'est bon, tu l'as. » Je n'en demande pas plus. Je suis simplement satisfait. Une nouvelle fois, je mesure à quel point la joie n'est pas dans l'objectif lui-même, mais dans le chemin emprunté pour l'atteindre. J'apprendrai plus tard, lors de la communication finale des résultats obtenus pour chaque discipline, que c'est en mathématiques que j'ai obtenu la meilleure note…

Pour une somme modique empruntée à l'ami de ma sœur, je m'inscris à la faculté de sciences économiques. Ce n'est pas ce que je veux faire, mais c'est, pour le moment, ce qui me rebute le moins.

Passé les temps d'euphorie et de découverte de la liberté de mouvement, je suis rattrapé par la réalité d'un certain quotidien : subvenir à mes besoins primaires et poursuivre mes études. Toutes les aides sociales auxquelles je pensais pouvoir prétendre du fait de la précarité de ma situation me sont refusées à cause de la profession du commandant.

L'État, me dit-on, n'a pas à se substituer aux manquements de parents aisés. Il m'est essentiellement proposé d'intenter une action en justice pour obtenir une rente de la part de mon père ou alors de retourner chez lui. Je comprends que le problème auquel je suis confronté doit trouver une solution évidemment autre. Je n'envisage pas un seul instant de réclamer de l'argent à mon père alors que j'ai moi-même pris la décision de partir. Lorsque, face à cette assistante sociale qui m'oppose une fin de non-recevoir, je relate en quelques phrases malhabiles les raisons de mon départ du foyer, je me sens soudainement submergé par une vague émotionnelle dont la force m'effraie. C'est la première fois de ma vie que je me confie – hormis face à ma sœur, évidemment. La première fois de ma vie que je sors du déni et de la préservation farouche de l'image du commandant. La première fois de ma vie que je m'autorise à écorner son image, de surcroît devant une personne inconnue. La première fois de ma vie que je n'ai pas honte de mon histoire.

Il faut croire que cette transparence la touche puisque, quelques jours plus tard, malgré mon statut virtuel de fils de riche, elle me propose la location d'une chambre dans une résidence universitaire, théoriquement réservée aux allocataires d'une bourse d'études. Je demande à prendre possession de cette chambre dès à présent, car je n'ai pas d'autre endroit pour habiter. Il m'est répondu, de façon catégorique, que les prises en compte s'effectuent à la rentrée, après les vacances estivales. Je n'insiste pas. Je me sens déjà si privilégié que j'ai l'impulsion, quelques jours plus tard, d'offrir une boîte de chocolats à cette assistance sociale qui m'a obtenu un toit.

Je ne dispose d'aucun bien matériel. Je m'étais refusé à toute subti-lisation d'argent chez mes parents, quand bien même cela aurait pu passer inaperçu. Au-delà de l'interdit moral et de ce que je connaissais intuitivement de la loi de cause à effet, je ne voulais donner prise à aucune forme de reproche en ce domaine. Le seul objet de valeur en ma possession était ma calculatrice scientifique de lycéen permettant la représentation graphique de fonctions. Je l'ai revendue dès après l'épreuve de mathématiques du baccalauréat afin d'acheter une place pour le concert de Michael Jackson dont la venue est programmée en septembre, deux mois et demi plus tard.

Pendant cet épisode estival, j'expérimente l'inaction du corps physique. Ne rien faire, dormir tout son soûl, contempler le ciel, les oiseaux, les passants, écouter de la musique, regarder la télévision. Mes cellules rechignent à se laisser ainsi aller, comme si quelque chose d'anormal survenait. Ce sont mes premières vacances estivales durant lesquelles je ne suis pas employé à la construction de la cathédrale du commandant. Avec ma sœur, nous sommes hébergés provisoirement dans le studio de son ami. Nous savourons notre liberté, recevons quelques parents proches, semons des graines, émettons des hypothèses sur l'avenir, goûtons notre indépendance – à défaut de notre autonomie. Sans surprise, elle n'a pas été admise au concours d'entrée en deuxième année de médecine. Elle savait la marche haute et s'engage à prendre plus d'élan pour la prochaine fois.

Lors d'une discussion avec une amie, ma sœur lui raconte notre évasion et à quel point cette journée demeurera gravée dans notre mémoire. Cette amie a alors l'idée de nous remettre, sans arrière-pensée, une page de son éphéméride et extrait ainsi, de ce calendrier à effeuiller, celle du 26 juin 1992. Le petit texte qui y figure est issu de la Bible, livre de la Genèse : « *L'Éternel dit à Abraham : Va-t'en de ton pays, de ta patrie, et de la maison de ton père, dans le pays que je te montrerai. Je ferai de toi une grande nation, et je te bénirai ; je rendrai ton nom grand, et tu seras une source de bénédiction.* » L'un et l'autre, complètement ébahis, comprenons que, parfois, les choses sont écrites, telle une divine orchestration qu'il serait vain de vouloir déchiffrer à l'avance. Ce qui nous envahit, à la lecture de ce petit feuillet, ne peut porter d'autre nom que « grâce ».

13 septembre 1992. Je suis arrivé sept heures en avance sur la pelouse ensoleillée de l'hippodrome de Vincennes. À ma stupéfaction, il y a déjà beaucoup de monde. Une cinquantaine de mètres me sépare de la scène, gigantesque. L'attente est consacrée à mille tentatives de m'en rapprocher. La chaleur, le manque d'eau, les pics émotionnels, la fatigue

ont peu à peu raison de beaucoup d'adolescentes qui semblent être installées ici depuis des jours. J'avance mètre après mètre, progressant vers ce que je considère comme le Graal artistique. 21 heures… Les lumières s'éteignent. Un cri s'élève de la marée humaine. Deux écrans géants se mettent à diffuser un kaléidoscope d'images soutenues par le crescendo puissant d'un *Carmina Burana* qui stimule les quatre-vingt-cinq mille personnes présentes, jusqu'à ce qu'une sorte d'explosion face apparaître, comme par magie, un être, seul au milieu de la scène. Il est debout, immobile, doré, scintillant, majestueux, déployant une aura qui englobe toute la foule immense. Depuis ma petite chambre mansardée, j'ai rêvé ce moment durant près de dix ans.

Aujourd'hui, je suis face à l'homme en qui, le premier, j'ai vu la croix de l'incarnation. Face à celui qui, parfaitement aligné sur la cause de sa présence ici-bas, rayonne depuis son cœur la quintessence de son art à une partie de l'humanité, simplement reconnaissante de cette offrande. Je suis face à Michael Jackson. Il manifeste une puissance incroyable tout en émanant, depuis sa personne, une remarquable vulnérabilité. J'imagine que la cohabitation d'aspects aussi extrêmes dans leur expression doit représenter un défi à relever d'une rare dimension. Et durant toute sa prestation – qui n'est jamais une action, mais un état – me revient cette certitude, comme une évidence : cet être est *en* ce monde, mais non *de* ce monde…

Ne pouvant encore disposer de ma chambre dans la résidence univer-sitaire, je suis contraint de trouver un hébergement différent pour chaque journée nouvelle. Ce mouvement me conduit à me fondre dans le décor existant, avec plus ou moins de souplesse, en fonction des circonstances.

J'attire cependant à moi des situations souvent très inconfortables, où la sensation de ne pas avoir de place et l'obligation de demeurer sur le qui-vive prévalent, comme ce jour où, étant hébergé par un ami dans son minuscule appartement, ce dernier me demande, un peu paniqué, de me cacher dans la penderie parce que son père vient de sonner à la porte et qu'il est hors de question qu'il me voie. La peur au ventre, je m'exécute – dans les deux sens du terme.

Cela m'a paru durer des heures, forcément. Coincé entre deux chemises, en train de prier pour que les fragiles parois de cette penderie en kit ne cèdent pas sous mon poids, je suis partagé entre fou rire et furieuse envie de hurler ma peine à la surface du monde. Je choisis la voie de l'observation morbide, inerte de ce que je suis en train de reproduire : me cacher à nouveau dans le ventre d'un meuble pour échapper à l'autorité du père. D'où me suis-je évadé, en vérité ? Quelle est ma liberté, aujourd'hui, moi qui n'ose même pas respirer, de crainte qu'un homme que je ne connais même pas décèle ma présence ? Là, tapi dans l'ombre de cette penderie de bois aggloméré, je la trouve bien volatile…

Lorsqu'il m'est donné la possibilité d'accéder à ma chambre, dans la résidence universitaire, j'ai le sentiment de pouvoir enfin me « poser ». Située au rez-de-chaussée, au bord d'une route bruyante, elle est proche des sanitaires desquels s'échappent des odeurs de cuisine exotique. Je me rends progressivement compte que je suis entouré presque exclusivement d'étudiants étrangers, majoritairement africains, qui confectionnent leurs plats dans les douches collectives, à l'aide de petits réchauds à gaz, évidemment prohibés dans ce type de locaux communs. Si le commandant me voyait, il trouverait cela bien cocasse, lui qui était le seul noir dans sa faculté. Les choses ont bien changé.

Pour payer mon loyer, je multiplie les emplois intérimaires : vendangeur, maçon, magasinier, manutentionnaire, déménageur… Il ne m'est jamais demandé de réfléchir ou de donner mon avis, ce qui me montre une certaine continuité, particulièrement frustrante, avec ma tranche de vie précédente. On m'appelle souvent « chef ». En réalité, c'est ainsi que l'on nomme, dans ces emplois, ceux qui, justement, ne le sont pas… Dans un complexe industriel, j'y rencontre un homme, bien plus âgé que moi, qui porte le même prénom que le commandant – Georges. Il m'invite à ne pas commettre la même erreur que lui, à ne pas me plaire dans ce travail, à viser beaucoup plus haut, à ne pas trouver de confort du simple fait d'avoir un salaire. Il me dit de ne pas oublier mes rêves. J'acquiesce poliment – c'est un adulte. Puis, Georges s'éloigne comme il est venu, sur le chariot élévateur qu'il pilote huit heures par jour dans les longues allées de cet entrepôt dans lequel ma mission est de conditionner des colis de nourriture pour les grandes surfaces. Il y a une certaine cadence à tenir, qui est mesurée et ajustée chaque demi-journée. Je l'estime relativement douce, par rapport à celle imposée aux constructeurs de cathédrales…

Je ne gagne cependant pas suffisamment d'argent pour m'acheter de quoi manger. Alors, après avoir longuement négocié avec ma conscience et relativisé de mille manières la portée de mon acte, je décide de me servir sur mon lieu de travail. Il y en a tellement, me dis-je, et puis tant de cartons éventrés finissent dans la benne à ordures, qui vais-je pénaliser ? Dans cette immense centrale de stockage, je suis malheureusement affecté au rayon des jus de fruits pour nourrissons et d'une marque unique de barres en chocolat. Durant des mois, ma nourriture est ainsi invariablement constituée de ces deux denrées, jusqu'à un point de dégoût absolu qui coïncide, Dieu merci, avec ma capacité à m'offrir des tickets pour le restaurant universitaire. Même si elle ne brille pas par la variété de ses menus et la qualité de la confection, cette cantine me donne au moins la sensation d'être un étudiant *normal*.

Pourtant, je ne le suis déjà plus. J'ai assisté à quelques cours de sciences économiques, dans de vastes amphithéâtres bondés et puis, il a été question de travaux dirigés obligatoires qui auraient lieu tous les mercredis. Mercredi est précisément le jour de la semaine où l'on m'a proposé de commencer à travailler. Je n'ai pas eu la sensation d'avoir la liberté de choisir entre la poursuite de mes études et le paiement de mon loyer. Ne pouvant prétendre à aucune bourse ni aide sociale en raison des hauts revenus présumés de mes parents, il m'a été certes cruel, mais néanmoins logique d'opter pour le déchargement de camions frigorifiques, au détriment de l'étude approfondie des flux économiques entre nations.

Après les tickets pour la cantine de la faculté, mon second excédent financier est consacré à l'achat d'une guitare acoustique. J'en rêve depuis plusieurs années. Dans sa jeunesse, le commandant s'était juré d'apprendre à en jouer. C'est cependant l'un des rares défis qu'il n'a pas relevés. Je décide de le faire pour lui, non par loyauté ou par procuration, mais parce que j'aspire à disposer d'un moyen d'expression directe et libre de tout carcan. Certain que le commandant avait enterré cette ambition, je m'étais d'ailleurs autorisé à emporter, le 26 juin, la méthode d'apprentissage qu'il avait achetée lorsqu'il était lui-même étudiant. Depuis toujours, elle prenait la poussière sur l'un des rayonnages de sa bibliothèque.

J'apprends seul, avec passion et acharnement, essayant chaque jour davantage de reproduire les morceaux que j'entends à la radio. Je pratique pendant de longues plages horaires, jusqu'à ce que la douleur des cordes qui pénètrent la pulpe des doigts devienne insupportable. Une joie ineffable m'envahit lorsque je parviens à jouer des grappes de notes, puis des accords complets et, enfin, des enchaînements de grilles harmoniques. Mes très rares visiteurs me disent que mes mains – grandes – sont faites pour cela ou le piano. Je confirme en souriant et réponds que, oui, plus tard, j'apprendrai aussi le piano.

Jouer seulement ne me suffit cependant pas. J'ai besoin de laisser libre cours à mon inspiration, au puissant flux créatif de la vie qui cherche à couler à travers moi, de permettre aux sons qui dansent dans ma tête de prendre naissance avec le plus de célérité possible sur le manche de l'instrument. Peu à peu, je tombe sous le charme de son teint hâlé, de ses formes arrondies, de sa voix cristalline et lui permets de passer ses nuits avec moi, dans mon lit. Cette guitare devient ma compagne, ma meilleure amie, ma confidente, mon amoureuse. Je lui suis d'une fidélité absolue. Ce qui signifie qu'il n'y a de place, dans ma vie intime, pour personne d'autre qu'elle. Nous nous attendions depuis si longtemps.

Un lundi matin, tôt, ma sœur et moi nous rendons à la porte d'entrée du collège dans lequel notre jeune frère est pensionnaire afin de le voir, ne serait-ce que quelques minutes. Cet établissement est à deux heures de route de la ville dans laquelle nous habitons. Nous savons qu'il est y conduit par d'autres parents qui y déposent aussi leurs propres enfants. Nous arrivons très en avance afin d'être sûrs de ne pas le manquer. Nous lui avons chacun écrit une longue lettre afin de lui transmettre en mains propres ce qui n'est pas possible par la voie postale habituelle, en raison de notre bannissement familial, à la suite de notre départ. Nous savons que la direction de son école a reçu des consignes strictes quant à notre interdiction d'entrer en contact avec lui – y compris par courrier. Lorsque nous l'apercevons enfin, arrivant avec son gros sac pour la semaine et son cartable, nous nous approchons de lui, le plus discrètement qui soit. Il semble terrorisé de nous voir. Nous imaginons sans mal le reconditionnement cérébral qu'il a pu subir ainsi que la pression qu'il peut porter du fait qu'il ne soit pas, lui non plus, autorisé à nous parler. La rencontre n'a bien sûr pas lieu. Il a trop peur. Peur pour lui, peur d'être à son tour accusé de trahison, ainsi que le commandant a dépeint notre acte de sédition. Nous le déplorons, mais comprenons trop bien le fait qu'il veuille ménager son précaire équilibre. Il vit désormais une existence d'enfant unique et nous mesurons l'intensité du sentiment de solitude qui doit parfois être le sien, lui, ce discret adolescent de douze ans, entouré de deux adultes avec lesquels il ne trouve rien d'autre à partager, chaque vendredi soir, que le rébarbatif résumé factuel de sa semaine de cours.

Depuis des mois, le commandant ne cesse d'émettre – à qui veut l'entendre – des jugements plus que sévères sur le fait que ma sœur et moi avons décidé de nous soustraire du joug parental. Dans l'acte d'accusation, il est majoritairement question d'ingratitude de notre part. En effet, toute notre adolescence, il nous avait répété, comme pour s'en convaincre lui-même, que nous le remercierions un jour pour sa manière de nous avoir éduqués. Cette hypothèse ne nous a pourtant jamais effleuré l'esprit – du moins, sous cette forme.

Au plus fort de ses velléités critiques, le commandant est victime d'un accident vasculaire cérébral qui, pour le coup, le terrasse. Je ne peux m'empêcher d'avoir une pensée pour ma mère que je sais devoir traverser cette période seule avec mon jeune frère. Malgré la rupture de pont entre nous, je tente de l'appeler au téléphone. Je ne sais ce que je vais lui dire. Partager, peut-être, mon état de compassion. Personne ne décroche. Je n'insiste pas. C'est ma première et dernière initiative de ce genre. Ma sœur raille ma faiblesse. Je peux entendre…

Je consacre les deux années qui s'ensuivent à me maintenir hors de l'eau, vivant ici et là, entre hébergement de fortune et cohabitation plus douce. J'ai dû rendre ma chambre d'étudiant à la suite de ma radiation de l'université, du fait de mes absences répétées aux séances de travaux dirigés.

J'ai occupé des emplois qui, s'ils me permettent d'assurer ma subsistance, me vident de toute ambition professionnelle classique. Je ne me sens attiré par aucune profession appartenant aux nomenclatures officielles. Tout mon temps libre est consacré à l'étude approfondie de la guitare. Lorsque je suis inemployé, je pratique douze heures par jour, jusqu'à l'épuisement physique. Je rencontre de plus en plus d'autres musiciens qui me permettent de progresser et d'explorer de nouveaux horizons techniques. Je me plais à composer un grand nombre de musiques que je m'évertue à enregistrer sur de fragiles supports magnétiques, afin d'en conserver une trace, outre les partitions que je noircis du matin au soir. Je n'ai bientôt plus aucun argent et sens poindre l'obligation de trouver une solution plus pérenne que celle de m'imposer, au fil des semaines, dans le gîte des autres. Ma préoccupation, outre le fait de trouver de quoi manger, est essentiellement de disposer d'un toit pour le soir. Je marche fréquemment des journées entières, dans l'attente vaine de tomber sur un miracle, telle la porte d'un palais qui s'ouvrirait grand à mon approche, comme dans un fabuleux conte pour enfants.

Je regarde beaucoup les gens dans la rue, droit dans les yeux, espérant secrètement que l'un ou l'autre me reconnaisse et m'offre un asile définitif. Je ne sais pas trop de quelle reconnaissance il pourrait bien s'agir, peut-être quelque chose en rapport avec une proximité d'âmes, une sorte de compréhension intuitive, de retrouvailles fraternelles. J'aspire à rencontrer des amis sur qui je pourrais compter, m'appuyer, me reposer un peu. Je me sens fatigué, épuisé même, de ce flottement, ce déracinement, cette insécurité permanente.

Je rêve à une vie pleine, avec la même délirante intensité que lorsque je visualisais mon professeur de mathématiques changeant par compassion mes notes sur mon bulletin scolaire et m'épargnant ainsi un prévisible châtiment. Et plus la dureté du quotidien me rattrape, plus j'essaie de m'en échapper. Le poids écrasant de ce qui s'apparente en moi à de la timidité m'empêche de frapper aux portes des entreprises, de demander mon chemin dans la rue, d'attirer le regard sur moi, de solliciter un entretien, de postuler à un emploi valorisant. Je me sens confiné dans la geôle de mes peurs. Le 26 juin 1992, en vérité, je ne me suis pas enfui. Je suis bel et bien resté prisonnier de mes émotions, de mes empreintes mémorielles, de cette boule au ventre dont la taille n'a jamais décru.

Dans le miroir, ce que je vois est, en définitive, ce que le commandant disait de moi : un tas de viande inerte. Je ne m'aime pas et attends que le monde le fasse pour moi, à ma place. J'aimerais que quelqu'un me témoigne de l'intérêt, manifeste l'impulsion de devenir mon ami, mon confident. On me dit parfois « beau garçon », avec même un certain enthousiasme. Et après ? Il m'est impossible d'approcher la moindre fille. Je quémande passivement leur attention comme un mendiant muet. Bien sûr, il ne *se passe* jamais rien. Je reçois ce que je dégage : le non-amour de moi-même ou la peur d'être. Je me sens transparent et le deviens pour autrui, de fait. Je récolte ce que, très précisément, je sème.

Je suis progressivement conduit vers des ouvrages qui abordent les thèmes du « mieux-être » et de ce qui est décrit comme du « développement personnel ». Ils semblent correspondre à mes besoins du moment.

Par la force des choses, j'avais commencé mon « cheminement » par des lectures assez ésotériques, à un âge où beaucoup sont plutôt attirés vers les bandes dessinées ou les romans légers pour adolescents. De toute évidence, quand bien même toutes ces lectures ont été de puissantes nourritures pour moi, je me trouve présentement face à cette interrogation : « *Et après ?* » En d'autres termes, quelle est l'utilité de m'être plongé durant toutes ces années dans ces questions réputées occultes, hermétiques ou spirituelles si je ne suis aujourd'hui pas en capacité d'en manifester quoi que ce soit ? Où est l'intégration de toute cette substance ? Tant de fois l'on m'a dit, après avoir pris le temps de m'entendre : « Jamais je n'aurais cru que tu pensais ainsi » ou « J'étais à mille lieues de te voir (si) spirituel ». Quelle est donc cette image que je renvoie sans cesse pour que l'on ne perçoive de moi qu'une telle fadeur, tiédeur ou superficialité ?

Commence, en ces temps, à se forger en moi l'idée d'une spiritualité nécessairement incarnée, c'est-à-dire dont on puisse faire l'expérience directe, qui imprègne chaque cellule du corps physique, qui soit, en somme, réalisée et non simplement imaginée ou conceptualisée, et qui, bien évidemment, soit source d'inspiration pour autrui.

On entend constamment parler du « travail sur soi » comme d'un levier essentiel pour se libérer, s'éveiller, pour accéder à sa pleine conscience.

En quoi consiste, au juste, ce fameux travail ? Certains, comme s'il s'agissait d'un bilan de carrière, brandissent fièrement leur curriculum vitae spirituel, sorte d'exposé détaillé de leurs longues années de pratique – années marquées par une profusion de séminaires, formations, thérapies, exercices, méditations transcendantales, rituels, lectures, apprentissages, reconnexions, etc. Très bien… Cette démarche est parfaitement respectable, mais est-il forcément utile de cumuler toutes ces « choses » pour se rencontrer soi-même, pour, *in fine*, se rendre compte que tout était déjà présent et que rien – hormis l'ego spirituel – n'a été développé dans cette accumulation ? Toutes ces cloches doivent-elles tinter à ses oreilles durant tant de temps et en si grand nombre pour que l'on consente enfin à s'éveiller ou se réveiller ?

Parler « d'atteindre l'éveil » n'a pas de sens en soi. Il n'y a ni voie, ni chemin, ni temps, ni distance séparant de l'éveil. Tout simplement parce que tout est déjà présent, à l'intérieur de soi. Il n'y a rien à devenir, à faire, rien à acquérir ou à développer. En vérité, il n'y a rien à rejoindre qui ne soit déjà là. S'éveiller, c'est simplement sortir du rêve et ouvrir les yeux. Un rêve ou un cauchemar peut sembler parfaitement réel pour celle ou celui qui est en train de le vivre, jusqu'à ce que quelque chose, un son, un mot, un mouvement, un choc, un déplacement de la conscience vienne y mettre un terme. Pour beaucoup, tant qu'ils n'en sont pas sortis, le rêve a une apparence de réalité tangible. Pour beaucoup, il s'agit de *la* réalité. De quelle réalité parle-t-on ? La réalité tridimensionnelle perçue par une large portion de l'humanité est un rêve qui semble d'autant plus

145

réel qu'il est partagé et défendu par un nombre important d'êtres. D'aucuns disent qu'ils ont parfois conscience, durant leurs nuits de repos, d'être en train de rêver et d'ainsi pouvoir en modifier le scénario, l'issue ou y mettre tout simplement fin, par une sorte de décision ferme. Il en est de même dans ce que l'on nomme «existence réelle». Commencer à avoir conscience d'être en train de vivre un rêve, une sorte d'illusion des cinq sens permet d'en changer les tenants et les aboutissants. En fin de compte, lors d'un instant qui ne se décide pas, car il répond à une stratégie secrète de l'âme –et propre à chaque âme–, le rêve a complètement disparu et fait place à une nouvelle réalité, qui a bien peu en commun avec celle dans laquelle on baignait précédemment…

Pour réaliser ce «travail» sur soi, cette œuvre d'éveil, il n'y a défini- tivement pas de solution miracle –n'en déplaise à toutes celles et tous ceux qui l'attendent de la part d'une substance, d'une pratique, d'une prière ou d'une rencontre avec tel ou tel maître de sagesse. Tout dépend de qui l'on est, de ce que l'on souhaite, de ce que l'on recherche et, fonda- mentalement, de sa capacité à lâcher prise, c'est-à-dire à abandonner complètement ses vieux schémas.

Ce qui «fonctionne» pour l'une ou l'un peut n'avoir aucun effet pour l'autre. Il est ainsi judicieux de ne pas comparer son «parcours» spirituel avec celui de quiconque. Le dénominateur commun à tous les aspirants est cette volonté de parvenir à l'éveil de la conscience et souvent aussi, en ces temps d'ascension collective, d'être utile à ses semblables, de contribuer à l'épanouissement spirituel des habitants de la Terre, à l'ouverture des cœurs et à l'élévation du niveau vibratoire collectif.

Chacun est son premier terrain d'expérimentation puisque se côtoyant soi-même tous les jours, puisque vivant avec soi-même. Chacun est sa première histoire d'amour ou de tension relationnelle et sa propre conscience est bien celle qu'il faut tenter d'éveiller avant de vouloir transmettre aux autres le moyen de le faire.

Accumuler du savoir spirituel ou ésotérique n'est pas travailler sur son ignorance –ignorance entendue en tant que contraire de conscience. Aussi riche soit-il, le savoir spirituel n'est pas la Connaissance, c'est-à-dire l'intégration des Lois d'unité. Accumuler du savoir dans la perspective d'un remplissage spirituel empêche la Connaissance d'investir, en soi, les espaces devant justement être laissés vacants. Rien n'est plus imperméable à la Connaissance qu'un solide « *je sais* » qui s'est mué en statue intellectuelle.

Non que le savoir soit inutile : le savoir soutient la pratique et permet de l'approfondir. Mais le savoir seul maintient dans les sphères limitées et limitantes du mental, sans permettre la moindre expérimentation spirituelle directe. Il ne conduit pas à offrir un sourire, à aimer les autres, à s'aimer soi-même, à transmettre le désir d'évoluer et de rayonner sa lumière intérieure.

Il est donc en premier lieu question, dans cette idée de travail sur sa propre ignorance, de se dispenser de l'amour – amour bien ordonné commençant évidemment par soi-même. Il est en effet bien illusoire de prétendre donner aux autres ce que l'on se refuse à soi-même, ou que l'on s'accorde soit sous conditions, soit par intermittence. L'obstacle à un engagement véritable de ce processus intérieur est souvent un sentiment persistant de culpabilité. En effet, les tentatives de compréhension de ses réactions émotionnelles peuvent être culpabilisantes dès lors qu'elles sont interprétées sous leur aspect « *j'aurais dû* ». Parce que l'on a pu être soumis à la pression de la culpabilité dans toute son histoire, il peut sembler ardu de demeurer dans l'observation neutre de sa réaction émotionnelle, sans jugement ni condamnation et de ne pas tomber dans le réflexe involutif du « *je ne devrais pas avoir cette réaction* ».

Pour pouvoir mettre de l'ordre en soi, on a préalablement besoin de regarder le désordre et, tant que le simple fait de regarder le désordre induit en soi un malaise, on détourne la tête et on s'éloigne de la simple possibilité de mettre de l'ordre.

Mais si, peu à peu, l'on commence à s'ouvrir à sa propre manière de procéder – à ce désordre –, entrebâillant la porte de la compassion envers soi-même, l'on peut alors accueillir les occasions où il a été impossible de le faire. On ne se juge plus de ce que l'on parvient ou non à faire. On conçoit que, même quand l'on fait de son mieux, il arrive de ne pas parvenir à empêcher le désordre de se répandre partout en soi – du moins, en apparence.

Déterminé, ne démissionnant de rien, mais parce que l'on se place dans un ensemble plus vaste, on accepte avec douceur les limites qui sont siennes dans l'instant présent. Et, du fait même qu'on les accepte, sa vision de soi-même change peu à peu. On sent quelque chose de nouveau poindre en soi. On prend conscience de l'importance de la patience, de la bienveillance et de la compassion vis-à-vis de soi. Sans quitter le ressenti, dans le corps physique, on donne la possibilité à quelques anciens réflexes d'impatience, de dureté et de malveillance à son égard, de refaire surface. Devant le spectacle de son vécu antérieur, certes des émotions remontent. On laisse faire, totalement, sans rien vouloir retenir ou contrôler parce que l'on se souvient que la base du travail sur sa propre ignorance est de parvenir à voir la vérité de « ce qui est », comme de ce qui a été.

Là, à nouveau, on se souvient de l'attitude de base : patience, compassion et bienveillance. Comme l'on s'en sait capable, on s'accueille dans cette apparente imperfection, dans cette relative vulnérabilité. Ponctuellement, on constate que là, dans cet instant présent, l'on est incapable de se recevoir dans telle posture, émanation ou émotion. Cela est parfait aussi, car l'on remarque que le simple fait de constater que l'on est incapable de s'accueillir, là, maintenant, est déjà une capacité à l'accueil des choses telles qu'elles sont, l'accueil « tel que l'on en est capable » et non l'accueil « tel que l'on pense que l'on devrait en être capable ». Alors, doucement, on laisse l'amour pénétrer un peu plus en soi-même. Doucement, on laisse un peu plus l'amour travailler sur soi. En soi. Autour de soi.

IX

Ma sœur m'apprend que ma grand-mère maternelle vient de décéder. Je me sens submergé par une vague de tristesse. Cette femme encore jeune –elle a enfanté du commandant alors qu'elle n'était âgée que de quatorze ans– a été un pur rayon de soleil dans notre vie. Malade, elle était venue vivre une année chez nous, rue du l'Église, lorsque nous avions respectivement huit et six ans. Cela a été la plus belle année de notre enfance. Farouchement opposée aux pulsions violentes de son fils, elle s'était toujours interposée lorsqu'il levait la main sur nous. Elle agissait comme une mère préservant l'intégrité de sa progéniture.

J'ai vu, en cette femme illettrée qui ne parlait un seul mot de français, en cette ancienne mère-enfant, la manifestation de toute la puissance du Féminin sacré. Ce Féminin qui ose, qui se dresse, qui se lève, qui dit « non », dans la plus grande dignité. Sans cri, sans heurt, sans jugement, sans esprit de revanche. Je la revois, dans mes souvenirs, se rasseoir après s'être vivement placée entre le commandant et ma sœur ou moi. Je la revois poser un regard interrogatif, songeur sur cet homme, son fils unique qu'on lui avait enlevé peu après sa naissance pour le confier à sa mère à elle, jugée par le clan plus à même d'élever un bébé. Le connaissait-elle vraiment ? Entre la prise en charge par la grand-mère, les préceptes des scouts chez qui, durant son enfance, il avait passé l'essentiel de son temps libre, l'éducation des pères salésiens axée sur l'étude assidue du grec ancien et du latin, et les idées arrêtées d'un père employé de la Société nationale des mines dont le corps assassiné n'avait jamais été retrouvé, elle avait certainement dû éprouver certaines difficultés à trouver sa place de mère.

Après une séparation de seize ans, elle avait revu son fils chez lui, dans un pays dont la culture lui était totalement étrangère, marié à une femme de la même couleur de peau que ces anciens colons dont elle n'avait jamais compris la langue. En 1966, elle avait vu partir un fils, sorte de grand adolescent intellectuel, dans la précipitation des persécutions politiques. En 1981, elle avait retrouvé un homme établi, un notable local, père de trois enfants, installé dans des certitudes fermes par rapport à la vie, au couple, à l'éducation, aux autres et, surtout, à lui-même.

Percluse de rhumatismes, elle était venue pour se faire soigner, sous l'impulsion insistante du commandant. C'était en fait de toutes ses structures dont elle était venue s'occuper, et pas seulement des charnières de son squelette. Les structures émotionnelles, mentales et causales de la fille, la femme, la mère, la veuve, la belle-mère et la grand-mère. Un an plus tard, elle comprenait assez bien le français, tentant parfois de s'immiscer dans les conversations, et était guérie de tous ses symptômes physiques. Elle avait lié une amitié sincère avec ma mère – jusqu'à la complicité – et était présente pour ses petits-enfants bien au-delà de ce que d'autres grands-mères connaissent sur toute une vie.

C'est la remontée nostalgique de ces moments précieux qui m'arrache des larmes lorsque ma sœur me dit : «Greg… Mamie est morte.»

Les obsèques vont avoir lieu en France, évidemment en l'absence de corps. Ce sera une messe célébrée en sa mémoire, à laquelle tous ceux qui l'ont connue sont conviés. Immédiatement, ma sœur et moi excluons l'hypothèse de ne pas y assister. La conséquence est que, deux ans après notre départ de la maison – deux ans sans avoir donné le moindre signe de vie à nos parents –, il va s'agir de les revoir, de se replacer face au commandant, de soutenir son regard. Nous avons entendu beaucoup de rumeurs le concernant depuis son accident vasculaire cérébral. Outre sa guérison physique qui semble quasiment réalisée, on le dit transformé, méconnaissable. Le loup serait devenu agneau. On parle d'une guérison miraculeuse, dans le sens où elle aurait touché son tempérament, son caractère, ses travers de personnalité. Bien que je sois bien placé pour confirmer le fait que cet homme est capable de miracles, j'ai toutes les réticences à croire à celui-ci, sans en avoir été témoin direct. Aujourd'hui, cela me paraît impossible. On répète à qui veut l'entendre – je n'en suis pas – que ce n'est plus le même homme, que le Georges ancien est mort le jour de son accident vasculaire cérébral, que celui qui s'est réveillé de son coma a perdu toute son amertume, jusqu'à adorer le goût du sucre qu'il détestait auparavant. Le coup du Ciel porté sur sa tête a-t-il été puissant à ce point qu'il ait pu convertir un chef de guerre en apôtre de la paix ? Étrange paradoxe : je ne veux pas le voir, mais je demande à voir…

En deux années, j'ai changé d'apparence, mes cheveux sont longs désormais et me descendent dans la nuque. Je ne suis évidemment pas entré dans l'armée ainsi que le commandant l'avait programmé pour moi. J'ai subtilisé de la nourriture pendant des mois, exercé des dizaines d'activités différentes pour assurer ma subsistance et m'acheter d'autres guitares, permis à la musique d'occuper une place centrale dans mon existence, comme une compagne, habité dans beaucoup d'endroits différents, sans jamais m'y sentir chez moi ou à mon aise. Mes compagnons de fortune sont musiciens à la petite semaine, revendeurs de barrettes de haschich, chômeurs, anarchistes, alcooliques, tuberculeux, sans domicile fixe, héroïnomanes ou orphelins. Parfois tout à la fois. De temps à autre, l'un est retrouvé sans vie par tel autre qui, en l'absence de nouvelles, s'était inquiété, à juste titre. Je les aime sans les plaindre, les observe sans les imiter, les accompagne sans suivre leur direction. Je me sais en transition dans cette marge sociale dans laquelle beaucoup échouent. Je me sais trop jeune, trop empli de rêves pour y demeurer confortablement, pour m'y endormir ou m'y éteindre. Lorsque j'avais six ans, je contais à ma mère mes ambitions, la trame de mon destin sous forme de certitudes inébranlables : une vie pleine, riche, abondante, fondée sur le service au bien commun, le don à l'humanité et l'infinie puissance de l'exemple. Je lui contais cela comme le souvenir d'une feuille de route lue pendant l'avant-vie, en cette dimension préalable au monde manifesté. De son sourire amusé, j'extrayais quelques étincelles qui maintenaient vivace mon feu intérieur, particulièrement quand tout alentour semblait vouloir l'étouffer.

Aujourd'hui, j'ai vingt ans, n'ai rien accompli de spécial et vais me présenter à nouveau à un homme qui, tour à tour, a été ma terreur, mon bourreau, mon modèle, ma fierté, mon creuset, mon aiguillon, mon maître, mon juge, mon révélateur, ma détestation et qui, désormais, de l'avis de tous, n'existe plus en tant que celui que j'ai connu. Le seul être sur Terre qui l'a freiné dans ses violents instincts était sa mère et elle vient de mourir. C'est cette Mère divine que je viens humblement saluer. C'est devant sa grandeur d'âme que je vais m'incliner avec gratitude. S'agissant du commandant, j'aimerais dire que je n'émets pas d'attentes envers lui. Ce serait assez inexact. Une partie de moi, comme perdue et apeurée, aspire profondément à rencontrer cette figure du père qu'elle n'a pas entrevue derrière la carapace du combattant, rencontrer un homme qu'elle ne craindrait pas, capable de marques d'affection, d'écoute, de dialogue, un homme qui sécuriserait, apaiserait, rassurerait, éclairerait. Un homme qu'il ne serait pas difficile d'aimer ou, plus justement, qui se laisserait aimer.

L'homme qui s'avance devant moi est souriant. Son visage est ouvert, aucune tristesse ne s'y lit en dépit des circonstances qui auraient pu y laisser la marque d'une affliction.

Ma mère et moi, nous nous prenons dans les bras. Des larmes silencieuses coulent sur nos joues. « Mon garçon... » dit-elle, simplement. Je revis le même instant que lorsque je suis entré dans son utérus. Je reconnais sa vibration, au-delà de son identité actuelle. C'est quelque chose de beaucoup plus ancien, plus ample, plus vaste que la filiation qui simplement nous unit.

Ma sœur a souhaité garder une certaine distance. Aucune effusion de sa part. J'admire sa capacité à réguler ses émotions. Mon frère, de son côté, est un modèle d'impassibilité, donnant l'impression que nous nous sommes quittés la veille, alors que cela fait plus de deux ans que nous ne nous sommes vus. Égal à moi-même, je sèche mes larmes qui ont abondamment coulé sur l'épaule de ma mère. Je sens que ma sœur aurait aimé que je contrôle un peu mieux mes réactions et ne laisse croire à quiconque que nos parents nous avaient manqué. Ai-je cru que je ne reverrais jamais ma mère ? J'ai préféré de pas y songer et regarder *devant*, en attendant que le paysage offre une perspective un peu plus réjouissante que celle à laquelle je me suis habitué.

Le commandant, comme pour me convaincre de sa conversion, m'annonce fièrement que, désormais il s'occupe des tâches ménagères, sort les poubelles, nettoie la vaisselle. « C'est bien… » réponds-je simplement, les yeux encore rougis par les pleurs. Que s'est-il passé ? Au fil des heures qui passent, je l'observe et ne vois plus l'homme qui m'a tant effrayé. C'est une autre personne, dont émane une sorte d'étrange douceur dans le regard. Est-ce qu'un *simple* accident vasculaire cérébral peut bouleverser un caractère, dissoudre des espaces de violence, guérir des blessures psychiques, tout en causant, parallèlement, des lésions dans certaines portions du cerveau ? Que s'est-il *passé* durant sa phase de coma ? Nul ne le sait. Le principal concerné dit d'ailleurs n'en avoir aucun souvenir conscient.

Hormis, peut-être, une relative faiblesse dans sa main gauche, le commandant ne présente aucune séquelle de son attaque cérébrale. Le miracle ne se situe pourtant pas là. Pour quiconque l'a connu et côtoyé auparavant, le prodige tient dans cette extraordinaire modification de sa personnalité.

Depuis toujours, j'aspire à ce que le monde dans lequel je vis s'aligne sur les élévations vibratoires que je sens se réaliser en moi et sur les nouveaux champs de conscience auxquels j'accède quotidiennement. De l'observation de cet apparent décalage entre l'intérieur et l'extérieur peut parfois émerger une certaine forme de frustration ou d'impatience qui, si je lui laisse toute la place, a tôt fait de se transformer en lassitude et en découragement.

Et moi, suis-je l'incarnation véritable de ce changement – qui est élévation globale de la vibration et libération des méandres de la dualité – par ce que je dégage dans ma réalité quotidienne ou bien réservé-je cet état aligné, cet état amoureux aux seuls cercles de celles et ceux qui me comprennent, m'entendent, m'acceptent, celles et ceux qui semblent reliés aux mêmes fréquences que les miennes ? Qui, en vérité, sont ceux qui ont le plus besoin de recevoir cette imprégnation lumineuse, cet exemple vibratoire, ce rayonnement cardiaque ? Les membres de ce que j'appelle ma « famille d'âmes » ou ces voisins, collègues, passants, anonymes au regard inquiet, triste, sombre, voire éteint ? Réserver mon ouverture et mes élans de cœur aux seuls cercles de mes amis et de ceux que je retrouve ou rencontre dans mes recherches dites spirituelles n'améliore en rien le processus de diffusion des clés de Sagesse. Et il n'y a là, en outre, aucune transcendance de la dualité qui, cette fois-ci, place la séparation entre « éveillés » et endormis, comme entre deux camps bien distincts.

Nul n'est figé dans un état vibratoire ou des traits de caractère. Le commandant, pas plus qu'un autre. Je le conçois aujourd'hui avec une nécessaire humilité. Quelle leçon ! Aussi profondément assoupi un être puisse-t-il paraître, il n'en est pas moins celui pour qui, à plus ou moins longue échéance, sonneront les cloches du réveil à soi. La Vie est mouvement et ne laisse quiconque en dehors de celui-ci, quand bien même certains tentent, du haut de leur incommensurable ignorance d'eux-mêmes, de résister à ce qui, de toute façon, est.

Qui suis-je pour décréter ou « constater » que celui-ci ou celle-là ne serait pas sur le chemin de l'unité ? Ne serait pas « connecté » ? Sachant que dès qu'il est émis, ce prétendu constat n'est déjà plus valide, car appartenant au passé, appartenant à un état qui n'existe plus. Qui suis-je pour, en d'autres termes, affirmer que telle personne présenterait une séparation manifeste d'avec la Source ? Alors que l'éveil censé caractériser mon état vibratoire a précisément pour effet la dissolution de cette croyance en une séparation… De quelle connexion parle-t-on, d'abord ? Tout être vivant, toute chose jusqu'au plus petit grain de sable porte une connexion avec la Source. Si les êtres des dimensions supérieures à celle dans laquelle je me suis incarné posaient sur moi les mêmes constats enfermants que ceux que j'établis parfois sur certains de mes contemporains, j'aurais été complètement statufié dès mes premiers moments d'égarement sur Terre…

Regarder quiconque, par ce portail de l'âme que sont mes yeux, avec cette conviction ou croyance qu'il n'est pas sur le « chemin », qu'il s'en éloigne ou, pire, qu'il ne sait même pas qu'il y en a un, est un voile opaque que je tends entre l'autre et moi. Le dépit ou l'agacement d'un maître d'école face à l'ignorance de ses élèves ne leur permet aucunement d'apprendre mieux ou plus. Une simple absence de jugement est déjà, en dehors de toute action ou parole, un ensemencement de conscience, un partage de vibration, une œuvre de guérison.

Mon rayonnement n'a de sens que si je reconnais en chaque être la capacité de l'émaner à son tour, *in fine*, avec la même intensité. À quoi bon être un phare pour n'éclairer que l'intérieur de ma structure ou les bateaux déjà rentrés au port ?

Incarner le changement, c'est ne pas réserver mon sourire qu'à ceux qui me sourient. Incarner le changement, c'est rendre tangible, manifeste, cette unité intérieure qui ne peut s'accommoder d'aucune idée de comparaison ou de séparation d'avec l'autre. Incarner le changement, c'est ouvrir mon cœur à toutes celles et tous ceux qui me témoignent rejet et défiance, sans attendre de retour de leur part. Incarner le changement, c'est faire en sorte que ma vie intérieure puisse aussi se contempler à l'extérieur. Incarner le changement, c'est spiritualiser la matière, c'est-à-dire amener le plus haut degré de moi-même dans mes aspects les plus denses. Incarner le changement, c'est, tel le Soleil, éclairer avec la même intensité le jardin d'enfants et le champ de bataille. Incarner le changement est ce pour quoi je suis venu en ce monde. Incarner le changement, c'est être ce que je dis et dire ce que je suis.

Dans les semaines qui suivent, entre emprunt, menus travaux et reconnaissances de dette, je réunis assez d'argent pour m'inscrire dans une école de conduite afin de prendre des leçons, puis passer mon permis.

Le matin de l'examen proprement dit, je reprends une heure de leçon afin d'ancrer par la pratique quelques manœuvres et gestes techniques. Le moniteur me dirige dans la banlieue, à l'extérieur de Rouen où est installée son école. Dans une rue, il me demande de me garer entre deux véhicules stationnés, en réalisant un créneau. Je prends soigneusement mes repères dans les rétroviseurs latéraux et procède à la manœuvre.

Afin de parfaire la technique, je la reproduis une seconde fois, puis nous rentrons vers le centre-ville, à quelques kilomètres de là.

L'après-midi, l'examinateur s'installe à côté de moi, sur le siège passager et m'invite à commencer à rouler. Le moniteur, quant à lui, a pris place à l'arrière. Une fois n'est pas coutume et malgré l'enjeu, je me sens assez détendu – en tout cas, je fais le maximum pour le paraître. Je ne commets aucune erreur manifeste durant mes dépassements, accélérations et franchissements. L'examinateur me demande ensuite de m'engager sur une voie latérale qui nous rapproche progressivement de la banlieue dans laquelle nous avons manœuvré le matin. Je reconnais bien les axes pour les avoir empruntés quelques heures auparavant. Et puis, l'incroyable se produit : nous nous retrouvons exactement dans la même rue que le matin, à proximité des deux mêmes véhicules qui n'ont pas bougé et entre lesquels aucun autre n'est venu se garer. C'est précisément à cet endroit, où je me suis entraîné le matin, que l'examinateur me demande de procéder à une manœuvre de stationnement. Je n'en crois pas mes yeux ni mes oreilles. Dans le rétroviseur central, je jette furtivement un regard vers mon moniteur qui secoue la tête avec un air ahuri, le visage déformé par l'incrédulité. Au regard de la totale liberté de destinations de l'examinateur, la taille de la ville, le nombre de rues, les départs et arrivées incessants des véhicules, j'aurais moi-même estimé à zéro la probabilité d'être amené à réaliser un créneau au même emplacement que le matin. Et, pourtant, cela a eu lieu. Je fais une nouvelle fois, en ce jour, l'expérience directe, dans mes fibres, d'un impossible qui devient possible. Outre la joie qui me traverse du fait que je réussis mon examen, je me sens transporté de gratitude vis-à-vis de cet Univers qui entend à la perfection mes besoins.

Le commandant me téléphone désormais tous les jours. Avec force détails, il me parle d'un cercle de sagesse que ma mère et lui ont rejoint, il y a près d'un an. Je comprends, avec une stupéfaction joyeuse, qu'en plus d'avoir complètement changé de caractère, il s'est ouvert à une certaine forme de spiritualité. Plus, il consacre une part de son temps libre à l'animation de réunions basées notamment sur l'alchimie intérieure, la méditation et l'exploration d'états modifiés de conscience.

Ce cercle de sagesse est une extension d'un ordre templier dont on peut percevoir une dimension chevaleresque assez prégnante. Il y est question de cooptation, d'adoubement, d'engagement, de rituels secrets, de gardiens, d'attaques des forces de l'ombre, de combattants de lumière, de hiérarchie pyramidale et de grades.

Bien qu'il ne veuille pas trop entrer dans la description des rituels proprement dits, il m'explique que cet ordre est aussi une école initiatique proposant une voie ésotérique. Cette voie est un panthéisme gnostique, regroupant beaucoup de courants mystiques.

Bien que je me sente intimement appelé à rejoindre ce groupe, je suis cependant assez réticent quant à la méthode employée pour me « recruter » ou, selon ses propres termes, me coopter. La frontière entre enthousiasme et prosélytisme est ici fine et floue. Le commandant se montre très insistant, mais je n'ose le lui faire remarquer. Comme pendant toute mon enfance sous son autorité, j'acquiesce poliment à chacune de ses phrases. Je pense qu'il voit dans cette cooptation le moyen d'entrer en connexion avec moi. Par le cœur, par l'âme, par l'essentiel. Après dix-huit ans à ne s'être jamais rencontrés, je ne saurais lui en tenir rigueur.

À travers ce cercle, par rapport à ce que je peux en entendre, je vois une sorte de raccourci vers Dieu, grâce à des rituels qui, peut-être, m'enlèveraient mes peurs, ma boule au ventre, ma timidité, mes lourdeurs émotionnelles. J'y vois une clé me permettant d'ouvrir grand la porte de mon âme. Je n'ai pas besoin que le commandant me répète un si grand nombre de fois à quoi pourrait me servir cette clé : il prêche un convaincu. Comment lui faire comprendre que je connais déjà tout ce dont il s'évertue à me parler, que cela ressemble tellement à ma langue originelle ? J'ai l'impression d'être un vieux moine à qui un enfant de chœur proposerait d'entrer dans les ordres. « *J'y suis depuis longtemps, chère âme, mais tu ne pouvais ou ne voulais le voir… »*

Ainsi donc, ma cooptation est une formalité. Intégralement financée par mon père, la première marche initiatique consiste en un stage d'une semaine dans la commanderie-mère de l'organisation. Il s'agit d'une somptueuse demeure de la fin du XIXe siècle, disposant d'une vue plongeante sur la mer Méditerranée et emplie de toiles de maître dont je reconnais certaines pour les avoir déjà vues reproduites sur des cartes postales ou les pages glacées de magazines. L'intérieur ne ressemble pas à l'idée que je pouvais me faire d'un lieu dédié à la spiritualité ou à l'éveil des consciences, encore moins à ce qui est réputé tenir de la tradition des Templiers, que j'imagine plutôt austère et rigoureuse. Aux remarques émises par certains qui osent dirent ce que je pense, il est répondu qu'une crypte a été installée dans les sous-sols du lieu et qu'elle est le véritable sanctuaire, dissimulée derrière cet apparat qui, de mon point de vue, alourdit quelque peu la vibration de l'ensemble.

Pour ce séminaire, nous sommes une dizaine de participants, tous cooptés par des membres déjà initiés à certains secrets, codes et rituels. Issus d'horizons très divers, ils exercent des professions les plaçant plutôt dans les classes moyennes et supérieures de la société – en tout cas, indubitablement au-dessus des strates de survie dans lesquelles je surnage depuis deux ans.

Je suis le cadet du groupe et, pour couper court à tout inévitable questionnement relatif aux études que je serais censé poursuivre à mon âge, je me présente comme musicien – bien que, dans la bouche d'un garçon de vingt ans, timide et sans un sou, cela ne veuille pas dire grand-chose.

Durant cette semaine, nous recevons un enseignement portant, entre autres, sur les corps subtils, les centres énergétiques, les effets du notre propre voix sur notre vitalité, les voyages de la conscience dans l'astral et les vortex de la Terre. Au cœur de cette alternance de phases de transmission et de temps de méditation et d'expérimentation, je savoure chaque seconde, avec la sensation d'être enfin arrivé à destination ou, du moins, de ne plus être coincé dans une espèce de cachot tridimen-sionnel. Si l'on m'avait dit que le commandant serait celui par qui cette sensation allait émerger en moi, je ne l'aurais jamais cru. Assurément, je dois une fois de plus reconnaître que, par cet homme, le miracle est toujours à portée de main…

Au terme de ces quelques jours d'enseignement et de pratiques, nous sommes enfin conduits dans la crypte, en début de soirée, pour la cérémonie de baptême vibratoire et d'acceptation, appelée « adoubement ». Ce moment est préalablement ritualisé, avec une invitation répétée pour chacun d'entre nous à demeurer parfaitement alignés, c'est-à-dire la conscience déployée le plus vastement possible et, en même temps, centrée dans le cœur. Je note chez la jeune femme qui a mené cette semaine de transmission une véritable capacité à percevoir chez l'un ou l'autre d'entre nous les incursions mentales venant fréquemment polluer cet état d'ouverture et de présence à soi. Elle ne manque d'ailleurs jamais de nous rappeler l'importance de se retrouver dans cet « espace » intérieur qu'elle nomme « l'Or ».

La crypte est une salle assez sombre que j'avais imaginée telle une grotte, mais qui, en réalité, se révèle bien plus banale. Elle est sobrement décorée de quelques symboles ésotériques, éclairée à la bougie et imprégnée du parfum d'encens multiples. Se trouvent rassemblées là, sur deux colonnes espacées de quelques mètres, une vingtaine de personnes, toutes vêtues d'une aube blanche ornée d'une grande croix rouge sur la poitrine. J'observe que les colonnes sont organisées par sexe. Plus l'on approche de la tête de la colonne, plus la tenue est agrémentée. Ainsi, celles et ceux qui sont en tête portent une capuche dont l'intérieur est coloré, une longue cape et un signe en forme de triangle sur le cœur.

Il est maintenant question de recevoir notre nouveau nom, présenté comme notre identité véritable, résonnant avec la fréquence de notre âme. Il va nous être transmis par une femme appelée « A » – être incarnant, selon les enseignements reçus, le principe féminin dans toute sa magnificence. Elle forme un couple dit alchimique avec un homme désigné comme « O », décrit quant à lui comme l'incarnation de la rectitude du principe masculin. Durant les cérémonies et pratiques, l'homme est censé assurer le soutien énergétique et la structure vibratoire au sein desquels la femme peut recevoir des messages d'autres dimensions en « canalisation », c'est-à-dire par l'établissement en elle d'une sorte de vacuité mentale permettant à des messages réputés célestes de descendre dans sa conscience. Je suis assez fasciné par ce qui a été dit sur ces deux êtres, sur leur niveau vibratoire, leur avancement spirituel, leur capacité à communiquer sans filtre avec les plans subtils. Fasciné et, en même temps, je me sais porteur du même potentiel et en capacité d'être connecté aux mêmes fréquences, même si je n'en fais pas directement l'expérience. Ma fascination vient justement du fait que ces deux êtres semblent avoir réalisé en eux ce qui en moi relève encore d'une prédisposition ou d'un potentiel.

Cette tendance à la fascination, à la vénération et à l'adoration réside dans le même espace psychique que celle liée au déni de soi et au jugement de valeur porté sur les autres. Cet espace est celui de l'orgueil. Si l'on est porté à hisser au pinacle certains êtres, à les placer plus haut que soi sur les barreaux d'une échelle spirituelle qui n'existe que dans sa tête, l'on sera également enclin à en placer d'autres en deçà de sa position actuelle, tout aussi fictive, puisqu'en perpétuel mouvement. Ce qui, dans cette posture de vénération, voire de soumission, vis-à-vis de personnes élevées spirituellement, est pris par beaucoup pour de l'humilité ou une saine déférence relève bien souvent du pur orgueil et d'une incapacité marquée de se reconnaître soi-même porteur de la même essence.

Je sens que cette mise en scène particulière et ces signes extérieurs de sagesse stimulent en moi cette inclination à la comparaison qui maintient toujours en dehors de l'unité et de l'harmonie. Lorsque j'apprends que ce sont A et O, par leur ressenti, qui déterminent le niveau vibratoire de chacun et, donc, leur place dans la pyramide de cet ordre templier, je suis à la fois rassuré et inquiet. Rassuré parce que je suppute que leur ressenti est infaillible – vu ce que l'on raconte sur eux – et inquiet du fait qu'ils demeurent des êtres humains soumis aux émotions, au doute et aux projections. En vérité, je sens poindre en moi un agacement ancien, bien antérieur à cette existence, nourri par ces classifications spirituelles, ces recours permanents à la hiérarchisation, ce besoin humain d'exhiber sa présumée proximité avec le Divin par toutes sortes de signes extérieurs.

Par ailleurs, il nous a été enseigné que l'Ordre est une structure militaire, une « armée de lumière » et que les grades correspondent à l'engagement de chacun dans la bataille contre « les forces de l'ombre » et les énergies involutives. Placé dans un contexte d'œuvre alchimique, je peux entendre cet argument, même s'il me renvoie à ces notions de combat et de guerre auxquelles, depuis toujours, je peine à adhérer. Je peux également comprendre ce qui a pu séduire le commandant dans cette conception martiale de la spiritualité...

Le nom de baptême que je reçois de la bouche d'A, la pythie, ne sonne pas totalement juste en moi. Certes, il est plutôt gracieux, ressemblant vaguement à un celui d'un ange ou d'un archange, mais j'ai la sensation qu'il lui manque une consonne. Lorsqu'elle m'appelle ainsi, c'est un peu comme si l'on occultait une partie de ce que je suis. Je prends néanmoins mon parti de cette amputation vibratoire, puisque ce nom provient des plans subtils. Autrement dit, de Dieu... Toujours prompt à comparer ce qui n'a pas lieu de l'être, lorsque certains autres reçoivent leur nom, je me dis d'ailleurs que je ne suis en définitive pas si mal loti que cela.

Une fois notre nom attribué, il nous est demandé de nous présenter à chaque personne en nous avançant devant elle et en énonçant à haute et intelligible voix : « Je suis Untel. » Ayant en détestation le fait de m'adresser ainsi à des inconnus qui, en outre, me dévisagent comme si je venais de tomber du ciel, je trouve ce moment particulièrement inconfortable. J'en entends certains commenter mon âge en hochant la tête, avec une sorte d'admiration dans le regard : « Il n'a que vingt ans... »

Dans cette vingt et unième année, je conclus un accord tacite avec le commandant : en échange de travaux effectués dans sa cathédrale – qui prend de plus en plus des allures de gouffre financier –, je peux y demeurer et fourbir mes armes vibratoires de chevalier de l'Ordre du Temple. En tant que relais local, la cathédrale possède le statut de commanderie et est donc dotée d'une crypte. Cet arrangement résout temporairement mon souci récurrent d'hébergement et me permet de disposer d'un temps que j'estime considérable pour composer de la musique, écrire des textes inspirés et méditer. Ces trois postures de la conscience, en vérité, me maintiennent dans une vibration identique. Au fil des jours, j'en ajouterai d'autres : jeûner une fois par semaine, m'exercer à la vision par le troisième œil, explorer cette capacité que je me suis découvert à percevoir des scènes de vies antérieures, faire transiter les énergies issues du centre de la Terre à travers mes chakras à l'aide de sons implosifs et explosifs, déployer ma conscience au-delà de mon corps physique, etc. En parallèle de ces pratiques, je trouve une source de réjouissance sans nom dans le fait de lire des livres dont je ne comprends pas le contenu. Dans ces cercles ésotériques que je côtoie de plus en plus, certaines personnes me prêtent des ouvrages dits hermétiques. Si l'on s'arrête à leur titre et à leur agencement intérieur, ils le sont, indubitablement. Vouloir comprendre ce qu'il y est écrit est le meilleur moyen de ne pas y parvenir. Alors, je lâche prise sur toute volonté de préhension mentale, laisse courir mes yeux sur les pages et accueille simplement la vibration qui reste dissimulée par les mots dès lors qu'on s'y attache ou cherche à percer leur sens caché. Il me semble toucher là un aspect essentiel du fonctionnement humain. Cesser de vouloir comprendre ce qui, de toute façon, dépasse l'entendement procure une véritable détente dans tout le corps. Le mental est cette partie de l'homme qui, s'il lui donne son pouvoir, tentera toujours de faire entrer un océan dans un verre. Il veut comprendre –littéralement prendre à l'intérieur de son champ d'action– ce qui est plus vaste que lui. L'écueil est toujours au bout de ce chemin.

Moins l'on cherche à comprendre avec cet attribut qu'est le mental humain –au demeurant éminemment utile dans une multitude de situations du quotidien–, plus l'on permet à la conscience de s'ouvrir à la sagesse du mental universel. En effet, le mental universel rend intelligible et transmissible ce qui, en vérité, n'est qu'énergie, codes, flux vibratoires. C'est cette intelligence cosmique –à laquelle quiconque a accès– qui traduit en mots, images, concepts, couleurs, etc., ce qui tient du sans-forme, du Mystère, de la magie céleste et du miracle permanent de la Vie.

La volonté de comprendre est en elle-même une déclaration : celle d'une absence d'accès, ici et maintenant, à la Connaissance, à la Source. Ce qui est fondamentalement faux puisque l'idée de séparation est une illusion. Ce mensonge, lorsqu'il est formulé, est signalé immédiatement par l'âme qui envoie dans le corps physique une sensation de fermeture ou de crispation qui est prise pour la cause de cette volonté de comprendre, alors même qu'elle en est la conséquence, l'effet… Et de s'enfermer, avec un acharnement renouvelé, dans la volonté de comprendre dans l'espoir de goûter la paix de l'esprit.

J'observe qu'à chaque fois que je soumets mon corps à un jeûne, me vient une douleur lancinante localisée dans la nuque et la base du crâne. Après avoir fait le lien de cause à effet, je suis traversé par l'envie de comprendre, ce qui, évidemment, ne mène qu'à intensifier la sensation d'inconfort. Aucune question ne peut émerger dans la conscience qui ne soit préalablement propulsée par une réponse. Aucun problème ne peut apparaître dans son champ expérimental dont on ne possède, intrinsèquement, la solution ou l'antidote. Las de ces tentatives de mon mental de vouloir comprendre ma douleur dans la nuque qui ne font que l'accentuer, je m'installe en méditation, accepte la sensation et accueille ce qui vient. Je me sens alors immédiatement projeté dans la travée centrale d'une chapelle d'un monastère de religieuses carmélites, au début du XXe siècle. Je suis l'une d'elles, j'ai vingt-quatre ans et peine à étouffer un éclat de rire avec deux autres sœurs. Je ne vois pas simplement la scène, j'y suis. Revenu à ma conscience actuelle, je comprends que toute démarche de privation ou de restriction et toute pratique issue de la « voie sèche » vont, en ce qui me concerne, réveiller des douleurs liées à une soumission à une règle qui refuse au corps sa dimension sacrée, sa fonction de temple et de réceptacle d'amour, de paix, de douceur, de joie et de plénitude.

L'âme parle continuellement à chacune et à chacun à travers les sensations physiques de son corps, lequel confronte à la condition humaine. Qu'est-ce que l'on y ressent ? Des mémoires. Aussi bien celles de la Terre que des parents, des grands-parents, d'une infinitude d'aïeux et d'ancêtres, qui demandent à être dissoutes et transmutées. Alors, dans cet instant présent qui se perpétue en permanence, émergent dans ce corps physique les manifestations de ces mémoires denses : boule dans le ventre, nœud dans la gorge, poids sur le plexus, barre sur les épaules, tension dans la tête, etc. Ces mémoires non libérées vivent en soi et sont en permanence stimulées, réveillées, montrées par le quotidien de la vie, les rencontres, les diverses situations afin d'être conscientisées et, surtout, aimées. Une grande part du « travail » spirituel réside d'ailleurs dans cette acceptation initiale de la condition humaine. Accepter n'est pas une action mais un état : ne rien vouloir d'autre que ce qui est, ici et maintenant. L'acceptation initiale, de sentir là, dans l'instant présent, ce que son corps physique, indéniablement, demande de sentir, percevoir, regarder, entendre est le préalable de toute libération.

Être libre n'est pas pouvoir faire ce qui semble bon, aller dans telle direction, poser son corps physique dans tel endroit, dans tel lieu, avec qui on l'entend. Il s'agit de la libération de toutes les densités qui empêchent d'exprimer véritablement l'amour, la joie, la sérénité et la paix que l'on est.

L'amour, la joie, la paix, la sérénité ne sont pas des émotions, ce sont des émanations d'un état natif, originel. Et toutes ces densités que l'on sent dans le corps physique empêchent de manifester ces états naturels. Et comme l'on est venu manifester cela – amour, paix, joie et sérénité – dans la densité physique, il s'agit encore et toujours de faire face à toutes ces densités que le corps physique invite à sentir, appréhender et accueillir.

L'un des outils essentiels dans l'incarnation est l'observation permanente des sensations procurées par le corps physique, qu'elles soient apparues, là, le matin dès le réveil, ou réveillées par une situation, une phrase prononcée par autrui, une pression dite extérieure. Tout ce théâtre autour de soi n'est que la mise en scène de l'Univers pour faire en sorte que l'on prenne enfin conscience de toutes ces mémoires denses dont on a besoin de se défaire. La question à laquelle répondre est toujours la même : que faire de ce que l'on sent ?

Beaucoup d'humains vivent dans une société, une civilisation dans laquelle on apprend, dès le plus jeune âge, à désigner l'autre, l'extérieur, la situation, l'employeur, la crise, le gouvernement, les conditions climatiques, etc., comme les causes de cette boule dans le ventre, de ce nœud dans la gorge, de ce poids sur le plexus ou sur les épaules, en somme, de son malheur. Or, tant que le problème reste situé à l'extérieur, la solution le sera également, alors que cette œuvre alchimique sur soi est un engagement à la responsabilité. Ce que l'on sent est en soi et l'on en est responsable. Alors, comme l'on en est responsable et que les « autres » ne sont que les révélateurs de ce que l'on porte – et non les auteurs –, on ne peut que ressentir un état général et global de gratitude pour ce monde, cet univers environnant qui permet de sentir en soi tous ces espaces contractés, compressés, qui ne demandent qu'une chose, c'est qu'on les libère, les accueille, les aime, leur laisse la possibilité de circuler en toute liberté à travers soi.

Alors, oui, dans bien des sociétés, on apprend dès le plus jeune âge à comprimer toutes ces énergies que l'on sent en soi. On apprend à nier tout ce qui est là et qui pourrait, en quelque sorte, déranger l'ordre extérieur établi. Mais où est le dérangement, où est le chaos ? Il est à l'intérieur de soi ! Et qu'est-ce que ce chaos intérieur génère, en vérité ? Qu'est-ce qu'il attire ? Il attire ce dérangement autour de soi ! Ce prétendu chaos extérieur qui ne fait que renvoyer, en permanence, l'image de ce que l'on n'ose ou ne veut sentir en soi. Alors, n'est-on pas fatigué de projeter sans cesse hors de soi-même le travail à réaliser ? C'est l'autre qui doit changer, c'est telle souffrance qui doit s'amoindrir, c'est tel décor qui doit se modifier, pour que l'on puisse enfin bien se sentir ? Bien se sentir n'est pas ne pas sentir ces espaces intérieurs, au contraire. Bien se sentir, c'est : bien sentir en soi tous les espaces qui, justement, empêchent de sentir, et par voie de conséquence, de manifester ce que l'on est, de toute éternité.

Alors si le chemin spirituel que l'on emprunte prend des allures de quête d'une anesthésie générale, d'une fuite de la condition humaine qui fait sentir, nécessairement, autre chose que le pur Amour de la Source, il n'y aura pas de libération. Il n'y aura pas d'ascension, il n'y aura pas cet éveil véritable, cette capacité, permanente et renouvelée, à ressentir, percevoir ce qui cherche perpétuellement à se révéler à sa conscience.

Que faire donc de cette situation que chacun a déjà sentie ? Que faire de cet espace en soi comprimé dans le ventre, dans le plexus, dans la gorge, sur les épaules ? Qu'en faire maintenant ? Passé le temps de l'acceptation qui est un état se résumant à cesser d'aspirer à autre chose que ce qui est ici et maintenant, on va entreprendre d'accueillir sans conditions ce que l'on sent. Ici et maintenant. On ne va plus reporter ce processus essentiel au lendemain ni même à l'heure d'après ou encore laisser son mental raconter que ce n'est pas le moment. Mille fois non… Si l'Univers conspire tout entier à faire en sorte qu'ici et maintenant, dès son réveil ou dès que l'on sort de chez soi ou dès la première rencontre avec autrui, l'on sente cet espace comprimé, compressé, non aimé qui se manifeste, c'est indubitablement que c'est le moment, enfin, d'y faire face.

Il est donc question d'accepter de sentir pleinement cet inconfort qui s'est manifesté à soi. Il est à concevoir que chacun ou chacune est pour soi son propre guérisseur, son propre médecin. Imaginons qu'un médecin soit présent dans son cabinet, qu'un patient y entre et que le médecin dise : « Non, je vais attendre un petit peu, je vais repousser à demain votre auscultation. » Est-ce que cela va améliorer l'état du patient ? Il y a assurément peu de chances. Pourtant, c'est ce que l'on fait souvent, en écrasant en soi ces sensations, en reportant au lendemain l'examen amoureux, minutieux, conscient de ce malade intérieur qui frappe à la porte du cabinet. Bien évidemment, si l'on est son propre guérisseur, son propre médecin, l'on a à accueillir ce patient intérieur avec la plus grande des bienveillances. Avec une totale bienveillance. Il n'y a aucune forme de jugement dans l'esprit du médecin quant au fait que le patient se présente avec telle pathologie, telle souffrance, tel symptôme. Ou alors, il devient nécessaire qu'il change de métier, car sa vocation n'est plus d'aider, de soulager et de participer à la guérison. Étant ce médecin, ce guérisseur pour soi-même, l'on a donc à se pencher, avec une entière compassion, vers tous ces patients intérieurs qui se présentent en permanence. Ils sont la boule dans le ventre, le nœud dans le plexus, la turbulence émotionnelle pénétrant dans son champ de perception, qui rappellent en permanence que l'on s'éloigne de son centre et l'importance de sentir ce qui est là, en demande d'acceptation.

Ce médecin que l'on est a à accueillir cela. Très concrètement, on n'a qu'à ouvrir grand la porte de son cabinet – qui est le corps physique – et accueillir sans réserve ce patient. Il n'est plus temps de le laisser à la porte, de lui dire de revenir le lendemain. Au contraire, doit lui être offerte la possibilité d'évoquer, de raconter dans le moindre détail ses symptômes, la totalité de ce qu'il ressent. Ainsi, en pleine présence, on va l'écouter et l'entendre attentivement, laissant ce patient prendre ses aises, sans jamais lui couper la parole. Plus l'on va lui permettre de partager en profondeur ce qu'il porte et ressent, plus le diagnostic que l'on va établir sera fin, précis et le traitement posé dessus, efficace.

Cette boule dans le ventre, ce nœud dans le plexus ou autre, doivent prendre tout l'espace, toute la dimension, toute l'ampleur dont ils ont besoin pour raconter leur histoire. Ce n'est pas une histoire qui s'écrit avec des mots, c'est une histoire qui s'écoute, qui s'entend, qui se sent, qui se perçoit. Pour atteindre cette qualité d'écoute, il est besoin de relâcher l'étreinte de son corps, comme s'il était une mâchoire et l'ouvrir en grand afin de permettre à ce patient en soi d'occuper l'espace qui, auparavant, lui demeurait interdit.

Certes, dans ces quelques minutes d'écoute totale, oui, il y aura une amplification de l'impression initiale, et le nœud premier ou la contraction originelle pourra sembler prendre davantage d'espace, de volume. Bien évidemment, mais ce ne sera qu'une impression, reliée au fait qu'on laisse enfin la « parole » se libérer en soi. Alors, cette densité pourra prendre un plus grand espace. Cette petite boule initiale va devenir telle un abricot, puis une pomme, un melon, une pastèque, etc., jusqu'à prendre toute l'amplitude dont elle a besoin pour, comme une bulle d'air au fond d'un lac, remonter à la surface, être touchée par la lumière du Soleil et, enfin, naturellement éclater. Même si, au cours de son voyage ascensionnel, elle a grandi, grossi et donné l'impression de gagner en puissance, elle est indéniablement vouée à disparaître, car, en vérité, elle est vide et n'a d'autre structure que les murs de la prison dans laquelle on la retient.

Alors, pourquoi résiste-t-on tant à appréhender ces malades intérieurs qui sans cesse appellent au secours, crient à l'aide et demandent du soutien et de l'écoute ? Parce que, très souvent, l'on craint d'être contaminé ou envahi. Alors, par peur de la peur, on refuse de les entendre. Peur de la sensation de souffrance intérieure. Bien évidemment, ce processus d'acceptation et d'accueil demande du courage –toujours dans le sens du cœur en action. Seul le cœur agit. Ce n'est en aucun cas un processus analytique, mental qui exigerait d'apposer une forme d'explication sur ce qui se manifeste en soi. Il est ainsi nécessaire de demeurer dans l'unique ressenti de ce courant qui se manifeste et non dans la recherche de sa cause qui a toujours pour effet d'en restreindre la fluidité naturelle.

C'est un processus où le mental n'a pas voix au chapitre. Pour une fois, l'on va faire en sorte que ce soit seulement son cœur qui prenne soin, qui entende, qui regarde la partie de son corps physique qui appelle au secours. Et moins l'on met de mots, de noms sur ce que l'on ressent, moins l'on enferme sa sensation dans une boîte, dans une case. Est-il besoin d'appeler cette sensation dans la poitrine « peur » ou « angoisse » ? Est-ce que le corps, lorsqu'il se signale à soi, sous la forme d'une douleur dans le genou ou dans la cheville, parle de peur ou d'angoisse ? Pourquoi, lorsque cela change d'endroit dans le corps physique, il deviendrait judicieux, opportun, d'y mettre des termes ? Un terme met une fin, une limite. Point la peine de définir ce qui est ressenti. Définir, c'est enfermer. Il y a simplement à écouter avec le cœur. Invariablement, il est question d'emprunter le chemin le plus court entre son cœur et l'espace en soi qui appelle à l'aide.

Le chemin le plus court ne passe jamais par la désignation de l'autre comme étant le responsable – voire le coupable de son ressenti – et il ne passe jamais, non plus, par la quête frénétique d'une solution qui serait trouvée à l'extérieur de soi.

Le temps de la compensation est fini. Le temps où l'on cherchait dans les divertissements, la nourriture, les loisirs, les drogues, l'alcool, voire des pratiques dites spirituelles, des moyens d'anesthésier ces malades intérieurs est lui aussi révolu.

Il est maintenant temps d'emprunter ce chemin intérieur, qui est le chemin le plus court, qui est le chemin de l'acceptation totale de la condition humaine, qui est le chemin de l'accueil inconditionnel de ce que ces patients, ces réceptacles mémoriels ont à dire. La liberté passe par là. Alors oui, bien évidemment, si l'on demande de faire face à ce que son intériorité dit en permanence, si effectivement l'on s'engage à écouter sans cesse, c'est-à-dire dans l'instant présent, tout ce que son corps physique essaie de transmettre, ces patients-là vont pouvoir enfin déposer leurs souffrances. Chacun sait que lorsqu'un malade est pris en charge par le médecin, il sent déjà, en quelque sorte, un apaisement,

168

alors que tant qu'il est dans la salle d'attente à compter le nombre de malades arrivés avant lui, il reste confiné dans sa douleur. Dès qu'il est accueilli par le médecin et peut partager ses symptômes, il sent déjà un début de soulagement. C'est exactement la même chose à l'intérieur qu'à l'extérieur. Alors, pourquoi ce qui est si bien compris hors de soi est-il nié à l'intérieur? Pourquoi s'acharne-t-on à nier encore cette évidence?

Au fond de soi, maintenant, on a cette possibilité d'accueillir tous ces espaces intérieurs avec un amour inconditionnel. À tout ce que l'on sent en soi, on peut laisser tout l'espace, et ce, dans l'instant présent. On ne peut plus remettre au lendemain l'accueil de ce que l'on sent. Car si l'Univers envoie telle stimulation, ici et maintenant, c'est bien pour qu'on la ressente ici et maintenant. Qui est-on pour dire : «Ah, non, ce n'est pas le moment! Pas aujourd'hui! Là, ça tombe mal!» Qui est-on pour dire cela? Y aura-t-il un jour dans l'existence où la douleur tombera bien?… Quand sera-ce le bon moment pour que la boule au ventre apparaisse? Quand sera-ce l'occasion opportune pour que ce nœud dans la gorge se manifeste?

Si l'on se laisse séduire par les effluves mentaux, cela ne sera jamais le moment adéquat pour faire face aux tourments émotionnels. Encore une fois, il s'agit d'un processus cardiaque et non intellectuel. À chaque instant et à chacun de ces espaces intérieurs, on se doit d'offrir tout l'espace du corps. Cela peut durer quelques minutes, quelques dizaines de minutes, peut-être. C'est infiniment moins consommateur en ressources vitales d'ouvrir son corps que de perpétuer ce que l'on a appris, de génération en génération, à savoir d'écraser le ressenti, de juger cette énergie pourtant neutre en elle-même et de la maintenir dans ce douloureux enfermement. Ce que l'on enferme au fond de soi, même si l'on pense en être débarrassé ou délivré, sera montré à nouveau le lendemain ou surlendemain. Ce sont, en outre, des charges magnétiques qui, sans cesse, attireront à soi des stimulations qui viendront raviver la sensation de ce que l'on garde ici enfermé.

Chaque fois que l'on va libérer de son enveloppe corporelle ces densités qui sont ainsi montrées, l'on va créer une sorte de vide, c'est-à-dire des espaces libérés de ces densités. Et comme «la Nature a horreur du vide » et qu'elle est paix, joie, amour et sérénité, alors chaque espace libéré sera immédiatement rendu à sa vibration originelle. Ainsi, si on libère une énergie assimilée à une peur, c'est la sérénité qui va s'installer ; si on libère une énergie assimilée à de la colère, c'est la paix à qui on redonne l'espace. On libère l'énergie résiduelle d'une tristesse et c'est enfin la joie qui se répand en soi.

Il convient donc de cesser de chercher à remplir d'un contenu nouveau un bocal qui est déjà plein et de s'engager, au préalable, à le vider de tout ce qui, au fil des siècles, a été placé à l'intérieur. Cela ne requiert aucune compétence dite « spirituelle », aucun don de clair-voyance. Cela ne demande aucune capacité extrasensorielle. Mais cela exige d'observer, d'écouter et d'entendre le corps physique puis, tel le médecin ou guérisseur que l'on est pour soi-même, de se pencher avec compassion sur ces patients intérieurs qui, jour après jour, ne demandent qu'une chose : être acceptés et accueillis.

X

L'année de mes vingt et un ans, la commanderie-mère missionne deux délégations pour conduire des travaux énergétiques sur deux sites : Majorque et les montagnes sacrées de Rila, en Bulgarie. Je suis *retenu* pour participer à la mission bulgare. Le petit groupe que nous constituons est prévenu du caractère spartiate de l'aventure. Depuis un village de la vallée, il s'agira de rejoindre les montagnes à pied en emportant dans nos sacs à dos de quoi y vivre durant deux semaines.

Ce sont les premiers frémissements du printemps lorsque nous atterrissons à Sofia, mais l'on nous signale encore certaines intempéries, dont des chutes de neige, dans la région dans laquelle nous devons nous rendre.

L'ascension semble interminable à certains, notamment lorsque la pluie s'invite au rendez-vous. Durant cette longue marche, nous croisons d'autres groupes progressant en sens inverse, dont nous connaissons les intentions et qui, pareillement, savent ce que nous venons accomplir. Chacun, en ce haut lieu de pèlerinage spirituel, d'ancrage de certaines énergies et de travaux alchimiques divers, s'évite du regard, comme si, malgré l'absence de témoins, cette sorte de connivence devait demeurer masquée en toutes circonstances.

Sur tout l'itinéraire d'ascension, de nombreux monticules de pierres plates témoignent de rituels passés, présents et à venir. Nous installons un campement de base afin de disposer d'un lieu de repli entre nos pérégrinations quotidiennes sur les différents lacs. Il y est question d'y implanter certaines énergies, dans le cadre d'un maillage vibratoire plus global, en étroite relation avec ce qui doit se réaliser à Majorque.

Un point, outre la mission proprement dite, occupe mon esprit : j'ai reçu, il y a peu, la vision que la cathédrale du commandant allait être vendue, bien en deçà de sa valeur, pour éponger ses dettes. Je n'ai pas parlé de cette *prophétie* à mes parents, car leur attachement à cette demeure est extrêmement fort et je n'ai pas eu le courage d'affronter leur réaction. En tout état de cause, cela m'a informé sur le fait que je ne pourrai plus en être l'hôte pour très longtemps et qu'il me faudra assez tôt reprendre mon itinérance.

Au cours d'une nuit méditative dans ces montagnes qui me semblent propices à la clarté de l'esprit, je demande à être guidé sur la suite de mon chemin sur Terre, aspirant ardemment à pouvoir allier dimension spirituelle véritable et autonomie matérielle.

Émergeant d'un espace de silence intérieur absolu, une fulgurance impérieuse s'impose alors à ma conscience, sans possibilité d'interprétations multiples. Je vois des militaires de l'armée de terre, des regroupements de soldats et des troupes en armes envoyées à l'étranger. Ces séquences – particulièrement réalistes – sont accompagnées d'une sorte de voix disant : « *C'est cela.* »

« *Mon Dieu, tout, mais pas ça !* m'exclamai-je intérieurement, dans un mouvement global de recul. *Ne m'oblige pas à ça... Pas l'armée... Pas la hiérarchie, la discipline, les ordres, la mise au pas. Pas la guerre... Pas le renoncement à tout ce qui m'anime. Mon Dieu, n'ai-je pas suffisamment souffert à Ton goût pendant dix-huit ans ? Mon Dieu, puisses-Tu changer Tes plans à mon égard... Puisses-Tu écarter de ma vue ce calice que je ne saurais boire... »*

Pour réponse immédiate à mes supplications, je perçois distinctement l'écho d'une déflagration en provenance de la proche Serbie, déchirée par une guerre fratricide. « *Mon Dieu, j'entends... Qu'il soit fait selon Ta volonté et non la mienne.* »

1ᵉʳ août 1995. Le soleil est magnifique. Un bus vert sapin est venu me chercher, ainsi que d'autres, à la gare de Fréjus. Il est conduit par un jeune militaire en tenue de service courant qui, lorsque nous montons dans son véhicule, nous regarde d'un air goguenard. Quelques minutes plus tard, nous franchissons les grilles du régiment d'infanterie de marine, cette branche de l'armée de terre qui est la seule à disposer de bases à l'étranger et à projeter sans discontinuer ses troupes sur tous les conflits du globe. À peine sorti du bus, un jeune homme dont on apprend rapidement qu'il est caporal se jette sur nous en hurlant, comme un chien de garde aboyant sur des cambrioleurs. Sa petite taille dénote avec la puissance de sa voix. « Vous n'êtes plus chez Papa et Maman, ici ! La fête est finie ! Préparez-vous à morfler ! » Nous sommes évidemment portés à le croire…

La transition avec l'année que je viens de passer est pour le moins âpre. Cependant, au rythme auquel les activités de la journée s'enchaînent, je n'ai bientôt plus le temps de songer à la douceur des derniers mois écoulés. Je finis même par trouver drôles les formules toutes faites des militaires qui nous encadrent. Je me garde néanmoins d'afficher le moindre sourire, constatant que ceux qui s'y autorisent ont droit à une salve d'insultes.

Le symbole de ma compagnie – la 5e – est une chauve-souris aux ailes déployées. Me sentant plutôt en résonance avec la vibration de la colombe, je ne prends pas nécessairement ce signe comme un bon présage…

Durant les premiers temps nous sont inculqués les rudiments de la vie militaire : le port de l'uniforme, les grades, le règlement de discipline générale, le salut, le garde-à-vous, le pas cadencé, la manière de ranger une armoire, de plier des draps, de lacer et cirer des brodequins de marche à jambière attenante – communément appelés « rangers » – et de nettoyer de leur « crasse » des locaux qui pourtant paraîtraient reluisants au plus pointilleux des examinateurs civils.

Placée sous les ordres d'un capitaine que nous ne voyons presque jamais, la compagnie est composée de trois sections de quarante personnels, elles-mêmes constituées de quatre groupes. Les groupes sont formés de deux équipes comprenant chacune deux binômes. Le binôme est la cellule de base. Ce sont deux soldats indissociables qui doivent apprendre à se connaître par cœur, c'est-à-dire, littéralement, par le cœur. Nous apprenons que, contrairement à des croyances véhiculées par un certain type de cinéma américain, le soldat n'agit jamais seul, mais qu'il est toujours appuyé, épaulé, soutenu par un autre. Bien évidemment, la comparaison avec le couple s'invite dans le discours. D'aucuns nous enseignent que, à la différence de la vie civile où, lorsque tout autour prend des allures de champ de bataille, la majorité des couples se sépare ou se déchire, c'est dans l'intensité du conflit, la boue, l'effort, la sueur, la douleur, les larmes et le sang que se forge l'inséparabilité du binôme. On nous parle également de fraternité d'armes, d'esprit de corps, de cohésion, d'entraide, de collectivité et de camaraderie.

Dans le bâtiment réservé à l'hébergement, nous sommes organisés par chambrées de six militaires. L'aménagement y est strictement fonctionnel et aucun élément ne vient atténuer l'austérité de ce décor très métallique. Lits, armoires, tabourets et tables sont en fer. Seule la présence des couchages – hors d'âge – amène un peu de moelleux à cet environnement qui inspire sans détour rigueur et discipline.

Tous les matins, se répète le même rituel : réveil *dynamique* à six heures, toilette sommaire avec rasage obligatoire, petit déjeuner et exécution des corvées – appelées « travaux d'intérêt général ». À sept heures trente est passée la revue de chambres par l'un des sergents de la section qui, avec un zèle frisant l'obsession, inspecte, en présence des six occupants au garde-à-vous, la propreté du sol, l'alignement des lits, le pliage des draps, le fond de la poubelle et l'intérieur des armoires.

Ayant pris un peu d'assurance après quelques semaines, je me suis autorisé à ranger dans mon armoire la guitare électrique que j'avais apportée – entièrement démontée – avec moi, dans mon sac. Trouvant prudent de procéder par étapes, je l'ai laissée pour le moment en pièces détachées dans l'armoire. J'ai placé le corps sous ma pile de maillots de corps kaki et le manche, debout dans la petite penderie de gauche. Un matin, lorsque le sergent s'avance devant mon armoire pour en inspecter le bon rangement, je sens mon cœur battre dans ma poitrine. Il plisse les yeux, tend sa main vers l'intérieur, tâte du bout des doigts, se tourne vers moi qui suis encore au garde-à-vous.

— C'est quoi, ça ? me demande-t-il, mi-intrigué, mi-réjoui.

— Une guitare, sergent, réponds-je, sachant bien qu'il a déjà reconnu l'objet.

Il m'invite à la sortir, la remettre en ordre de marche et, avec une délicatesse qu'on ne lui soupçonnait pas, à la lui montrer. Il n'y a alors plus d'inspection, plus de sergent, plus de hiérarchie. Juste quelqu'un qui, comme moi, pratique avec engouement cet instrument et se retrouve comme un enfant excité devant un beau jouet. Je souris intérieurement. Mes camarades de chambre en ont abandonné leur garde-à-vous. Ils savent, de par cette imprévisible alliance, que leur chambre ne sera plus jamais inspectée avec le même formalisme.

— Et tu n'as pas d'ampli ? s'enquiert le sous-officier.

— Si, sergent, mais je ne l'ai pas apporté, réponds-je, un peu surpris par la naïveté de sa question, estimant tout bonnement impensable qu'une recrue puisse franchir la grille d'un régiment, le jour de son incorporation, avec un amplificateur pour guitare sous le bras…

— Bon, alors, tu sais ce qu'il te reste à faire pour la prochaine permission, lâche-t-il, avec un sourire complice.

J'accueille cet instant avec joie, comme une bouffée d'air pur qui s'accompagne d'une voix en moi soufflant : « *Vois à quel point tout va bien. Vois à quel point tu n'es pas seul, ne l'as jamais été et ne le seras jamais. Puisses-tu donc cesser de te plaindre…* »

Comme si j'attendais un signe pour m'investir dans le rôle, je décide, à partir de ce jour, de faire de mon mieux à chaque instant et de ne plus simplement éviter d'être éclaboussé.

Entre épreuves sportives, marches nocturnes de dix heures, apprentissage intensif des *actes réflexes et élémentaires du combattant*, séances de formation au tir au fusil d'assaut et autres installations chronométrées de bivouacs tactiques en forêt, les occasions de montrer son degré d'engagement, sa résistance à l'effort, son endurance, sa rigueur et son esprit d'initiative ne manquent pas. Certains trouvent cela « dur »… J'estime qu'ils ne savent pas ce qu'est la dureté. Dans ce domaine, je me sens avoir été à bonne école. Le commandant – je lui en sais gré – a placé la barre très haut. Ce que beaucoup trouvent insurmontable me semble accessible. Ce que d'autres jugent intolérable m'apparaît normal. On nous demande de creuser une petite tranchée pour un binôme de combattants ? J'ai creusé les fondations d'une cathédrale… On nous demande d'obéir inconditionnellement aux ordres ? Je n'ai jamais fait que cela… On nous demande de transcender la fatigue du corps ? J'ai passé toute mon adolescence à remplir des tâches normalement réservées à de robustes adultes… On nous demande de faire preuve de résistance morale ? Que sont les aboiements inoffensifs d'un petit caporal à côté des douloureuses corrections du commandant ?

Un adage fréquemment répété au sein de l'armée énonce : « *Entraînement difficile, guerre facile* ». En d'autres termes, plus l'on pousse à un haut degré d'exigence la préparation des troupes, plus elles aborderont avec sang-froid et efficacité le moment fatidique du combat. Alors que je n'ai encore jamais été confronté à une aucune situation de guerre, je sais déjà à quel point cet adage est vérifiable. Pour autant, en dépit de la présumée difficulté de mon *entraînement* précédent, il deviendra impératif que, tôt ou tard, je me défasse de mes densités émotionnelles qui m'emprisonnent encore dans une version bien pâle de moi-même.

Certes, durant cette précédente année, j'ai bien libéré quelques croyances limitantes, élevé mon niveau de conscience au contact des *frères* et *sœurs* de l'Ordre du Temple, ainsi que par la lecture intuitive d'un certain nombre d'ouvrages hermétiques, mais je ne me sens pas « bien dans ma peau » pour autant. Entre ce que je sais être *à l'arrière-plan* et ma capacité à l'extérioriser au quotidien, dans l'expérience directe de l'incarnation, je perçois un gouffre ou une montagne, selon les situations.

En raison de la relative intensité de mes vingt premières années d'existence sur Terre, j'ai parfois cherché à m'enfermer dans une sorte d'armure, afin de ne pas ressentir à nouveau cette douleur qui, parce que je ne l'ai pas acceptée comme la conséquence naturelle d'un choix d'incarnation, s'est peu à peu transformée en souffrance. Cette armure psychique, si elle n'est pas complètement visible aux yeux de chair, est néanmoins perçue par tous ceux qui m'entourent, car, du plus près au plus loin, tels des cercles concentriques, ils sont ceux que mon âme a désignés pour, justement, m'inviter à la fendre.

De façon générale, toute protection attire à soi, comme un aimant, ce contre quoi l'on tente de se protéger. Tant que ce que l'on crée puise sa substance, sa matière dans la dualité, apparaîtra la contrepartie contraignante de sa création. On ne peut ainsi créer une protection sans générer, dans le même temps, ce qui, invariablement, viendra éprouver cette protection. L'ego justifie toujours la mise en place d'une protection par une expérience passée – forcément non transcendée – ou par la peur d'un futur qu'il ne peut évidemment contrôler. Tout le concept des assurances contractées pour se prémunir contre le vol, les accidents, la perte de biens, les risques, etc., repose sur l'idée d'un bonheur préservé par des protections, alors même que ce sont ces protections qui génèrent les éléments constitutifs de ce que l'on voit comme du malheur. Ce cercle est vicieux. Plus l'on se protège, plus l'on devient une cible. Plus l'on devient une cible, plus l'on est attaqué. Plus l'on est attaqué, plus l'on cherche à se protéger. Et ainsi de suite… Celui qui est pleinement conscient de sa nature divine n'a pas besoin d'armure, parce qu'il sait qu'en vérité, il n'y a rien à protéger. Celui ou celle qui s'identifie à sa forme physique et est donc tributaire de son indéniable vulnérabilité se sent nécessairement appelé à revêtir des protections… Préservation n'est pas protection. La préservation puise sa substance dans l'amour qui est perpétuation du mouvement d'expansion de la vie. La protection, quant à elle, se nourrit de la peur, laquelle est contraction, fermeture, séparation, extinction, cloisonnement, jugement et irresponsabilité.

Mon armure actuelle ne me donne pas davantage d'aisance pour aller à la rencontre de situations ressemblant de près ou de loin à celles qui, dans mon histoire personnelle, ont été confrontantes. Elle ne me permet rien de plus. Je m'adresse aujourd'hui à mes supérieurs avec l'attitude d'un petit garçon prêt à se faire gronder. Et lorsque ces mêmes supérieurs me félicitent ou, simplement, s'adressent à moi de façon neutre, une partie de moi perd tous ses moyens, tellement peu habituée à ce qu'une personne représentant l'autorité s'intéresse à elle. Cette partie de moi – sorte d'enfant intérieur – ne croit pas pouvoir mériter cette bienveillance ou même cette neutralité. Elle perçoit quelque chose d'anormal qui la place dans un grand inconfort. Dans le même registre, la perspective de parler devant un groupe d'adultes demeure encore pour moi prétexte à toutes les fuites, parce que j'y inclus, à tort ou à raison, la notion de jugement et de sanction.

Je sais que cet itinéraire militaire – que je pressens riche en stimulations puissantes – ne me laissera pas la possibilité de conserver cette armure qui est manifestation de la faiblesse, du doute et du verrouillage de mon cœur. Elle est, entre ce que je suis et le monde, un voile dont l'opacité est relative à l'intensité de mes peurs. Je ne sais aucunement quelle forme cela va prendre, mais je nourris la conviction que cet univers militaire – qui m'est encore étranger – va nécessairement modifier mes croyances, me pousser à repousser certaines de mes limites ainsi que m'en faire découvrir d'autres. Face à cet inconnu, je ressens de grandes peurs, mais je décide de m'y lancer de tout mon être, car, intimement, je sais n'avoir rien à perdre.

À l'issue de ces quatre mois de formation initiale au combat, je rejoins, avec quelques autres, les Forces françaises du Cap-Vert, basées à Dakar, au Sénégal. Parmi une longue liste d'autres destinations, j'ai choisi ce pays en raison de la présence sur place d'une commanderie de Templiers. Je sais pouvoir y retrouver des cercles hebdomadaires de travail spirituel dont j'espère qu'ils pourront faire contrepoids à mon futur quotidien en caserne.

Lorsque je pose le pied sur cette terre africaine, j'en tombe immédiatement amoureux. Je connais cette lumière, cette odeur, ce vent, ces sourires, ce son. Cette terre m'est littéralement familière.

Au bataillon, la première semaine est consacrée à une acclimatation opérationnelle et culturelle. Le capitaine qui me reçoit à mon arrivée me questionne sur mes ambitions professionnelles. Sans ambages, je lui réponds que j'aspire à me hisser le plus haut possible.

Cet instant est pour moi fondateur, car c'est celui où, pour la première fois, je verbalise à haute voix et devant témoin le fait que je vais donner le meilleur de moi-même en toutes circonstances. Quelque chose s'enclenche en moi, comme une sorte d'alignement parfait avec la mission, le rôle à endosser, le mandat d'incarnation. En répondant, ce matin-là, à ce capitaine, je consens sans réserve à *être militaire*, avec tous les renoncements que cela implique. Pour la première fois, face à un homme dépositaire de l'autorité, ce n'est plus en moi un petit garçon apeuré qui s'est exprimé, mais quelque chose d'impérieux, déterminé, solide, ancré, vertical et puissant. Par mon verbe, je viens de donner naissance à un soldat d'exception, doté de tous les attributs nécessaires au dépassement des limitations du personnage civil. Pour la première fois dans mon existence, je lis de l'admiration dans les yeux d'un homme qui me regarde. Comme si je me trouvais face à un miroir, je reconnais en moi la force semblant avoir impressionné ce capitaine qui, pourtant, en a vu d'autres.

On pourrait être tenté de croire que la reconnaissance de soi passe par le regard porté sur soi par les autres. Or, il est significatif que c'est une posture intérieure qui, en réalité, entraîne une modification de l'appréciation extérieure.

Ce jour, je viens de prendre conscience, du moins en partie, de la puissance du Verbe... Est-on conscient de ce qui s'accomplit lorsque, rompant le silence, on donne vie à des sons que l'on appelle « mots » ? Est-on conscient de l'origine de ce mouvement en soi, de sa destination et de ses effets ? L'être humain, constitué en infime partie de matière physique, est la manifestation d'une Intention créatrice. Cette Intention se manifeste, au Commencement, sous la forme d'un son – le Son primordial en provenance de la Source de Tout Ce Qui Est – et ce Son se propage à l'infini, par un abaissement progressif de sa fréquence, par une densification de sa vibration que l'on pourrait, d'un point de vue limité, nommer le « Miracle de la Vie ». En vérité, le miracle réside plutôt en cette capacité qu'a reçue l'être humain – par essence émanation, prolongement et extension de cette Source – d'oublier qu'il en est issu, tout autant que les vagues sont issues de l'océan.

Cette vibration se propage sans discontinuer, de l'infiniment petit à l'infiniment grand, créant une gamme illimitée de dimensions, de réalités d'existence. D'où provient ce son qui émane de soi lorsque l'on s'exprime ? C'est une offrande faite à soi que de se poser et de prendre véritablement le temps de le ressentir...

Qu'il y a-t-il d'autre à reconnaître en soi que la Source que l'on est ? Quoi d'autre, en définitive, que son infini pouvoir créateur ?

Ainsi, plus l'on se sent ou, plutôt, l'on se croit séparé, différent, isolé, coupé de la Source – et donc de sa nature véritable –, plus ce que l'on exprime portera la marque, l'empreinte de cette illusion de cette séparation. Et si ce que l'on exprime porte cette empreinte alors, de fait, l'on propage cette idée de séparation et cette vibration amplifiant la sensation collective que, d'abord, les vagues ne sont pas l'océan, puis que certaines n'ont pas la bonne taille ou la bonne intensité. Jusqu'à croire que certaines ne devraient pas exister...

La propagation vibratoire au sein de l'humanité de cette sensation de séparation se réalise non point dans le fond, puisqu'elle est illusion, mais dans la forme, c'est-à-dire dans le champ de la conscience collective. Et souvent, l'humain est comme la vague qui lutte contre le vent, réagissant avec une certaine brutalité au mouvement de la Vie et oubliant que la ligne d'horizon, à l'arrière-plan, demeure ce qu'elle est : paix immuable et perpétuelle vacuité.

Prendre la mesure de son pouvoir créateur – qui passe par le Verbe – amène à la pleine responsabilité de la tonalité, de la fréquence et du taux vibratoire de ces sons que l'on crée en permanence et qui donnent vie à sa réalité ou, plutôt, à ses réalités puisque l'on existe dans une infinie pluralité de formes.

Prendre la mesure de ce que l'on s'apprête à créer par sa parole conduit nécessairement à soupeser chacun de ses mots – non par une analyse intellectuelle, mais par une appréciation cardiaque permanente que l'on appelle « alignement ». La recherche de cette maîtrise élève considé-rablement le taux vibratoire puisque toutes les cellules sont traversées par la teneur énergétique de ces sons et qu'elles calibrent leur propre fréquence sur ceux-ci.

Lorsque, par son Verbe, l'on juge autrui – en le comparant, en le dépréciant ou en le condamnant –, c'est sur la Création que l'on fait porter ce jugement, estimant que l'une des formes qu'elle prend pour apparaître devant nos yeux n'a pas lieu d'être, de se manifester de la sorte, qu'elle ne correspond pas à ce que l'on désire ou ne rentre pas en résonance avec sa conception de ce qui est bien, bon, juste ou équilibré. Il est ainsi assez aisé de comprendre que chacune de ses paroles puisées dans la peur, au détriment de l'amour, est une création dont on aura à répondre d'une manière ou d'une autre, puisque l'on s'est incarné afin de prendre conscience de sa nature fondamentale et, par voie de conséquence, de son pouvoir créateur d'Être divin. Et il n'y a fondamentalement aucune différence entre des jugements émis sur autrui ou sur soi-même, les causes et conséquences étant identiques…

Ainsi, cette forme de rébellion infantile contre un Créateur qui n'interviendrait pas assez à son profit, dans la direction que l'on estime pourtant juste, sous la forme de signes suffisamment explicites et auquel l'on s'adresse comme à une entité extérieure aussi puissante et omnipotente que l'on serait faible et insignifiant est encore et toujours le fruit de cette non-reconnaissance de soi et de cette illusion de la séparation qui se perpétuent, notamment au sein de cénacles réputés spirituels.

Bien souvent, la reconnaissance du pouvoir créateur individuel s'arrête là où la manifestation des créations rentre en opposition avec la capacité de chacune et chacun à les assumer. En d'autres termes, lorsque l'Univers renvoie à l'humain le reflet des créations qui émanent du centre de son cœur, il reconnaît avec joie la puissance de son Verbe. Et puis, lorsque l'Univers le confronte, toujours avec la même implacable neutralité, à la moisson de tous les mots clivants qu'il a semés, il cherche, là, à attribuer ces créations aux autres… Jusqu'à prier le Créateur et ses lumineux subordonnés de l'en protéger, l'en préserver et lui donner, de grâce, d'autres reflets à contempler…

Au sein de cette Éternité manifestée dont il est infiniment vain de vouloir percer le Mystère, tout a commencé par le Verbe et tout finira par le Verbe.

Quelques semaines après mon arrivée, j'assiste à une réunion des templiers locaux. Ce sera la seule et unique. Alors que j'ai choisi le Sénégal précisément pour la présence de cette structure, je n'y sens pas l'Esprit souffler. J'y vois un cercle de discussions plus ou moins ésotériques entre notables – médecins pour la plupart – où les questions d'argent et d'avancement de grade occupent l'essentiel du temps de parole. Alors, quand bien même cela a pu paraître prématuré à certains, en mon âme et conscience, je tourne la page de l'Ordre, celui d'ici et celui de France.

Fidèle à mon engagement de présenter la meilleure version de moi-même, je suis sélectionné pour suivre la première formation diplômante de ma carrière. Dernier arrivé dans le bataillon, je suis le moins expérimenté des quelque trente candidats. Malgré mon noviciat, je trouve chaque épreuve d'une déconcertante facilité, sauf celle de tir à longue distance où, de manière totalement incompréhensible, presque toutes mes balles évitent soigneusement la cible.

En raison de mes mauvais résultats en tir, je termine deuxième au classement général. Le premier, un certain Blaise – d'origine mauricienne – accède directement au grade supérieur, puisque c'est le principe pour ce type de formation. Tous les autres candidats seront promus ultérieurement, en fonction de leur mérite et de leur classement.

Le lendemain soir de la remise des diplômes, je sors diluer ma frustration dans l'un des multiples bars de Dakar. Quelques heures plus tard, sentant peser sur mes paupières la fatigue des trois semaines précédentes de formation et d'examens, je décide de rentrer. J'emprunte à pied une rue sombre menant à la place de l'Indépendance, celle où sont garés de nombreux taxis permettant de rejoindre le bataillon. Un homme m'interpelle sur le trajet.

— Tu es un militaire du BIMa5 ? me demande-t-il.

Je réponds par l'affirmative.

— Tu connais un certain « Blaise » ? poursuit-il.

J'acquiesce de nouveau.

— Tu pourras lui rappeler qu'il doit encore me payer, pour sa place de premier ?

Je réponds ne pas bien comprendre.

— Oui, pour le maraboutage sur le deuxième, précise-t-il. Ne cherche pas, il est au courant.

Il me donne son nom que j'oublie aussitôt, puis s'en va. J'oscille entre stupéfaction et colère. Stupéfaction, considérant la probabilité extrêmement faible que le marabout mandaté par Blaise s'adresse, dans une rue bondée de Dakar, à celui sur lequel le sort a été jeté, pour récupérer son dû. Colère, car je prends conscience à la fois que mes piteux résultats au tir sont le fait d'une sorte de tricherie énergétique et que, malgré ma certitude de ne pas être atteignable par des tours de magie « noire », celle-ci a bel et bien altéré mes capacités physiques.

Je comprends plus tard que cette magie – peu importe le type de rituel ayant été conduit – a eu un effet sur moi dès lors que j'ai commencé à donner du pouvoir à la manifestation extérieure, à douter, à perdre confiance en moi et, en définitive, à avoir peur de *perdre* cette place de premier. Quand bien même ma croyance en un maraboutage était presque nulle et, surtout, que je n'avais pas songé une seule seconde à sa possible utilisation par quiconque durant cette formation, je portais suffisamment de failles pour qu'elle s'y engouffre. Merci la Vie. Gratitude envers Blaise d'avoir été l'instrument de ma guérison. On ne m'y reprendra plus.

Sauf à ne pas comprendre qu'il est, de par sa nature divine, le cocréateur de tout ce qui survient dans son existence, il est assez aisé pour l'être humain de trouver des réponses aux questions qu'il se pose par rapport à ces événements.

Ma question était simple : comment se fait-il que moi, bon tireur, je sois devenu, durant cet examen, l'un des plus piètres ? Ainsi que relaté, la réponse qui m'a été donnée a emprunté la voie de la fulgurance : claire, nette, précise et tellement improbable dans sa manifestation qu'elle a annihilé tout questionnement subsidiaire. D'aucuns diront néanmoins que ce genre de phénomène tient du *hasard* et d'autres chercheront toujours à donner une explication rationnelle aux coïncidences...

Nombreux sont celles et ceux qui, s'éveillant à eux-mêmes, entrent dans cette sorte d'émerveillement lié à la survenue et à la répétition de synchronicités dans leur existence. D'abord, qu'appelle-t-on au juste « synchronicités » ? Ce serait toutes ces mystérieuses coïncidences qui, *a priori*, ponctuent le chemin du retour vers soi. Certains, dont la conscience emprunte un itinéraire différent, les nomment « chance » ou « hasard », quand d'autres ne les remarquent tout simplement pas – ou alors se focalisent sur la « malchance » présumée dont ils seraient la cible ou sur ce terrible « sort » qui s'acharnerait délibérément contre eux.

Ces synchronicités surviennent-elles véritablement lorsque l'on s'éveille ou bien ont-elles toujours fait partie de sa vie, sans que l'on en prenne conscience ? Y a-t-il une espèce d'élément déclencheur à leur manifestation dans son quotidien ?

Lorsque l'on déroule, à l'envers, le fil de sa vie, souvent l'on s'aperçoit que certains incidents, accidents, expériences désagréables, chutes et échecs ont profondément modifié le cours de son existence. A-t-on, au moment de leur survenue, considéré comme des synchronicités ces événements douloureux sans lesquels, aujourd'hui, sa vie aurait toute autre allure ?

Pourtant, il est constaté que les synchronicités ne sont souvent identifiées comme telles que dans ce qui est confortable, réjouissant ou immédiatement bénéfique pour soi. Comment, en ce cas, doit-on considérer les autres soubresauts du destin ?... Beaucoup sont prompts à voir des signes du Ciel, de la Vie ou du Divin – peu importe l'appellation donnée à l'émetteur – lorsque ceux-ci sont « positifs », conformes à leurs désirs ou à leur idée de ce qui est bon et juste pour eux. Leur propension à voir des clins d'œil célestes dans les blocages, les chocs et autres glissades est assurément moins affirmée... La « Vie » est pourtant neutre – ni positive ni négative – et les « signes » qu'elle adresse aux « vivants » le sont, en eux-mêmes, tout autant. Même si, bien souvent, du point de vue limité de celles et ceux qui en sont destinataires, le signe attendu ne peut être générateur de souffrance – auquel cas il n'en serait pas un – puisqu'un signe se doit nécessairement d'enchanter...

Si l'on octroie à l'Univers la capacité d'envoyer ponctuellement des signes, de générer çà et là des synchronicités, de favoriser sporadiquement des rencontres déterminantes, il faut, par voie de conséquence, se poser la question de savoir ce qu'Il peut bien produire le reste du « temps »... Du hasard ? Des aléas ? De l'imprévu ? Du chaos ? L'incommensurable intelligence de la Vie n'est jamais en veille. À chaque instant, la Vie, dans sa pulsation et son expansion, génère un effet pour chaque cause. En tant qu'étincelles de Vie usant pleinement de leur liberté d'être et d'agir, les êtres humains sont des cocréateurs permanents de causes, des générateurs perpétuels de synchronicités, d'infatigables producteurs de signes.

En accédant à une conscience plus large de son pouvoir de manifester, dans la densité, chacune de ses pensées, il devient plus aisé de décoder les « signes » qui, à chaque instant, parviennent à soi. Non point seulement ceux qui mettent en joie et emplissent de gratitude, mais aussi tous ceux dont on ne se sent souvent pas responsable et dont on attribue fréquemment la paternité à « l'autre ».

Vivre dans l'attente d'un signe ou d'une synchronicité n'est pas vivre. Vivre, c'est accueillir chaque instant d'existence comme le témoignage de ce que l'on produit. Attendre de l'Univers la production d'un quelconque signe pour se mettre en mouvement revient à se regarder sans bouger dans un miroir en espérant que l'image reflétée bouge d'elle-même. L'attente sera toujours directement corrélée à notre inaction.

Vivre, c'est envisager chaque rencontre, chaque événement, chaque marche comme une synchronicité, c'est-à-dire avec la conscience d'être toujours au bon endroit, au bon moment, quel que soit le degré d'inconfort ressenti. Si l'on se sent pris au piège dans telle situation ou peu à son aise dans tel endroit, c'est bien que cette circonstance est parfaite pour déclencher un mouvement, une remise en question et la quête d'un espace plus favorable à l'expression de ce que l'on pressent être sa nature véritable. Ainsi, lorsque l'on croit que l'on ne devrait pas vivre ce que l'on vit, en réalité, ce qui se déploie est justement l'expérience parfaite conduisant à vivre ensuite autre chose, toujours plus conforme avec la cause de son incarnation ici-bas.

Lors d'une mise en situation opérationnelle à proximité de la Casamance – région dans laquelle quatre ressortissants français venaient de disparaître –, je reçois l'ordre de mon chef de section de procéder à un tir de trois grenades à fusil. Je suis allongé sur le sol, prêt à faire feu. Je m'aperçois, au moment d'appuyer sur la queue de détente, qu'il me

manque une protection auditive à l'oreille gauche. Je fouille nerveusement dans la poche de mon treillis tandis que l'ordre m'est répété
une seconde fois, avec une insistance qui ne laisse guère la place à
de quelconques tergiversations. C'est le petit Gregory qui, perdant
toute volonté propre, se retrouve de nouveau face au commandant et
exécute l'injonction, quelles qu'en soient les conséquences. Il n'y a rien
à analyser, rien à discerner, rien à discuter. Pas de «mais». Le premier
coup part. Un claquement, comme ces gifles que je connais si bien,
s'abat sur mon tympan. J'ai entrouvert la bouche, ainsi qu'on nous l'a
appris, afin de compenser la pression sonore. Cela ne semble pas suffire.
Un sifflement strident me perfore l'oreille. Puis, je tire le deuxième
coup… J'en ai mal à l'œil. Le sifflement s'amplifie. Dans un état de
renoncement complet, je consens à déclencher le troisième et dernier
coup. Entre mon bouchon dans l'oreille droite et le souffle de la dernière
détonation, je n'entends plus rien. Juste un silence lugubre et poussiéreux
au milieu duquel flottent quelques voix étouffées. Je sais que, par peur
d'être grondé par mon chef de section, par refus de m'accorder deux ou
trois secondes pour remettre la main sur ma protection auditive, je viens
de «perdre» mon oreille. Je me redresse avec l'envie de pleurer. Guère
le temps de s'apitoyer sur soi… Il faut rapidement remonter dans les
véhicules… Partir ailleurs… Continuer à avancer…

Le soir, une fois le campement établi, je rends compte à mon chef de
groupe de mon traumatisme sonore. Pris au dépourvu −ce que je peux
comprendre−, il me demande de faire de même auprès du chef de section.
«Ça va passer. Demain, ça ira mieux», me dit-il, avant de reprendre une
gorgée de bière.

Je claque mes doigts près de mon oreille. Des centaines de fois… Je
n'entends rien. Je continue pendant des heures, comme si, à un moment
donné, cela allait provoquer un retour de mon audition. Presque rien ne
filtre. Un puissant acouphène s'est installé au cœur d'un douloureux
silence. Je m'en veux tellement. Moi, l'enfant-musicien, je viens de
sacrifier l'une de mes oreilles sur l'autel de mes peurs.

Le lendemain, évidemment, cela ne va pas mieux. Je grimace toute la
journée. Le surlendemain, de retour au bataillon, il m'est enfin permis
de consulter le médecin militaire qui se met vivement en colère.

— Pourquoi autant de temps perdu ? assène-t-il. Si vous aviez été placé sous perfusion dans les trois heures, vous auriez pu récupérer votre audition.

— Docteur, jamais on n'aurait dépêché un hélicoptère en pleine savane, juste pour sauver mon oreille, objecté-je.

— Ah, bon ? Qu'en savez-vous, mon garçon ? Je suis celui qui décide de ce genre de choses…

Je passe les quinze jours suivants à l'hôpital militaire de Dakar, à respirer de l'oxygène pur par sessions de deux heures, dans un caisson hyperbare. Mon audition est testée tous les matins. On m'annonce que « le sifflement, c'est pour la vie ». J'entends un peu mieux les sons graves, mais plus les hautes fréquences. L'oreille la plus proche de mon cœur est devenue sourde aux hautes fréquences… Je n'ai nul besoin que l'on m'éclaire sur le sens de cette expérience. Elle parle d'elle-même.

Promu au grade de caporal depuis peu, je suis sélectionné pour suivre un nouveau cursus de formation réunissant de jeunes militaires français appartenant à toutes les unités permanentes d'Afrique, à savoir du Gabon, de la Côte d'Ivoire, du Bénin, du Togo, du Cameroun et, bien sûr, du Sénégal. Durant les premières semaines, je suis convoqué par le capitaine qui commande ma compagnie. Il me dit que mon potentiel me permet d'aller beaucoup plus loin que mes ambitions actuelles, lesquelles, même en cas d'excellence, ne me hisseront qu'au grade de sergent. Il me parle d'une école, en France, où l'on forme de futurs officiers et me demande si je suis intéressé. Je comprends qu'en cas de validation de ma candidature, mon séjour africain, prévu pour deux ans, sera nettement écourté, puisque la rentrée aurait lieu dans quelques mois. Je me sens si bien en cette terre et, pourtant, je sais que cette proposition ne peut se refuser, qu'elle est unique… Le capitaine reçoit mon accord de principe et je repars à mon cursus, car ma candidature reste soumise à un jury extérieur qui se déterminera dans les prochains mois.

Blaise n'a pas été sélectionné pour suivre le cursus actuel. Malgré mon insistance amusée, il n'a jamais voulu reconnaître sa tricherie précédente. Je me sens pousser des ailes et survole toutes les disciplines. Je termine premier, sans avoir la sensation d'avoir fourni d'efforts particuliers. Quelques jours plus tard, je prends un avion pour rejoindre cette école militaire, à Montpellier.

Sans transition, je démarre cette scolarité où il n'est plus du tout question de former de bons exécutants, mais d'y forger des chefs. Il y est question d'exercice de l'autorité, de pédagogie, de science tactique, de stratégie, de topographie, de géopolitique, de renseignement militaire, de conduite d'opérations de guerre à pied, en véhicules blindés et en chars et de la maîtrise de toutes les armes en dotation dans les armées. Le chef de ma brigade* est un jeune capitaine dont l'incroyable héroïsme a été salué deux ans auparavant par le président de la République qui l'a personnellement décoré de la médaille de la Légion d'honneur. Blessé à plusieurs reprises durant l'opération, ce capitaine – qui était alors lieutenant – a libéré des otages détenus en Bosnie-Herzégovine en menant un interminable assaut sur un pont piégé, encombré de barbelés et incessamment battu par les feux de snipers serbes. Je suis à la fois très admiratif de sa compétence et de son humilité et intimement touché lorsque, parce que nous le lui demandons, il partage cette difficulté de perdre des hommes sur le terrain et d'être celui qui porte la responsabilité de l'annoncer aux familles.

Lors d'un appel à mes parents, mon père qui, habituellement, ne me prend jamais au téléphone, demande à me parler. Il m'annonce, avec une gêne certaine, que la cathédrale va être vendue. Je lui réponds sans surprise que je le savais depuis longtemps parce que j'en avais eu la vision. À la fois interrogatif et soulagé, il me dit que ma mère a beaucoup pleuré, que cela a été très dur pour tous les deux, qu'ils n'ont pas eu le choix, que la pression des créanciers devenait insoutenable, puis il me souhaite le meilleur pour ma scolarité en cours.

Quelques semaines plus tard, l'appel téléphonique suivant à mes parents est pour leur proposer d'assister à ma cérémonie de fin de scolarité et de remise de galons. Leur hésitation liée à la distance qui les

---

* Une des quatre sections ou classe composant une promotion.

sépare de mon école – mille kilomètres – se transforme en vif enthousiasme lorsque je leur annonce que j'ai terminé major de promotion.

En fonction du classement, on choisit le régiment que l'on va rejoindre en tant que chef de section, parmi la liste de ceux proposés par le ministère de la Défense. Je sais que je me suis engagé dans la voie militaire pour vivre le plus large panel d'expériences, alors je décide d'opter pour le « Graal » des aspirants officiers : un régiment de parachutistes. Les résistances de mon mental sont fortes, car je suis parasité depuis longtemps par la peur du vide. Je sais donc que, ce faisant, je vais aller à la rencontre de moi-même et inscrire dans mes cellules de nouvelles possibilités. L'affectation en régiment de parachutistes requiert certaines aptitudes physiques, dont une vue relativement bonne. Ainsi, ma place de major ne suffit pas à m'assurer une telle affectation, si je ne satisfais pas à l'examen médical que je sais être pointilleux. Je présente une myopie à l'œil gauche qui, si elle est détectée, me privera immanquablement de ce poste chez les parachutistes.

Le jour de l'examen médical, à l'hôpital militaire de Marseille, je patiente dans le couloir de l'ophtalmologiste qui a laissé sa porte légèrement entrouverte en raison de la chaleur. Je constate que, depuis ma place, je peux voir ce panneau marqué de lignes de lettres dont la taille décroît du haut vers le bas. Je remercie le Ciel pour cette opportunité, chausse mes lunettes, me concentre et mémorise en une ou deux minutes toutes les lettres avec leur emplacement. Lorsque vient mon tour, je pénètre dans le cabinet et me positionne à l'endroit que le médecin m'indique. L'œil droit masqué par un cache, il est désormais question de lire chaque lettre qui m'est désignée. À vrai dire, passé les premières lignes, je ne vois plus rien. Je respire tranquillement et puise en ma mémoire ce qui j'y ai inscrit quelques minutes auparavant. L'ophtalmologiste s'étonne que ma vue se soit autant améliorée depuis ma première visite qui avait eu lieu lors de mon incorporation. Il me regarde en souriant, s'empare de son tampon et en frappe la page de mon dossier médical. J'y vois s'inscrire, en rouge, le mot « *APTE* » à la droite de « *Troupes aéroportées* ». Je cache ma joie jusqu'à ce que je rejoigne le couloir. J'y serre le poing en signe de victoire. Je ne suis pas encore parachutiste, mais je me sens déjà pousser des ailes…

Le jour de la prestigieuse cérémonie de fin de promotion, mes parents saluent mon chef de brigade. D'une voix douce et posée, celui-ci dit à mon père, avant même qu'il ait ouvert la bouche : « Ce qu'il a accompli, il ne le doit qu'à lui-même. » Je suis stupéfait. Est-ce lui qui a parlé ? Pourquoi cette phrase-là, justement ? Qu'a-t-il perçu de mon histoire avec le commandant ? A-t-il voulu prévenir une possible récupération égotique de sa part ? Mon Dieu, si grande est ma gratitude lorsque je reçois ces encouragements qui n'ont assurément rien d'humain !

XI

Arborant une tenue la plus brillante possible, je me présente au colonel commandant le régiment de parachutistes, dans son vaste bureau, avec toute la rigueur militaire qu'exige ce moment particulier dans la vie d'un jeune officier. Il me dit que mon excellente réputation me précède et me félicite de mon choix d'affectation qui, selon son appréciation, honore son unité. Bien que de moins en moins inconfortable avec le fait de recevoir des compliments, j'en suis tout de même encore à bredouiller, en retour, un incompréhensible remerciement gêné.

Il m'annonce qu'après le passage du brevet de parachutiste, je vais être placé à la tête d'une section d'une trentaine de militaires – dont, accessoirement, certains ont presque le double de mon âge. Moi qui, depuis toujours, crains les « adultes » et, plus généralement, tous ceux qui sont plus âgés que moi, je sais que l'exercice de leur donner des ordres va être puissant pour aborder mon complexe et soigner ma sensation d'illégitimité.

La formation initiale de parachutisme dure deux semaines. La première est consacrée à l'apprentissage de tous les gestes, positions et attitudes à adopter en fonction des diverses situations pouvant survenir lors d'un saut effectué à une hauteur de quatre cents mètres, depuis un avion volant à deux cents kilomètres à l'heure, de jour, de nuit, par temps calme comme par grand vent, en entraînement ou en climat hostile. La seconde, celle que je redoute, va me confronter aux sauts effectifs.

L'embarquement dans l'avion s'effectue par la tranche arrière, cette sorte de grande gueule béante dans laquelle doivent s'avancer quatre colonnes de jeunes militaires silencieux, concentrés et anxieux qui vont expérimenter le fait d'aller au-delà d'une des peurs les plus profondément inscrites dans le patrimoine génétique de l'être humain.

Nous sommes assis sur des bancs de toile rouge, dos à la carlingue pour les rangées extérieures et face aux hublots pour celles du centre. Par paires, les quatre colonnes se font ainsi face. Chacun peut lire la peur sur le visage de celui qui se trouve devant lui, tremblant sous son casque. De par mon grade et ma fonction à venir, je tente de conserver une certaine contenance devant ces jeunes militaires du rang dont une partie non négligeable n'a même jamais pris l'avion.

Une fois le décollage réalisé et une certaine altitude atteinte, il est demandé aux rangées extérieures – celles situées contre la carlingue – de se mettre debout, de relever leur banc de toile et d'arrimer le crochet de leur sangle* d'ouverture automatique sur l'un des câbles courant sur toute la longueur de l'avion, à environ deux mètres du sol. Le premier saut, celui du baptême, a ceci de particulier qu'il a lieu «en position», c'est-à-dire que chaque militaire a droit à quelques secondes pour prendre conscience à la fois du vide ouvert devant lui et de ce qu'il ressent dans son corps.

L'instinct de survie s'accorde mal avec l'idée de se jeter dans le vide depuis un avion en parfait état de marche. L'ego, chargé depuis la nuit des temps de la préservation de l'intégrité du corps physique, diffuse au moment clé un retentissant message d'alerte. Sauter dans le vide, c'est donc accomplir ce pas de plus par rapport à toutes les fois où l'ego a maintenu le corps en haut de la falaise. Sauter dans le vide, c'est accomplir ce pas de trop. Sauter dans le vide, c'est franchir cette limite invisible. Sauter dans le vide, c'est une expérience directe de lâcher-prise pour chacune des cellules du corps. Sauter dans le vide, c'est continuer à avancer malgré les tremblements. Sauter dans le vide, en définitive, c'est trouver dans la peur une justification au pas supplémentaire.

---

* Cette sangle sert à déplier le parachute des militaires après qu'ils ont franchi les portes latérales de l'avion.

Prestige du grade oblige, je me suis placé en tête de colonne. De toute façon, personne ne m'aurait contesté cette place redoutée des débutants. Je reste ainsi plusieurs minutes dans cette bruyante béance sur le flanc gauche de l'avion, les mains posées sur l'embrasure, à hauteur des épaules. Par mesure de sécurité, le sous-officier largueur me tient solidement par le ceinturon. La lumière rouge passe au vert en même temps que la sonnerie se met à hurler. C'est maintenant… Ne pas faillir… Pour la circonstance, je mets mon ego à mon service : alors qu'il me demande de toutes ses forces de ne pas sauter, je lui explique que le déshonneur d'un refus de saut, pour un officier parachutiste, est pire à vivre que la mort. Alors, convaincu par mon argument, il me laisse sauter. Garder la tête rentrée vers la poitrine… Énoncer intérieurement « *331… 332… 333…* » Ressentir un choc dans les épaules… Relever la tête… Ouvrir les yeux… Un incroyable silence… Ce qui est là, immédiatement, est plein, rond, doux, léger et efface de ma mémoire le bruit assourdissant des réacteurs, de la sirène et de la peur d'il y a quelques secondes… Cela y est. Peu importe la qualité de mon atterrissage à venir, tout est accompli. Je suis tombé dans le ciel. Conformément aux consignes transmises, je regarde vers le firmament… La voile de mon parachute s'est bien dépliée, elle est parfaitement gonflée. Sous mes pieds, j'expérimente le vide, l'absence de support matériel. Toutes les cellules de mon corps chantent et dansent, comme si elles venaient d'apprendre la nouvelle de leur immortalité. En chacune d'elles, l'ancestrale croyance « si je saute, je meurs » s'est muée en « j'ai sauté et, plus que jamais, la vie coule à travers moi ».

Au fil des mois, bien d'autres sauts seront réalisés. De jour, de nuit, dans des circonstances classiques ou bien des situations opérationnelles.

À la suite de l'épisode de mon tympan gauche abîmé en Afrique de l'Ouest, l'Univers m'envoie un nouveau test. J'arrive un matin en retard à la prise en compte des parachutes dans le local de stockage. Je me saisis de celui qui m'est tendu par le jeune préposé à la distribution et rejoins en trottinant l'espace où les quatre colonnes de militaires sont déjà presque toutes équipées. Ainsi que les consignes de sécurité l'exigent, j'extirpe le petit feuillet rose logé dans la poche arrière du parachute afin de vérifier qu'il présente bien les quatre croix correspondant aux différentes étapes de contrôle du pliage. J'observe avec stupéfaction que seules deux cases ont été cochées. Toujours par peur des conséquences, je m'interdis de retourner au local de stockage pour l'échanger, me disant que je ne dispose pas d'un délai suffisant. Et je me convaincs qu'il ne peut s'agir là que d'un oubli.

De façon prévisible, ce qui doit arriver arrive et ce saut devient le pire qu'il m'ait été donné de réaliser. La voile du parachute ne s'ouvre pas entièrement, les suspentes se regroupent en torsade à l'arrière de ma tête et toute la toile se met en torche. Promptement, j'actionne la poignée de déclenchement du parachute ventral – celui de secours – qui, au lieu de se projeter loin devant pour permettre son ouverture, tombe d'abord à la verticale, puis passe entre mes jambes et s'ouvre finalement dans mon dos. La coupole principale, quant à elle, finit par se gonfler, ce qui a pour effet de me bloquer en position horizontale, sans que je puisse manœuvrer quoi que ce soit ni prendre la posture du corps adaptée à l'atterrissage. Moins d'une minute plus tard, je rentre en contact avec la Terre de la manière la plus désagréable qui soit : à plat ventre, sur une zone caillouteuse. Le choc est rude pour mon genou gauche qui touche le sol en premier.

Je ne dois m'en prendre qu'à moi-même. Personne n'est à blâmer pour ce pliage *a priori* incorrect de mon parachute. La Vie m'enseigne, une nouvelle fois, que la peur de l'autorité et du jugement des autres me cause des blessures physiques. Combien m'en faudra-t-il encore pour que j'intègre la leçon ?

Chaque saut m'amène à abandonner un travers de ma personnalité ou une croyance limitante. C'est, du moins, l'intention que j'y mets lorsque je laisse mon corps tomber dans le vide.

Lors d'un saut, je décide de ne pas respecter le cadre habituel voulant que l'on maintienne la tête baissée sur le parachute ventral jusqu'à l'ouverture de la voile principale. En outre, je me retourne vers l'avion duquel je me lance afin de chuter dos au vide, pour m'obliger à un plus profond lâcher-prise. Du fait que ma tête est redressée, les suspentes du parachute arrachent mon casque lors de l'ouverture de la voile. Avec dépit, je le vois tomber à la verticale et se transformer progressivement en une minuscule tête d'épingle, tandis que le vent continue de me faire dériver. Il est pourtant hors de question que je revienne, moi le chef de section, la tête nue devant tout le monde. Je n'imagine même pas cette éventualité. Une fois au sol, je replie mon parachute et le range sommairement dans son sac de transport. Je ferme les yeux quelques instants et demande à ma boussole intérieure de me guider. Toutes les directions sont envisageables et la végétation rend chimérique un éventuel repérage à distance. Mû alors par une puissante évidence, je me lève et m'élance droit devant moi, dans la direction que mon intuition m'a indiquée. Au terme d'une course d'environ cinq cents mètres dans les fourrés, je tombe – littéralement – sur mon casque. Je conçois, en souriant, que cela est ce qui s'appelle retrouver une aiguille dans une botte de foin…

Je passe presque toutes mes soirées à lire des livres dont je ne comprends pas le dixième du contenu. Je les achète en fonction de ce que je ressens à leur proximité et non de ce que l'intitulé ou les mots qui y sont imprimés semblent vouloir dire. Je laisse mes yeux courir sur les pages, comme si j'éclairais avec le faisceau d'une lampe torche les hiéroglyphes présents à l'intérieur d'un temple égyptien. Je connais intuitivement leur signification, mais mon cerveau est incapable de les traduire en concepts ou en savoir. Cela est à la fois fort heureux et reposant : il n'y a rien à retenir ni à analyser. C'est comme si je me nourrissais d'un aliment simplement en posant mon regard dessus.

Il m'est parfois difficile, néanmoins, de ne rencontrer personne avec qui partager mes questionnements existentiels. En les autres lieutenants, je trouve d'excellents camarades, tant dans le domaine professionnel que celui des loisirs, mais je me sens très vite lassé de leur implication dans leur rôle. J'ai le sentiment de très bien accomplir ma mission, mais ne parviens guère à me prendre pour celui qui l'accomplit. Je ne cesse de me voir depuis l'extérieur, en train de jouer mon rôle de chef de section de parachutistes, pétri de tics comportementaux et de répliques préfabriquées, jusqu'à la caricature. Le soir, dans mon logement situé au sein du bâtiment réservé aux célibataires, je me défais de mes artifices et me replonge dans mes ouvrages hermétiques que je dissimule, d'ailleurs, dès que l'un de mes camarades frappe à ma porte. Peut-être l'un d'eux serait-il interpellé par mes lectures, mais, dans la crainte de passer pour un illuminé dans cet univers que je perçois comme très rationnel, je m'abstiens de faire le test.

J'ai rencontré une femme. Il me semble que j'en suis amoureux. Du moins, j'aime passer du temps en sa compagnie, quand bien même je ne partage avec elle, non plus, guère autre chose que des sujets et occupations qui maintiennent solidement dans l'illusion d'une vie tridimensionnelle. Les mois passant, je sens pourtant poindre en moi l'envie d'évoquer son existence à mes parents.

Je profite ainsi d'un court séjour chez eux pour le leur annoncer. C'est la première fois que je leur confie ce genre d'information me concernant. Ce dévoilement de mon intimité ne m'est pas du tout habituel. D'abord, parce que je n'entendais pas, jusque-là, leur raconter mes aventures, ensuite parce que les termes de « couple », « amour », « amoureux » étaient absolument tabous dans le vocabulaire du commandant. Tout ce qui se rapportait de près ou de loin aux relations entre hommes et femmes ne pouvait être abordé en présence des enfants ou adolescents que nous étions. De ce fait, venir dans leur maison leur parler d'une relation que j'ai initiée avec une femme constitue un exercice auquel je ne suis pas accoutumé. Étant timidement parvenu à mettre des mots sur ma situation, j'observe leur accueil enthousiaste de la nouvelle. Quand bien même je n'attendais pas une validation formelle de leur part, je suis néanmoins enchanté de leur réaction, tout particulièrement celle du commandant qui va jusqu'à finement me questionner sur cette femme.

Lors de mon retour en train vers ma garnison, je profite d'une halte à la gare de Bordeaux pour annoncer fièrement à ma bien-aimée, depuis une cabine téléphonique, que mes parents sont désormais au fait de notre relation. La froideur de sa réponse est inversement proportionnelle à la joie qui m'anime. Il me faut peu de temps pour comprendre que, non seulement, elle souhaite mettre un terme à notre idylle, mais qu'en outre, elle vient de renouer avec son ancien compagnon afin de résoudre de vagues questions d'argent. Je me sens éminemment en colère. Pas tant contre elle que contre moi, pour m'être si tôt épanché auprès de mes parents.

Furieux, noué et fermé, je grimpe dans mon train, jette mon sac dans le rangement supérieur et m'assieds de tout mon poids. Sourcils froncés, plexus serré, je me maudis d'avoir été si vulnérable. Et puis, soudain, quelque chose survient… Une vague d'amour d'une puissance incommensurable me submerge. Un torrent de lumière m'envahit, me traverse, me renverse… Je deviens le train, les passagers, les rails, le ciel, la Terre, l'Univers et tout l'espace les contenant. Je deviens l'alpha et l'oméga, l'intérieur et l'extérieur, le Soleil et la Lune, l'infiniment petit et l'infiniment grand. Ma petite histoire avec cette amoureuse a laissé son insignifiance se fondre dans le Grand Tout, dans l'Océan d'Amour universel, dans l'Éternité de la Source originelle. Je suis. Je… Rien… Tout…

Cinq ou dix minutes plus tard, tout ou presque a disparu.

Je comprends que ce que l'on appelle « Dieu » n'obéit à aucune règle, aucun rite, aucune pratique. Il rend visite lorsque l'on s'y attend le moins. Il n'attend pas de prières ou un état méditatif pour Se manifester. Il ne juge pas Sa création en fonction de critères moraux. Il est ce Mystère sans nom qui Se déploie au-dedans de soi quand on Le cherche au-dehors et inversement. Ce que j'ai senti aujourd'hui en ce train est ce à quoi j'ai aspiré de toutes mes forces chaque jour de mes vingt-deux premières années. J'avais besoin de sentir que cela existe vraiment, que ce n'était pas une lubie d'enfant rêveur. J'avais besoin de valider ma foi par l'expérience directe de Dieu. Voilà qui est fait. Je pourrais, s'il le fallait, partir d'ici maintenant…

En raison d'un plan national de réduction des effectifs, j'apprends que mon régiment figure sur une liste d'une quarantaine d'autres ayant vocation à être dissous à relativement court terme. En fonction d'une multitude de paramètres, les personnels vont être réaffectés dans d'autres unités de parachutistes, invités à se reconvertir dans d'autres spécialités ou placés en retraite.

Je sens bien que se dessine là un virage pour moi. Le port du béret rouge arrive à échéance. Il va me falloir changer de coiffe.

Je me sens inspiré à recueillir des renseignements sur la gendarmerie, non pas que cette institution m'appelle particulièrement, mais j'y vois là une opportunité de poursuivre dans une branche militaire bien plus ouverte sur le monde civil que le sont les troupes aéroportées. Réforme oblige, la passerelle existant depuis toujours entre les lieutenants de l'armée de terre et ceux de la gendarmerie vient d'être supprimée. Soit je demeure dans un régiment quelconque le temps de préparer le nouveau concours mis en place par le ministère, soit je renonce à mon grade actuel et redémarre au bas de l'échelle, en entrant dans la gendarmerie par la voie externe. J'opte assez promptement pour la seconde voie.

Pour quelqu'un ayant commandé une section et suivi plusieurs cursus de formation, le concours d'entrée est une formalité. C'est donc sans surprise que je suis autorisé à rejoindre l'école de sous-officiers de gendarmerie, en Haute-Marne.

La rentrée a lieu le premier décembre. Il a beaucoup neigé durant la nuit, ce dont je me suis aperçu seulement à l'aube, au moment de prendre mon véhicule pour me rendre dans cette école. Malgré ma conduite outrageusement rapide sur des routes enneigées, je ne parviens à respecter l'horaire prescrit et suis même le dernier à franchir les grilles de l'école. «*Le dernier sera le premier*», me dis-je, alors que tous les regards se tournent vers moi.

La promotion compte cent douze élèves, issus pour certains du civil, pour la majorité de postes de militaires du rang de la gendarmerie – en tant qu'appelés du contingent – et pour une poignée d'autres, dont je suis, de régiments de l'armée de terre.

La scolarité dure un an et, du fait de mon expérience précédente, il ne m'est pas bien difficile, effectivement, de terminer major au classement général. Mes parents assistent à la cérémonie de fin de cursus et à la remise d'une lettre de félicitations des mains d'un général. Je les sens fiers. Ma mère est beaucoup plus volubile que le commandant, semblant peu à peu subir le contrecoup de son accident vasculaire cérébral, se montre de moins en moins vif, intellectuellement et physiquement. Manifestement, la montagne est en train de s'éroder...

Au terme de quelques jours de permission, je rejoins un escadron de gendarmerie mobile en Bourgogne, correspondant à mon choix. L'appellation « mobile » est liée à ses missions qui ont toujours lieu en dehors de son lieu d'implantation. Il est ainsi déplacé en France, outre-mer et à l'étranger à raison de deux cents jours par an, en moyenne.

À mon arrivée, le capitaine commandant l'escadron me tient plus ou moins le même discours que le colonel de mon régiment de parachutistes. Il me dit se sentir honoré du fait que j'aie choisi son unité alors que, de par mon classement, j'avais accès à tous les postes de France. Il évoque par ailleurs ma réputation qui, selon ses mots, me précède. Je sais que cette bonne – ou même excellente – réputation censée me précéder n'a rien à voir avec ce que je suis véritablement et qu'elle n'est que la somme des idées que les personnes que j'ai rencontrées se font de moi, de par leurs projections, leurs attentes et leurs propres ambitions. Cette réputation n'est, en définitive, que ce que l'on raconte de moi. Moi-même, je me sais être dans un rôle de composition. Je m'observe en train de jouer à être ceci ou cela, avec certes beaucoup de conviction, mais c'est un jeu.

En tant qu'humain, c'est hautement complexe, mais il est question, pour toucher la liberté, d'être en capacité d'accueillir éloges et critiques avec la même placidité... De ne jamais offrir aux éloges davantage de valeur qu'aux critiques, car toutes deux sont les facettes d'une même médaille. Ceux qui formulent les éloges sont les mêmes qui émettent des jugements péremptoires et réciproquement. L'on ne peut rechercher les lauriers sans attirer à soi la calomnie et la médisance. L'on ne peut vouloir plaire sans commencer à déplaire. Dans un monde de dualité, soumis à des forces contraires, agissant en opposition les unes avec les autres, aspirer à l'unanimité ne peut qu'être source de désillusion, ce qui est néanmoins fort heureux si elle est transformée en acceptation, puis en détachement.

Durant mes trois premières années en escadron, les missions de sécurisation, d'intervention, d'interposition, d'interpellation, de maintien ou de rétablissement de l'ordre s'enchaînent, sans discontinuer, les unes après les autres. Dans des banlieues en flammes, lors de matches de football classés « à risque », dans des emprises diplomatiques réputées sensibles, autour des palais nationaux, en Corse, à l'île de la Réunion, dans les Comores, en Guyane...

En pleine forêt amazonienne, je manque de peu de disparaître, au sens propre comme au figuré. J'appartiens à une petite équipe chargée de démanteler des installations d'orpaillage clandestines. Avec mes coéquipiers, nous sommes préalablement déposés par hélicoptère et marchons durant des journées entières – nous perdant parfois – jusqu'à ces sites occupés par des *garimpeiros** dont certains ouvrent le feu à notre arrivée afin de couvrir leur fuite et, surtout, de conserver l'or qu'ils sont parvenus à extraire à force de laver la terre. Puis, lorsqu'une région a été suffisamment explorée, nous sommes récupérés par ce même hélicoptère chargé de nous transporter jusqu'à un nouveau point de départ. Le fait de laver la terre avec de puissants jets d'eau génère sur certaines zones des sables mouvants aussi dangereux qu'imprévisibles. Lors d'un mouvement de l'équipe en direction de l'hélicoptère, nous progressons en colonne et je ferme la marche. La formation en colonne a justement pour but d'éviter les faux pas, chacun empruntant le même chemin que celui qui le précède. Attiré par je ne sais quel détail, sabre de brousse à la main, je m'écarte légèrement du layon sur lequel les autres avancent. Ce type d'écart en ce genre d'endroit constitue une « erreur » potentiellement mortelle. Je sens soudain le sol se dérober sous mes pieds et pousse un cri à l'attention du coéquipier marchant juste devant moi. Le son de ma voix se noie dans le bruit du rotor de l'hélicoptère, présentement en vol stationnaire à une trentaine de mètres. Très rapidement, je m'enfonce jusqu'aux épaules, mais ne quitte pas des yeux mon coéquipier qui s'éloigne. *Quelque chose* en moi, infiniment plus

---

* Au Brésil, les *garimpeiros* sont des chercheurs d'or ou de pierres précieuses. En Guyane, ils travaillent fréquemment sur des chantiers d'orpaillage clandestins.

puissant que le son de ma voix, s'adresse alors à lui, avec une parfaite sérénité. Il se retourne. Ne sont alors plus visibles que la moitié de ma tête et mon bras tendu tenant le sabre de brousse. Il se précipite vers moi, saisit à pleines mains la lame de mon sabre et me hisse jusqu'au sol ferme. Nous nous regardons quelques secondes dans les yeux… Il n'y a rien à dire. Nous nous sourions. Un « merci » n'a pas de sens, en ces circonstances. Nous savons tous les deux que nous sommes là, l'un pour l'autre, indéfectiblement.

« *Sois présent !* » me disent, d'une seule voix, toutes les cellules de mon corps. J'entends… Le monde dans lequel je marche et vais encore marcher pour une durée indéterminée ne me permet incontestablement pas d'avoir la tête dans les nuages. Il y est question d'être pleinement ancré, présent à chacun de ses pas. Pour y gagner en liberté, il faut déjà cesser de vouloir s'en évader. Puissant paradoxe…

Eu égard à mes expériences passées, aux résultats que j'ai obtenus aux divers examens de validation des connaissances et à ma « manière de servir », le capitaine commandant l'escadron me propose de postuler au concours d'entrée à l'école des officiers de la gendarmerie. Il m'explique que la préparation s'effectue sur un an, pour une scolarité qui en dure deux et que la sélection est assez rigoureuse puisque seulement vingt-cinq places sont offertes pour quelque trois cents candidats.

L'idée me séduit autant qu'elle me terrifie. La perspective réjouissante de retrouver l'exercice des responsabilités se heurte à la peur de passer au préalable devant un grand jury… Je n'ai pas tant peur d'échouer que de souffrir du fait d'un rejet de leur part. Pourtant, tout dit « *oui* » en moi… J'ai peur, donc j'y vais. J'y vais parce que cela m'effraie et que ce qui m'effraie sans raison valable a toujours vocation à être vécu. « *Tremble, mais avance !* », tonne, une fois de plus, mon âme.

Je sais que la préparation du concours va me demander de renoncer à toutes mes activités extraprofessionnelles et autres loisirs, puisqu'elle va s'ajouter à toutes les missions du quotidien. Dès le début, j'exclus l'hypothèse de l'échec – ou plutôt, je ne la laisse pas pénétrer dans mon champ mental.

Entre histoire du monde depuis 1939, géopolitique, droit constitutionnel, droit pénal général, science politique, langue anglaise, culture générale et épreuves sportives, je sais devoir fournir de sérieux efforts pour densifier mon savoir et pouvoir appréhender aussi sereinement que possible le moment souverain de ce genre de concours : le grand oral devant le jury. Certes, j'ai progressé depuis l'époque où la seule perspective de demander ma route à un passant, d'aller acheter une baguette de pain ou de répondre à la question d'un aîné constituait une sorte de montagne au pied de laquelle je tremblais de tout mon être, jusque dans l'intimité de mes cordes vocales... Cependant, je sais que pour pouvoir me confronter à ce jury de généraux, il me faudra préalablement dissoudre en moi toute trace de peur du commandant, cette oppression que je sens encore dans mes entrailles dès que la vie me replace en position de subordination. Je ne suis pas libéré, loin de là. La simple évocation de cette histoire est pour moi source de colère et de tristesse et j'en suis encore à chercher la « force » de lui pardonner.

Pardonner... Le pardon est une action de l'ego qui veut entretenir la croyance que certains faits, gestes, actes, attitudes, paroles n'auraient pas dû avoir lieu, qu'il y a eu des fautes commises et que, ce faisant, il doit y avoir une sorte de réparation. L'ego est aveugle et irresponsable. Pour lui, ce qui est advenu est du fait exclusif de l'autre. Ainsi, il se place tour à tour dans la posture de la victime ou du bourreau. En tant que victime, il va blâmer le bourreau, puis attendre de sa part des excuses ou une demande de pardon. En tant que bourreau, il va se juger lui-même, puis entretenir un sentiment de culpabilité qui, en vérité, ne va pas s'amoindrir du fait des excuses qu'il pourra présenter à sa victime présumée. Pardonner, c'est partir du postulat qu'un acte contre soi a été commis que l'on n'a ni demandé ni cocréé. Or, rien ne peut advenir dans son existence que l'on n'ait voulu. Bien évidemment, cette volonté n'émane pas de la personne humaine qui, elle, ne désire que son confort, mais de l'âme dont l'intention est que tous les voiles masquant la conscience à elle-même se dissolvent, parfois au gré de frictions, d'oppositions, de déchirements et de chocs.

Seul l'ego pardonne. Seule la personne demande des excuses ou en formule elle-même. L'âme n'a que faire de ces gesticulations oublieuses de ce qui a été programmé avant même l'incarnation pour qu'enfin l'éveil s'accomplisse.

Pardon n'est pas guérison ou libération. En proportion, bien peu d'êtres qui disent cheminer vers l'unité aspirent foncièrement à la guérison. Beaucoup veulent juste être soulagés de la souffrance liée à la sensation d'irresponsabilité face aux expériences vécues. Ne plus avoir mal, oui… Assumer la pleine responsabilité de ce qui a pris place, du scénario qui s'est joué, du choix du contexte, non… Intellectuellement, d'aucuns peuvent adhérer à l'idée, mais lorsqu'il s'agit de l'intégrer cellulairement, la résistance de l'ego est souvent telle qu'ils maintiennent en eux des bastions dans lesquels sont soigneusement enfermés des aspects particulièrement attachés à leur statut de victimes. L'ego trouve un intérêt certain dans le maintien, au sein de la personne qu'il croit être, de parties « victimes » car, grâce à elles, à leur mise en exergue, il croit recevoir de l'attention, de la douceur ou de l'amour d'autrui. « *Si je lâche ces parties, si je suis guéri de tout, qui va s'occuper de moi ?* » se demande-t-il. « *Qui va s'intéresser à moi, si je vais bien ? Qui va se sentir appelé à me consoler, si je ne pleure plus ? Qui va encore trouver nécessaire de me donner de l'amour et du réconfort, si je n'ai plus de douleurs à partager ni de statut de victime à revendiquer ?* »

Me concernant, je n'en suis pas là. J'aime encore à partager mes malheurs anciens auprès de mes compagnes successives. J'attends d'elles, en retour, une infinie douceur, un puissant élan maternel et une écoute patiente dont le petit Gregory en moi se délecte. Bien évidemment, je vais de désillusion en désillusion. C'est le but de ces rencontres : m'amener à me responsabiliser, à sortir de mon enfermement victimaire, lâcher une bonne fois pour toutes cette identité de celui qui aurait souffert et reconnaître enfin ma nature véritable. Les femmes desquelles je me rapproche ne sont, du point de vue de mon ego, jamais assez dimensionnées pour accueillir le poids de ma souffrance, pour offrir cette intensité d'amour que mon *enfant intérieur* réclame à cor et à cri. Et cela est fort heureux puisque c'est ce que, au niveau de mon âme, je leur demande : être celles qui me montrent que, aussi aimante soit-elle, aucune femme au monde ne pourra jamais m'aimer à ma place. Assurément, celles qui entrent dans ma vie ont, de façon équivalente, des aspects souffrants à guérir et viennent chercher, dans cette stimulation émotionnelle mutuelle, le ferment de leur propre processus alchimique.

Isolé dans la chambre d'un modeste hôtel, au cours d'une mission dont l'objet me semble très éloigné de ma conception du respect dû aux êtres humains, je me sens plonger dans un gouffre sans fond. Une tristesse dont je ne perçois les contours m'enveloppe, me traverse, m'écrase, me scie. En ces heures, je ne trouve de sens à mon existence. Vu de l'extérieur, j'ai tout pour être heureux, c'est-à-dire que je ne manque, *a priori*, de rien. Sauf qu'à y regarder avec davantage d'acuité, je manque cruellement de cette jonction avec moi – ce « moi » entendu comme l'expérience directe du Soi dans la densité corporelle. Je ressens un insondable vide dans mon corps physique… « *Puisque ce corps est vide de ce que je suis, c'est que je n'en ai plus besoin. Je peux donc me défaire de ce poids déjà mort* », considéré-je…

Assis sur le bord de mon lit, je me saisis du pistolet présent dans l'étui fixé sur mon ceinturon. J'actionne avec mon pouce le levier de désarmement, ôte la sûreté et porte le canon dans ma bouche. Je place mon index sur la queue de détente et m'apprête à commettre ce à quoi j'avais tant songé dans mes jeunes années… Je ferme les yeux, comme pour ne pas assister à ce qui va survenir. Je respire profondément. Mon téléphone portable se met soudain à sonner. Il est posé à côté de moi, sur le lit. Tout en laissant le canon du pistolet dans ma bouche, je regarde machinalement l'identité de l'appelant qui s'affiche sur l'écran : « *Maman* »…

Comme mû par la viscérale habitude de l'enfant qui répond lorsque sa mère l'appelle, je pose mon pistolet et décroche.

— Comment vas-tu, mon grand ? me demande-t-elle, d'une voix relativement enjouée.

— Mal… J'ai mon pistolet dans la main, je m'apprêtais à me tirer une balle dans la tête…

Je n'ai pas eu la force de masquer ma tristesse par mes pirouettes habituelles et ai partagé ma réalité du moment, dans toute sa crudité. Des larmes coulent sur mes joues. Je me sens vraiment l'envie d'en finir, de renoncer, d'abandonner.

Par quelques mots inspirés, par des silences pleins, son âme me parle. Je n'écoute pas, mais j'entends… L'être que j'ai choisi pour mère vient de participer à la sauvegarde de mon corps physique. C'est la mise en œuvre du contrat d'élévation mutuelle : la mère élève son enfant et l'enfant élève sa mère. Le choc que je lui ai occasionné est à la hauteur de la présence qu'elle déploie autour de moi : immense. Aurais-je vraiment appuyé sur la queue de détente si elle ne m'avait appelé ? Je n'en sais rien. Est-ce vraiment elle qui m'a appelé, d'ailleurs ? En vérité, ces questions ne méritent pas d'être posées.

Je me rends chez mes parents, à leur invitation, quelques semaines plus tard. Peu après mon arrivée, le commandant demande à me parler en tête à tête, dans son bureau. C'est une première. Je n'ai pas souvenir qu'un tel moment ait déjà eu lieu.

« J'ai pris conscience de beaucoup de choses, commence-t-il. Durant longtemps, j'ai tenu, à ton égard, des propos mortifères. Et j'ai adopté vis-à-vis de toi une attitude qui te pousse à vouloir mourir. Ce que je mesure, aujourd'hui, c'est la chance que j'ai que tu sois encore en vie. Bien d'autres, à ta place, auraient mis fin à leurs jours », me dit-il, avec une solennité que je sens sincère.

Toute mon enfance, j'ai rêvé d'entendre cela lorsque je pleurais sur mon sort que j'estimais insupportable et me demandais : « *Est-ce qu'un jour cet homme mesurera tout le mal qu'il me fait ?* »

À la dimension de mon attente, ma déception est colossale : je me rends à l'évidence que la réalisation de mon rêve ne modifie en rien mon état. Le poids de mes frayeurs existentielles, que je sens dans mon ventre comme une boule organique compacte, n'est aucunement allégé par les remords que formule le commandant – pourtant alignés mot pour mot sur ce que je désirais intimement entendre de sa part. Cela m'enseigne à quel point « l'autre » n'est jamais l'artisan d'une ouverture que l'on se refuse.

Mon ego est juste satisfait, sans effervescence particulière. Il est lui-même pris à son propre piège. L'objet de toutes ses récriminations vient de se soumettre à lui et cela n'a cependant pas rendu plus paisible son monde. Il demeure sous tension, telle une antilope qui, malgré l'usure manifeste du guépard lancé à sa poursuite, continuerait de fuir.

Je remercie le commandant pour ses mots, en sachant toute l'humilité et tout le courage qui lui ont été nécessaires pour parvenir à leur expression. Nous rejoignons ensuite ma mère qui évoque la « guérison spirituelle » à laquelle elle a accédé, au sein d'un groupe religieux. Elle me parle de torrents de larmes qui ont tout emporté, ou presque. Je l'entends et, intérieurement, je me dis : « *Très bien, mais moi, en quoi cela m'aide à me libérer de mon propre fardeau ?* » Une nouvelle fois, je prends conscience que personne ne videra mes placards émotionnels à ma place. Aussi compassionnels soient-ils, mes parents ne peuvent assumer pour moi la responsabilité de mon choix d'incarnation. Il est question de faire face à ce qui est et de cesser, enfin, de vouloir que ce qui a été soit différent.

J'achève mon année de préparation au concours d'entrée à l'école des officiers de la gendarmerie nationale avec la conviction inébranlable que je vais être reçu. Beaucoup de mes amis m'appellent à davantage de réserve, arguant du fait qu'en cas d'échec, je vais être extrêmement déçu. Sans outrecuidance, je leur réponds que je n'envisage pas l'échec et, donc, qu'il ne peut apparaître dans mon champ d'expérience.

Quelques mois plus tard, je suis déclaré admissible à l'issue des sélections écrites, le premier filtre. Restent devant moi les tests sportifs et, ce que je redoute le plus, les épreuves orales. Je me suis néanmoins conditionné de sorte qu'aucune forme de doute ne subsiste en moi quant à la façon dont les choses vont se dérouler. Puisque, pour chaque discipline, il est question de tirer un sujet au sort, et que le hasard n'existe que dans une conception chaotique de la vie, je suis donc celui qui va décider des thèmes sur lesquels il souhaite être apprécié ou évalué. Cela m'apparaît à la fois simple, logique et apaisant.

Ainsi, je rassemble avec une certaine rigueur des connaissances dans des domaines qui, s'ils ne m'intéressent pas vraiment, du moins ne me semblent pas trop rébarbatifs.

Le jour venu, lorsqu'arrive le moment de me saisir d'un petit papier parmi la multitude de ceux qui me sont présentés, je sais que tout est déjà accompli, en vérité. Cela n'a rien à voir avec le fait de « tirer au sort ». Je vais m'apprêter à dévoiler aux jurys successifs, en leur tendant à chaque fois mon petit papier alors déplié, les thèmes sur lesquels, durant les mois précédents, mon attention s'est focalisée. Cette position de la conscience en dehors d'une ligne temporelle dont l'issue est à la fois incertaine et source de peur me permet de présenter à chaque fois des sujets dont je maîtrise tous les tenants et les aboutissants.

J'assiste à la déclamation des résultats avec le même détachement, quand beaucoup tremblent d'incertitude. Je sais déjà que je suis admis avant que mon nom soit effectivement prononcé. Aucun enthousiasme particulier ne me traverse. Je me sens juste à ma place.

La promotion rassemble quelque deux cents élèves issus de recrutements différents : d'anciens gendarmes comme moi, des hommes et femmes titulaires de diplômes de troisième cycle de l'enseignement supérieur, une poignée de chercheurs, de jeunes officiers provenant des autres armées ou de l'école spéciale militaire de Saint-Cyr et, enfin, des personnels étrangers appartenant à des gendarmeries de pays avec laquelle la France possède des accords de défense.

La scolarité dure deux ans. Deux ans durant lesquels la compétition bat son plein au cœur d'une relative camaraderie. Le classement étant le critère déterminant le choix de spécialité et de poste pour chacun des élèves officiers à leur sortie de l'école, il obsède nombre d'esprits et s'invite dans la plupart des conversations.

S'agissant de ma méthode de travail, j'applique la même que celle qui m'a servi à réussir le concours d'entrée : dissolution du doute, sélection des thèmes sur lesquels je décide d'être interrogé et programmation de mon intellect à assimiler en un temps minimum un maximum de données. Ainsi, contrairement à beaucoup d'autres élèves, je dispose de longues plages de loisirs et d'activités annexes et consacre le plus clair de mon temps libre – c'est-à-dire lorsque je ne suis pas en cours – à pratiquer mes sports favoris, à écrire et à jouer du piano et de la guitare. Les promotionnaires témoins de mon mode de vie, plutôt décalé de celui habituellement observé, estiment assez ahurissant que je parvienne à obtenir de tels résultats en fournissant si peu de travail. Je leur réponds invariablement que je trouve moi-même pour le moins surprenant qu'au regard de la quantité de travail qu'ils produisent, leurs résultats soient si moyens…

Durant l'hiver de la première année, en février, dans le cadre de l'aguerrissement général des élèves, deux stages de formation sont organisés : celui conduisant à l'obtention du brevet de parachutiste et celui s'intitulant « stage de survie en conditions extrêmes ». Étant déjà détenteur du brevet parachutiste, je suis d'office affecté au stage de survie. Toutes celles et tous ceux qui présentent une inaptitude médicale les privant de parachutisme ou qui, comme moi, sont issus d'unités de parachutistes viennent gonfler la seconde liste qui, au final, se monte à une quinzaine d'élèves.

Ce stage de survie dure deux semaines. Il est, à l'origine, destiné aux futurs pilotes de chasse afin de les préparer à affronter la situation d'un crash de leur avion, à la fois en zone hostile et dans des conditions climatiques *défavorables*.

La première semaine du stage est consacrée à l'apprentissage de nombre de techniques et savoir-faire permettant de trouver une éventuelle nourriture, de se déplacer sans boussole, de se protéger de la morsure des éléments extérieurs et de se soigner avec – littéralement – les moyens du bord, c'est-à-dire avec ce qui peut demeurer intact avec soi à la suite de l'éjection qui précède un crash aérien : ses propres vêtements, le parachute servant à amortir l'éjection ainsi qu'une petite boîte en fer située sous le siège éjectable et contenant trois caramels, trois morceaux de sucre, deux poches en plastique emplies d'eau potable, du fil de pêche, des hameçons, des aiguilles, quelques pansements compressifs, trois cubes de jus de viande concentré, une couverture de survie double face en feuille d'aluminium et une boîte d'allumettes censées s'allumer par tous les temps.

La seconde semaine, nous nous rendons dans les Pyrénées, à plus ou moins mille cinq cents mètres d'altitude. Nous disposons avec nous du même équipement qu'un pilote venant de s'éjecter : une toile de parachute et une boîte en fer garnie. Ni nourriture ni eau, aucun vêtement de rechange. Rien qui puisse adoucir la situation ou amoindrir son côté dramatique. La mise en ambiance est véritablement optimale.

Nous marchons durant de longues heures sous une pluie battante pour atteindre une position plus élevée. L'absence de protections contre la pluie et les efforts liés à l'altitude marquent déjà fortement certains visages. Nous sommes complètement trempés lorsqu'il nous est demandé de nous installer en « campement » pour la nuit. Le stage commence et, avec lui, une tempête de neige. Très rapidement, nous prenons conscience avec un certain agacement que les allumettes qui nous ont été fournies ne fonctionneront pas avec l'humidité ambiante, malgré leur prometteuse désignation. La première idée – après avoir remis à plus tard celle de faire un feu – est de se protéger de la neige qui tombe par cinglantes rafales. Chacun fait de son mieux pour tendre son parachute et le transformer en une tente qui soit à la fois étanche aux précipitations et au vent, et capable de résister au poids de la neige qui va nécessairement s'y accumuler.

Au terme d'un nombre considérable d'essais infructueux, je parviens enfin à faire naître une flamme du petit tas de bois trempé sur lequel je souffle en souriant. Nous situant dans une zone couverte de pins, il n'est pas compliqué de trouver du bois. Le faire brûler, alors qu'il est gorgé d'eau ou de sève, est une tout autre besogne. Le froid, l'humidité et l'obscurité commencent déjà à attaquer le moral de certains, notamment ceux qui ne sont pas parvenus à allumer un feu et qui, par conséquent, subissent de façon cumulative ces trois éléments. Quand bien même les règles édictées nous l'interdisent, nous partageons discrètement quelques braises avec ceux qui en sont encore à frotter nerveusement leurs allumettes sur des grattoirs détrempés.

Du fait de mes vêtements mouillés, cette première nuit m'a semblé sans fin. Fréquemment, je suis parti en quête de bois pour entretenir mon foyer et celui de ceux qui semblent avoir déjà abandonné toute idée de survie. Je n'ai pas souvenir d'avoir déjà eu aussi froid de toute ma vie. Ma sangle abdominale est parcourue de crampes qui font suite aux grelottements qui ne m'ont pas quitté depuis la veille. Il est tombé plus d'un mètre de neige durant la nuit. Je ne sens plus le bas de mon corps, depuis mes plantes de pied jusqu'au-dessus des genoux. Je me force à manger un peu de neige pour m'hydrater. Je n'ai pas encore faim même si je sens que les calories consommées par mon corps pour le maintenir à température vont assez tôt demander à être remplacées.

Nous reprenons la marche dès après le lever du soleil. Je ne commence à sentir mes jambes qu'au bout de deux heures de progression. Au fil des heures et des jours, les organisateurs – particulièrement discrets – se manifestent pour nous imposer des contraintes supplémentaires : une charge non divisible de trente kilos à transporter, un membre du groupe qui se serait cassé la jambe et qu'il faut désormais porter sur un brancard de fortune, un itinéraire nous obligeant à traverser une coupure humide de dix mètres de large, etc. La bonne humeur initiale qui régnait parmi les stagiaires, en bas de la montagne, s'est envolée. À n'en point douter, cela fait partie de l'intention de ces savants instructeurs.

Le froid, la faim, la fatigue ont raison de certains stagiaires qui se mettent à oublier totalement que cette situation est un exercice et, donc, qu'il aura obligatoirement une fin. Je les vois commencer à croire en ce qu'ils vivent, jusqu'à envisager, très sérieusement, une issue fatale. Je les vois peu à peu renoncer à la vie.

Je peux néanmoins comprendre cette grande proximité entre fiction et réalité puisque, trois semaines auparavant, deux élèves officiers saint-cyriens sont justement morts de froid dans un stage de ce type et que notre promotion a assisté à leurs obsèques dans la cour même de leur école. En définitive, il n'y a ni fiction ni réalité. Il y a ce qui est vécu, ressenti, traversé. Quand bien même le décor ou le contexte peut être illusoire, les émotions et les sensations qui parcourent le corps ont une densité, une substance que le mental ne parvient pas à connecter avec un jeu ou un exercice. C'est, en quelque sorte, toute ma vie que je vois devant moi. N'ai-je pas moi-même, alors que je savais pertinemment qu'au jour de mes dix-huit ans, je retrouverais une certaine liberté d'agir, été tenté d'en finir, de mettre fin à mes jours, de renoncer à la vie ? N'ai-je pas moi-même jugé l'exercice et le jeu trop durs, la pente trop abrupte, les instructeurs inhumains ? Combien de fois ai-je songé à me jeter sur la longue lame du couteau de boucher de la cuisine, au prétexte que le commandant était trop crédible dans son rôle de bourreau, oubliant au passage que j'avais choisi d'être là ? À l'instar de ces élèves officiers qui, en réussissant un concours sélectif, en s'inscrivant dans une démarche d'autonomie et de responsabilité, ont délibérément choisi de vivre ces moments dans le froid, le manque, l'obscurité, l'absence de repères, l'effort soutenu, le renoncement à toute forme de confort. Quelle leçon magistrale que de se voir dans l'autre ! De voir la petitesse de l'ego qui s'enferme dès la première difficulté dans la posture de la victime ! Et l'identification au corps physique, particulièrement favorisée par la somme de tous ces éléments confrontants qui attirent puissamment la conscience dans la matière organique, est le tremplin qu'utilise l'ego pour prendre toute la place et instiller la croyance que tout serait tellement mieux si l'extérieur se modifiait, que le malheur vient du dehors et que, soulagé de tous ces paramètres, l'on pourra enfin redevenir soi-même.

Ce stage s'intitule « survie en conditions extrêmes »… Le paradoxe est qu'ici, pour survivre, il est question de mourir à soi-même, à la personne que l'on croit être. Plus la conscience est attachée à cette enveloppe corporelle qui réclame tant et en permanence – chaleur, nourriture, repos, soins, caresses, compliments… –, moins elle trouve les ressources pérennes pour la maintenir en état optimal de fonctionnement, au service de son expression. Peut-être serait-il judicieux de rebaptiser cette expérience « stage de détachement extrême », afin de se rapprocher de ce qui se joue en réalité dans la psyché, parce que, de fait, ce qui tend à survivre en soi, c'est toujours l'ego. L'être intime n'a que faire de ces questions de survie : il est éternel, n'a ni commencement ni fin. Qui cherche à survivre ? Le Divin ou la personne qui croit devoir sans cesse sauvegarder son existence en combattant les éléments extérieurs ?

Après cinq jours sans manger, à marcher huit heures par jour dans la neige, le visage fouetté par un vent glacé, les épaules meurtries par le port d'un brancard dont le poids semble croître à chaque pas, plus aucune ombre ne peut demeurer dissimulée derrière quelque masque glorieux que ce soit. Le courage intermittent, la solidarité de circonstance, le charisme intellectuel et l'autorité de salon se révèlent ici d'eux-mêmes, dans toute leur futilité. Il n'y a rien à juger ou à condamner, il s'agit simplement d'accueillir les limites et la vulnérabilité de la personne humaine.

Le sixième jour, en milieu de journée, nous sommes conduits dans le lit d'une rivière. Du fait de cette longue descente, beaucoup se mettent à espérer un retour à la base logistique. Coutumier de ce genre de manœuvres, je suis moins optimiste qu'eux…

De fait, trois bidons de vingt litres – pleins – sont disposés sur la rive caillouteuse. Il nous est dit que ces bidons contiennent du kérosène et que l'équipe de secours « qui va tenter de [nous] récupérer le lendemain, en hélicoptère » en aura besoin pour pouvoir assurer le vol retour. Cette *information* signifie deux choses : non seulement il va falloir s'alourdir de soixante kilos supplémentaires, mais, en outre, remonter tout ce col qui vient d'être descendu puisque, de toute évidence, aucun hélicoptère ne pourrait atterrir dans cette vallée encaissée.

Nous sentons bien que les instructeurs attaquent sans scrupules nos structures mentales. Néanmoins, je ne lis absolument aucune forme de sadisme chez eux, seulement l'application stricte et neutre d'un protocole éprouvé qui n'a pour seul but que de nous conduire à toujours trouver, avec sang-froid, une solution au défi qui se présente. Et abandonner, dans le contexte tel qu'il nous est présenté, équivaut à mourir. Ce qui est précisément contraire au but ardemment poursuivi depuis six jours. Alors, plutôt que de se répartir les trois bidons, nous construisons un second brancard sur lequel nous les arrimons tel un corps mort puis nous reprenons notre marche vers la crête qui nous a été indiquée.

Certains s'accrochent bien davantage au brancard qu'ils ne le portent, rendant ces moments d'une grande pénibilité. Les ventres sont vides depuis longtemps – aucune nourriture n'ayant été trouvée dans ces montagnes neigeuses –, les corps sont endoloris et les nerfs, à fleur de peau. L'impression de porter une croix et de gravir le mont Golgotha me traverse, d'autant plus que ce qui va venir nous « sauver » est censé arriver du ciel... Cette analogie, aussi inappropriée soit-elle, me donne la force de poursuivre jusqu'au sommet et d'en entraîner d'autres dans mon élan.

Le lendemain matin, nous marchons encore quelques heures, jusqu'à ce que nous apercevions un hélicoptère de transport de troupes en approche. Le ciel est totalement dégagé, d'un bleu profond. Les rayons du soleil font scintiller la neige. Peu après l'atterrissage de l'aéronef, le copilote en extirpe des conteneurs isothermes. Leur ouverture fait apparaître des plateaux garnis de tout ce dont nous avons pu rêver durant nos glaciales soirées. Étrangement, après quelques bouchées de pain, nous n'avons plus faim. Encore une fois, la joie n'est pas dans le but, mais dans le chemin emprunté pour l'atteindre.

Nous embarquons, assez rapidement, après avoir vidé l'eau contenue dans nos bidons. L'appareil prend un cap plein ouest et, comme les portes latérales sont demeurées ouvertes, nous offre le magnifique spectacle du survol de toute la chaîne pyrénéenne, déserte, immaculée et baignée d'une douce lumière dorée. Pour rien au monde, je ne voudrais être ailleurs que là où je suis aujourd'hui. En ces instants, j'ai le sentiment infiniment joyeux que quelque chose en moi de mortel, temporel, instable, inconsistant et périssable a perdu la vie dans ces montagnes.

Un matin, durant le rassemblement de la promotion sur la place d'armes de l'école, alors que, comme à l'accoutumée, je suis en train de manifester mon mécontentement à l'intérieur des rangs, j'entends une voix en moi, douce, mais extrêmement présente, qui couvre la mienne : *« Pour le moment, tu fais cela et tu dois le faire de ton mieux... Cependant, n'oublie pas que viendra un temps où il te faudra te remettre au service de ton élévation spirituelle. Ne prends donc pas trop au sérieux ce rôle actuel. »*

Tout me paraît soudain d'une grande frivolité dont, en particulier, mes exaspérations devenues quotidiennes. Ce rappel à l'ordre me permet de recentrer ma conscience sur l'axe principal. Je m'astreins à nouveau à observer mon personnage en train de se lamenter, de croire en lui-même, de se gonfler, de revendiquer sa part de gloire, de se comparer, de manigancer, de négocier, de résister, de juger, de condamner, de mépriser, d'exclure, d'attendre, de détester, etc. Paradoxalement, je sais que ce personnage m'est utile pour atteindre mes objectifs temporels. Il me sert à « faire de mon mieux ». À une échéance qui m'est totalement inconnue, j'aurai à le mettre au rebut, comme un vieux vêtement usé qui a bien servi. Lorsque le temps viendra de reprendre le chemin qui mène au Soi, j'aurai à répondre « présent ». Lorsque l'Esprit viendra me cueillir par surprise sur ce chemin qui, en vérité, n'existe pas, les mots n'auront plus de sens. Lorsque le temps viendra de faire face au Soleil, d'oser le regarder sans craindre son intransigeante lumière, alors je poserai un genou à terre, dans l'humus, et formulerai à nouveau cette parole d'abdication de l'ego : « *Mon Dieu Père-Mère, qu'il soit fait selon Ta volonté et non la mienne.* »

En milieu de seconde année, dans le cadre de l'écriture d'un mémoire de criminologie, je m'intéresse de très près au phénomène des enfants soldats en Afrique. Je me plonge ainsi durant plusieurs mois dans l'examen minutieux de leur milieu originel, de leur recrutement, de leur transformation d'enfants « normaux » en criminels sanguinaires, de cette mutation de victimes apparentes en bourreaux présumés et de leur plus ou moins grande résilience, lorsqu'ils sont extraits de cet univers.

Cette étude approfondie m'enseigne une nouvelle fois à quel point les notions de « victimes » et de « bourreaux » sont volatiles, mouvantes, impermanentes et, en définitive, totalement illusoires. Les victimes dansent avec les bourreaux et puis, lorsque la musique s'arrête, les rôles s'inversent pour toujours mieux se rapprocher de soi, reprendre la danse sur un nouveau tempo et comprendre que la main qui frappe et celle qui soigne finissent toujours par se rejoindre. Aussi inacceptable que puisse paraître un acte pour celui ou celle qui en est le témoin, il n'en est pas moins une expérience voulue et décidée, à un certain niveau de conscience de l'être. Observée par le trou de la serrure, toute action *a priori* violente est toujours génératrice de jugement, de dénonciation outrée, de lutte, de combat, de défense ou de velléités de sauvetage.

Parvenir à percevoir dans la victime et le bourreau supposés un seul et même être qui cherche à s'aimer davantage et à se ré-unir apporte une puissante compréhension non pas intellectuelle, mais cardiaque des jeux de rôles qui sont, encore pour quelque temps, l'apanage de cette humanité terrestre. Cette vision ne peut s'envisager que si l'on est soi-même sorti des schémas duels, clivants, irresponsables et binaires liés aux notions d'injustice, de drame, de malchance, de malheur, de culpabilité et de faute.

Le classement a été affiché dans le hall du bâtiment principal de l'école. Je termine major de promotion. Je n'ai pas eu le temps de me rendre devant le tableau. Beaucoup de mes camarades sont venus me féliciter alors que je me trouvais à l'extérieur. Mes premières pensées sont à destination de mes parents. Du commandant, en particulier. Si j'occulte les élèves étrangers qui, de toute manière, sont appelés à retourner dès les prochains jours dans leur pays, je suis le seul dont l'apparence indique une origine extra-européenne. Le commandant sera-t-il fier de moi ? Tiendra-t-il là sa revanche, par procuration, lui dont les notes étaient systématiquement minorées dans sa faculté de chirurgie dentaire ?

Ainsi que le veut la tradition de toutes les grandes écoles militaires, le major est désigné porte-drapeau pour toutes les cérémonies, c'est-à-dire qu'il est jugé le plus digne de porter l'emblème et de représenter l'école.

Je suis le premier noir à porter le drapeau. À entendre certains échos en provenance de personnels civils témoins de réflexions qui étaient censées rester entre ceux qui se les partageaient, cet état de fait n'a pas enchanté tout le monde. « Vous auriez dû entendre ce qu'on a pu dire de vous… », me dit une secrétaire, à la fois dépitée et heureuse pour moi.

Je sais que mon classement bouscule certaines croyances archaïques sur une supposée suprématie de l'intelligence occidentale. J'obtiens mon diplôme avec la mention « *Très bien* » et une avance en points sur le second qui ne laisse place à aucune relativisation du classement, malgré toutes les péréquations successives mises en place pour écrêter mes résultats…

Le major de promotion, toujours selon la tradition, est invité à déjeuner en tête à tête avec le général commandant l'école, dans sa salle à manger privée.

« Si vous avez fini premier, c'est grâce au sport », me dit-il, en me regardant droit dans les yeux, un petit sourire aux lèvres…

Jamais je n'aurais cru que l'estocade viendrait de sa part. La formation comportait quatre-vingt-dix pour cent de disciplines faisant appel à l'intellect, à l'aptitude analytique, à la réflexion synthétique, à la stratégie, au sens tactique, à la maîtrise de soi, à la capacité à prendre des décisions et à conduire des opérations d'envergure dans des contextes dégradés.

Voici pourtant que cet homme, garant du contenu du programme de formation, fait mine de croire qu'avec mes seules qualités physiques, j'ai pu me placer au-devant de tous les autres « concurrents ». Je reste sans voix… Mon supérieur, qui m'a accompagné à ce déjeuner, rappelle au général à quel point les coefficients affectés à la condition physique sont anecdotiques dans la détermination du classement, notamment parce que tous les élèves du haut du tableau affichent d'excellentes performances sportives. Je lui suis, intérieurement, d'une profonde gratitude. Cet homme – jeune lieutenant-colonel – est vif, intelligent et juste. J'apprécie beaucoup sa vibration.

Si mon père avait entendu ce général, il aurait amèrement constaté le peu d'évolution des mentalités, en trente années. Se serait-il lui-même inclus dans cette inertie ? Je mesure bien à quel point c'est le besoin de reconnaissance extérieure que m'a transmis le commandant qui attire à moi ce genre d'expériences. Tant que je ne me serai pas libéré de cette aspiration à être apprécié à « ma juste valeur », je serai confronté à des supérieurs qui me pousseront, par leurs remarques parfois caricaturales, à trouver l'amour en moi et non dans leur regard.

Bien évidemment, je ne toucherai pas un mot au commandant de cet épisode. C'est son histoire qui s'est perpétuée à travers la mienne et à laquelle il est désormais temps, à travers mon propre processus, de mettre un terme. Tout est accompli, quels que soient les inconforts des uns et des autres. Il n'y a plus rien à prouver. Il n'y a d'ailleurs jamais rien à prouver. Qui cherche à prouver ? Toujours cet ego qui veut stabiliser son espace et assurer sa survie…

Le voyage de fin d'études de la promotion a lieu en Jordanie. Parce que j'en ressens un impérieux besoin, je passe beaucoup de temps seul… Dans la fabuleuse cité antique de Petra que j'arpente de longues heures après l'avoir découverte complètement vide lors de mon arrivée à l'aube… Dans le désert pourpre du Wadi Rum où, presque toute une nuit, je me perds sous la spectaculaire voûte étoilée… Dans la mer Morte, à la frontière israélienne, où je m'immerge toute une matinée en mesurant pleinement la grâce qui m'est faite… Sur les rives du Jourdain, à Wadi Kharrar, lieu annoncé du baptême de Jésus-Christ, où quelque chose d'indicible me touche dans le cœur… Partout, je me sens marcher dans des traces qu'il me semble avoir moi-même laissées, en d'autres temps, sous d'autres identités. Je savoure chaque seconde comme étant la première et la dernière. Et je remercie *tout* ce qui peut être remercié.

La soirée de prestige qui suit la cérémonie de fin de promotion est somptueuse. J'y ai, évidemment, convié mes parents. J'observe le commandant qui paraît un peu perdu au milieu du château grandiloquent servant d'écrin à cet événement aux accents très mondains. Ma mère apprécie avec une douce fierté le chemin que j'ai parcouru depuis mon dernier élan suicidaire. Sur la grande terrasse à colonnades, profitant de l'obscurité extérieure, je regarde les feux d'artifice qui se reflètent dans ses yeux brillants d'émotion. Je l'aime infiniment et ne lui ai jamais dit. Nous ne nous sommes pas enlacés depuis nos retrouvailles lors des obsèques de la mère du commandant, onze ans auparavant. Cette pudeur familiale devra un jour être éclairée et transcendée. Elle est contre-nature.

J'ai rejoint mon affectation en tant que lieutenant de la gendarmerie mobile. Il y a dix ans, jour pour jour, j'arrivais à Fréjus dans mon premier régiment… Aujourd'hui, c'est dans un escadron basé en bord de mer, entre Manche et océan Atlantique. Je suis placé à la tête du peloton d'intervention. Cette « portion » de l'escadron est chargée de missions d'interpellations domiciliaires de grands délinquants, de transfèrements de détenus particulièrement dangereux, d'interventions dans des contextes de risque avéré et de protection de hautes personnalités. Les militaires qui y sont déjà affectés y ont été recrutés et sélectionnés pour leurs compétences techniques et tactiques, leur capacité à absorber une certaine quantité de stress sans perdre leurs moyens ainsi que, bien sûr, leur aptitude physique, très au-dessus de la moyenne.

Le capitaine qui commande l'escadron est une femme. Les femmes sont une poignée en France à occuper cette fonction. Fine, souriante, soignée et à la beauté étincelante, elle m'accueille chaleureusement le jour de mon arrivée. Trop occupé à la contempler, je n'écoute pas ou peu ce qu'elle me dit. Probablement me confie-t-elle, comme mes précédents chefs, que ma réputation me précède et que c'est un honneur pour son escadron d'avoir été choisi par le major de promotion… Je tombe immédiatement sous son charme. Jamais une femme ne m'a ainsi fasciné. J'admire son assurance paisible, son charisme, sa détermination ajustée et la douce féminité qu'elle assume avec naturel dans cet univers composé exclusivement d'hommes qui la respectent pour ses qualités de chef.

J'ai passé les dix dernières années à parfaire mes savoir-faire de combattant, du niveau de fantassin à celui de commandant d'escadron. Pour servir en gendarmerie, je suis passé du mode *combat* à celui d'*intervention*. En face, ce ne sont plus des *ennemis,* mais des *adversaires*, c'est-à-dire des civils. Peut-être dangereusement armés et hautement déterminés, mais civils. Des individus qu'il est inconcevable de chercher à anéantir du seul fait qu'ils ont commis un crime ou un délit. D'abord, il est exclu de vouloir se faire justice soi-même et, ensuite, l'idée maîtresse est de remettre – autant que faire se peut – les violeurs, voleurs, bandits, trafiquants et autres terroristes aux mains de l'autorité judiciaire, afin que ces derniers puissent répondre de leurs actes et, en quelque sorte, payer leur dette à la société.

Entre ennemi et adversaire, la sémantique revêt une vraie importance et induit une transition indispensable du meurtre autorisé, voire prescrit – tel qu'il peut parfois exister sur un théâtre d'opérations de guerre –, à la légitime défense de soi-même ou d'autrui comme seule possibilité de faire usage de son arme. Quand l'ennemi est le plus souvent anonyme, l'adversaire, lui, a une identité, au moins lorsqu'il a été mis « hors d'état de nuire ».

Au cours de manifestations qui, parfois, prennent la forme d'émeutes, il n'est pas rare que l'autorité administrative responsable de l'ordre public utilise en quelque sorte les unités de gendarmes ou policiers présentes comme « éponges émotionnelles » de foules en colère. Raison pour laquelle les forces de l'ordre sont censées agir de façon détachée, libérée de toute interaction personnelle avec les manifestants... Ce n'est pas le policier ou le gendarme qui est insulté ou sur qui l'on lance un œuf ou un pavé, c'est le pouvoir auquel on a renoncé en le remettant à autrui qui est la cible de cette démonstration de violence. Les projectiles, insultes et autres invectives sont autant d'exutoires à une frustration portant sur le gouvernement, l'avenir, telle décision, telle situation... Est ainsi soigneusement entretenue l'idée que l'autre est responsable, que le problème vient de l'extérieur et donc, que la solution viendra du même endroit. Quand bien même les gouvernants peuvent estimer plutôt inconfortables les temps de révolte collective ou de mécontentement généralisé, ils se retiennent bien d'inciter les populations à entrer progressivement dans une conscience de responsabilité et d'autonomie puisqu'elle conduirait immanquablement à la fin de leur fausse souveraineté.

Le fait de remettre son pouvoir à une seule personne, par exemple lors d'un vote, est une démarche qui nourrit la croyance en des solutions émanant de celle-ci, laquelle croyance génère inévitablement un grand nombre d'attentes. Comment une personne, aussi *bien intentionnée* soit-elle, pourrait-elle durablement régler les « problèmes » d'autrui alors que chacun a à retrouver la conscience de sa pleine responsabilité dans ce qui se manifeste en ce monde ?

Avec mon escadron, très fréquemment, je passe ainsi des journées entières à assister le pouvoir en place dans cette subtile propagande perpétuant dans les consciences la croyance de l'irresponsabilité collective et l'idée que les problèmes et les solutions proviennent d'éléments extérieurs à soi.

Les gouvernants et autres dirigeants ne peuvent se maintenir sur leur trône que s'ils acceptent d'attirer ponctuellement sur eux toutes les critiques de la *plèbe*. « *C'est un mal pour un bien* », songent-ils, puisque cela est la contrepartie – somme toute supportable – du pouvoir exorbitant qui leur est abandonné... Le jour où le peuple cessera de critiquer ses dirigeants, c'est qu'il aura repris son pouvoir sur lui-même. Ce sera donc la fin du règne des dirigeants, tel qu'on a pu s'y accoutumer durant des millénaires...

XII

Nouvelle-Calédonie, 3 avril 2006. Nous sommes envoyés sur le site minier de Prony, à une quarantaine de kilomètres au sud de Nouméa. Durant la nuit passée, des membres de la tribu de Saint-Louis ont saccagé toutes les installations de l'exploitant canadien de la mine de nickel, détruit un nombre considérable de véhicules d'extraction et placé des barrages sur tous les axes menant aux centres névralgiques du lieu.

Pourtant habitué aux démonstrations d'hostilité, je perçois ici une intensité qui confine au chaos. Nul homme visible pour le moment, seul le spectacle édifiant de dizaines de camions-bennes de cent quarante tonnes placés en travers des routes et dont les tableaux de bord ont été manifestement détruits à coups de hache. Là où, habituellement, nous nous serions déplacés en véhicule, il devient inévitable de continuer à pied.

L'un de mes gendarmes est un ancien conducteur d'engins de chantier et est en outre fort habile de ses mains. Les uns après les autres, il parvient à démarrer – sans clé – chacun des camions et pelleteuses disséminés sur l'itinéraire et à les déplacer sur le bas-côté. Notre progression est très lente, mais régulière. Je remercie le Ciel de l'avoir dans mes rangs, car je ne pourrais poursuivre la mission en laissant sur place mes véhicules, sauf à risquer de les voir finir dans le même état que ceux de l'exploitant minier.

Alors que nous pensions avoir presque terminé, après plusieurs heures sous un soleil mordant, nous arrivons à proximité d'un pont dont l'accès est barré par une profonde tranchée qui a été creusée en travers de la route. Encore une fois, mon gendarme déploie tout son savoir-faire et son sang-froid pour reboucher la béance à l'aide d'un engin dont il a d'abord dû sommairement réparer les commandes.

En conséquence des observations effectuées par un haut gradé depuis un hélicoptère, nous recevons ensuite la mission de nous emparer d'un carrefour tenu, *a priori*, par un petit groupe d'hommes. Nous engageons alors toute notre rame de véhicules vers ce point qui se situe dans une sorte de cuvette surplombée par une crête périphérique. Nous mettons pied à terre et constatons que de gros tuyaux en acier ont été déposés sur le carrefour pour en empêcher le franchissement. Quelques hommes, une vingtaine peut-être, se tiennent au centre. Ils sont cagoulés ou masqués et portent des gourdins pour certains, des sabres d'abattis pour d'autres.

En quelques secondes, la situation dégénère. Depuis toutes les directions, une pluie de projectiles –récupérés parmi les rejets de la mine de nickel– s'abat sur nous. Nous ripostons par des tirs de grenades lacrymogènes qui n'ont aucun effet sur les assaillants dont le nombre a déjà doublé. Très rapidement, nous employons des grenades explosives, théoriquement non létales, mais provoquant un puissant effet de souffle censé maintenir à distance les plus vaillants. Pourtant, je vois ces hommes, tels de solides troncs, qui assistent sans sourciller à l'explosion de ces grenades à quelques mètres d'eux. Le ciel semble nous tomber sur la tête. De tous côtés, des hommes surviennent, devancés par des jets de pierre, de lances et autres cocktails incendiaires. Certains ont tendu des chambres à air de pneus de camion entre deux arbres et s'en servent comme frondes ou catapultes. Nos véhicules n'ont plus de vitres. Beaucoup de gendarmes ont eu le casque arraché par les projectiles. J'en vois qui grimacent, d'autres qui tombent. J'entends le bruit sourd des pierres qui frappent les corps. Je commande à la plupart de se protéger sous la carrosserie de nos véhicules. Par manque de personnels, j'en viens à moi-même lancer des grenades. C'est à ce moment précis que je reçois sur le dessus de la main droite une pierre tirée depuis une de leurs catapultes de fortune. Le choc me fait lâcher la grenade qui tombe à mes pieds. Je la ramasse de l'autre main et la relance juste avant son explosion. Portant des gants, je n'ai pas le loisir d'examiner l'état de ma main blessée. Quoi qu'il en soit, la douleur est si vive que je ne peux plus l'utiliser.

Nous ne nous emparerons pas du carrefour. Au mieux, nous parviendrons à en sortir vivants. Avec le moins abîmé des véhicules, je fais procéder à l'évacuation des blessés les plus graves. Une petite équipe de renfort est venue à pied en empruntant un axe déjà libéré. Elle a cependant été percutée par une camionnette qui lui a délibérément foncé dessus et l'un des militaires présente une fracture du fémur... Je ne sens plus ma main. Je profite d'une petite accalmie pour ôter mon gant. Ce que je vois ne me plaît pas. Ma main est très enflée et bleue. Dans ma tête circule déjà la perspective de ma propre évacuation avec l'obligation de laisser la troupe à mon adjoint. Je m'y refuse.

Nous recevons l'ordre de nous replier pour la nuit. Les hommes sont à bout de force et le stock de munitions presque épuisé. Un hélicoptère me permet de me rendre à l'hôpital de Nouméa, afin que j'y fasse examiner ma main. « Écrasement des connexions interligamentaires, de l'inter-osseux dorsal et de l'extenseur des doigts », entends-je, en substance. Après m'avoir fait solidement bander la main et délivrer quelques boîtes de comprimés antalgiques ou anti-inflammatoires, le médecin me prescrit un arrêt de toute activité pour une durée de trois semaines minimum. J'acquiesce poliment, puis remonte dans l'hélicoptère qui m'a attendu sur le toit de l'hôpital. Au pilote qui me regarde avec compassion, je demande de me reconduire à Prony. « *Force doit rester à la loi* », est-il toujours rappelé, lorsque l'on est tenté de renoncer...

Mon supérieur, sur la base arrière de Prony, ne trouve pas très opportun que je reparte sur le terrain avec mon handicap, mais il ne cherche cependant pas à m'en dissuader. Il connaît mieux que moi la responsabilité qui incombe aux chefs. À ma place, il ferait la même chose. Cet homme, un lieutenant-colonel, est remarquable d'humanité et de sang-froid. Je lui voue un profond respect. Avec lui, tout devient facile. Il donne envie de le suivre comme une torche dans un couloir sombre.

N'en pouvant plus d'attirer sur moi les regards et questions des autres gendarmes, je décide d'enlever le bandage qui, en outre, m'empêche de remettre mon gant de protection.

5 avril 2006, jour d'après. On me tend une enveloppe revêtue d'un cachet officiel. Je suis surpris de recevoir du courrier en cet endroit particulièrement reculé.

```
«Mon Lieutenant.

Je viens d'apprendre les conditions dans lesquelles
vous avez été blessé le 03 avril à Yate (Nouvelle-
Calédonie), lors d'une opération de maintien de l'ordre
visant à dégager le site de Goro-Nickel.

Je tiens en cette circonstance à vous faire part de
mon soutien et vous exprimer tous mes vœux de prompt
rétablissement.

Je vous prie d'agréer, Mon Lieutenant, l'expression de
mes sentiments les meilleurs et cordiaux.»
```

Sur ce texte dactylographié, «*et cordiaux*» a été ajouté à la plume bleue ainsi que la signature de son rédacteur, ministre de l'Intérieur et futur président de la République.

Le jour est venu. Nous allons y retourner et faire en sorte de reprendre possession de ces deux routes qui se croisent. Sans véritables sommations, c'est un déluge d'explosions qui marque notre arrivée. Quand bien même des ordres sont donnés, je constate une sorte de frénésie dans l'emploi des moyens visant à maintenir à distance l'adversaire. Pensant avoir pour nous le bénéfice de la surprise, nous avançons à grande vitesse sur le territoire qu'il nous a été commandé de reconquérir. La chaleur est une nouvelle fois écrasante, rendant particulièrement éprouvante chacune de nos charges menées au pas de course. L'équipement de protection contre les coups et les balles que nous portons, de couleur noire de surcroît, amplifie bien évidemment la difficulté pour les corps de s'adapter à l'environnement.

Les hommes de la tribu de Saint-Louis sont ici chez eux. Ils maîtrisent le terrain, tiennent les hauts et font preuve d'une mobilité bien plus élevée que la nôtre. Ils agissent par petits groupes bien organisés, ayant préparé une multitude de tas de pierres rouges sur le bord des routes et dans les fourrés, afin de disposer de munitions où qu'ils soient. Nous sommes rapidement contournés. Survient un paramètre que nous avions certes envisagé, mais placé très bas dans la liste des probabilités : l'usage d'engins spéciaux d'extraction minière contre nous. Avec une relative consternation, je vois s'approcher, à quelques centaines de mètres, une pelleteuse jaune qui, comparée à nos propres véhicules, semble gigantesque. Nous ne savons que trop bien l'intention de celui qui est au volant…

Je fais tirer à un rythme de plus en plus soutenu des salves de grenades qui ne font que ralentir la progression du monstre mécanique. Appuyé par des tirs de fumigènes, j'envoie alors un binôme de valeureux gendarmes lancer contre le pare-brise de la pelleteuse des bouteilles en verre emplies de peinture blanche afin d'aveugler le conducteur. Quand bien même cette perspective nous semblait peu probable, nous nous étions néanmoins préparés à l'affronter. M'adressant à l'un de mes artificiers pour lui commander d'autres lancers de grenades offensives – les dernières qu'il nous reste – et, ce faisant, tournant le dos à la menace principale, je ressens une douleur extraordinaire dans le dos puis dans la jambe. Je viens d'être touché à la colonne vertébrale et à l'arrière de la cuisse par deux projectiles, probablement tirés grâce à des catapultes artisanales. J'en ai la respiration coupée et peine à articuler la fin de ma phrase. Mes mots s'éteignent dans ma gorge. Je pose un genou à terre… Ne pas faillir… Pas maintenant… Laisser passer à travers soi la douleur comme une vague… L'accepter totalement pour mieux la transcender… Ne pas perdre d'énergie dans la recherche vaine d'un coupable… Abandonner immédiatement toute idée vindicative… Rester ancré, ici et maintenant… Faire face à ce qui est et ne rien vouloir d'autre… Respirer à nouveau… Tourner son attention vers le silence intérieur… Lui permettre de se diffuser à l'extérieur… Se redresser… Regarder ce monde de la façon dont on souhaite être regardé… Observer ensuite l'interaction entre le dedans et le dehors…

Il n'y a plus aucun bruit. Les dernières fumées se dissipent. Mes deux tireurs d'élite, prêts, en dernier recours, à faire feu sur ce qui aurait fini par tous nous détruire, me regardent, interrogatifs. Les assaillants se sont assis sur le bord de la route. Le conducteur de la pelleteuse les a calmement rejoints, comme s'il venait de terminer sa journée de travail. Certains se sont délestés de leur sac à dos pour en extraire des bouteilles de bière et des sandwiches. À leurs yeux, manifestement, nous n'existons plus. Faute de combattants, la guerre s'arrête… En tout état de cause, cette bataille-ci est terminée. Et ma douleur a disparu. Plus justement, elle s'est placée en périphérie de ma conscience, comme en sommeil.

Je reçois l'ordre, par radio, de me rendre d'urgence dans le village voisin de Yate dont la brigade de gendarmerie fait l'objet d'un siège par de petits groupes d'hommes cagoulés et armés. Il est question pour moi de coordonner les opérations de préservation et de sauvegarde des personnes présentes sur place. L'hélicoptère ne peut se poser sur notre zone, en raison de la multitude d'engins explosifs qui la jonchent encore. Le mécanicien de bord déroule donc le treuil et, avec deux autres de mes militaires que je prends soin de désigner pour leur grande maturité opérationnelle, je suis hissé dans l'appareil par ce long câble auquel nous nous accrochons après avoir enfilé un baudrier. La remontée à bord de l'hélicoptère réveille la douleur dans ma colonne vertébrale. La sensation est éminemment désagréable. Il est trop tard pour me plaindre ou laisser la place à quelqu'un d'autre. À qui d'autre, d'ailleurs ?

Le vol dure moins de cinq minutes. Passé l'atterrissage, nous partons en courant en direction du bâtiment de la brigade. Chacune de mes foulées est tel un coup de couteau mon bassin. Je me sais être en train d'aggraver ma blessure, mais n'ai pas le sentiment d'avoir le choix. «*Qu'est-ce que ma blessure face au massacre potentiel qui est peut-être en cours à quelques encablures de là ?*», me dis-je. Nous contournons discrètement les lieux afin de ne pas nous retrouver nez à nez avec les assaillants, alors que nous sommes en infériorité numérique. Une fois sur place, je positionne mes deux équipiers sur des points hauts avec la consigne solennelle de n'ouvrir le feu qu'en cas d'absolue nécessité, puis ordonne à tous les gendarmes territoriaux présents dans la brigade de clouer des planches sur chacune des fenêtres du rez-de-chaussée.

Rien ne se passe… La paix du carrefour semble s'être portée jusqu'ici, à mon grand soulagement. Nous n'aurions pas pu tenir bien longtemps. Dans la brigade, après avoir effectué par radio des comptes-rendus de situation exhaustifs, je m'assieds lourdement sur une chaise. On m'apporte à boire. Je suis contraint de me relever, car la position assise m'est insupportable. Le bas de mon dos et ma jambe gauche me font atrocement mal et, en même temps, je ne parviens plus à bouger le pied, comme si une sorte d'engourdissement progressif survenait.

Dans la nuit, nous sommes à nouveau récupérés par l'hélicoptère qui nous ramène à la base de Prony. Le lendemain matin, ma jambe est presque entièrement paralysée. La douleur du moment surpasse toutes celles que j'ai expérimentées jusqu'alors. Aucune position ne me soulage.

À Nouméa, après un bref examen de surface, un médecin m'administre des antalgiques pouvant – selon lui – assommer un cheval. Je n'en sens même pas l'effet. Ma main droite a quasiment doublé de volume, à la suite du choc de l'avant-veille. La gauche ne cesse de la caresser, comme pour prendre soin d'elle…

Les mains sont une splendide manifestation d'amour inconditionnel : lorsque l'une est blessée par la maladresse de l'autre, ce qui se réalise entre elles est toujours fondé sur une offrande d'amour sans nom, tel un contrat d'assistance éternelle. Ma main gauche entoure la droite, la palpe, la masse délicatement, laisse courir ses doigts sur son revers enflé, l'assurant de son indéfectible présence, au-delà du temps, de l'espace et des circonstances.

Pendant les quelques jours suivants, j'observe ma jambe gauche qui ne répond plus à mes injonctions. Vais-je tout hériter du commandant, jusqu'à l'expérience de la paralysie après un choc sur une route ? Il l'avait rapidement transcendée, en ne donnant aucun crédit à la sanction médicale et, surtout, en puisant intuitivement dans cette certitude que rien ne peut survenir dans l'existence qui ne soit dimensionné à la capacité de chacun à le traverser. « *Quelle que soit l'intensité de l'épreuve, elle est toujours à notre mesure* », me dis-je.

En raison d'une escale en Australie qui s'est prolongée bien plus que prévu, le retour en France métropolitaine a duré trente heures. J'ai refusé de me faire opérer en Nouvelle-Calédonie et n'ai donc pu bénéficier d'un transport aérien adapté à mes blessures. Après avoir estimé le diagnostic établi à l'hôpital de Nouméa peu compatible avec la paralysie patente de ma jambe, j'ai en effet décidé de privilégier une clinique du continent, située assez près de chez moi et notamment réputée pour sa maîtrise des interventions chirurgicales de la colonne vertébrale. De par l'association de mon état physique, de la durée du vol, de l'exiguïté des sièges et de l'impossibilité de fuir dans un autre endroit, ce remarquablement long périple en avion a pris la forme d'une initiation dont je n'aurais jamais soupçonné à l'avance la profondeur et la puissance. Y serais-je sinon allé, le cas échéant ?

Quelques jours ont encore passé lorsque je me retrouve, enfin, entre les mains du chirurgien qui va m'opérer le bas de la colonne vertébrale. Il m'explique que la paralysie de ma jambe est due à un écrasement important du nerf sciatique et qu'à la suite de l'opération, je peux *espérer* recouvrer à la fois ma mobilité et ma sensibilité au rythme d'un milli-mètre par mois, du haut du corps vers le bas. Sachant que la longueur de ce nerf, entre le bas de ma colonne vertébrale et l'extrémité de mon orteil, est d'un mètre dix, je calcule qu'il me faudrait patienter environ quatre-vingt-dix ans avant de jouir à nouveau de la pleine possession de mes moyens…

Je rejette tout en bloc. Tant ces prévisions médicales que les inter-minables séances de rééducation qui me sont prescrites. Non par colère ou rébellion, mais simplement parce que je sais que je ne vis pas cette expérience pour croire ce qui m'est dit ou me plier à une certaine fatalité. Tout comme le commandant avant moi, j'entends bien remarcher quand je le déciderai.

À mon retour de la clinique, je suis contacté par une journaliste du magazine *Paris Match* qui souhaite dresser le portrait du major de promotion de chaque grande école nationale. Dans la terminologie officielle, une grande école est un établissement qui, placé sous la tutelle d'un ministère, recrute ses élèves par concours et assure une formation de haut niveau. Pour une raison que j'ignore, je suis le premier de sa liste. Bien évidemment, l'hebdomadaire est préalablement passé par ma hiérarchie afin d'obtenir son aval et mes coordonnées.

Lors de notre entretien, la journaliste découvre avec un double étonnement que je suis le fils d'un Africain et, d'autre part, que je cumule les classements de ce type. Elle ne manque d'ailleurs pas de souligner ces deux aspects dans son article. Lorsque, quelques semaines plus tard, celui-ci paraît en pleine page dans ce magazine distribué dans tous les kiosques de France, je sais que l'épine de la non-reconnaissance a été définitivement extraite de l'histoire familiale.

Quelques jours plus tard, je remarche tout à fait normalement et le médecin militaire, assez surpris par la fulgurance de mon rétablissement, valide le certificat me permettant de reprendre mon poste à la tête du peloton d'intervention.

Durant mon temps de convalescence, j'ai reçu par courrier une citation du ministre de la Défense, accompagnée de la plus haute décoration existant dans la gendarmerie. Son texte est le suivant: « *Officier, déterminé et animé d'un sens élevé du devoir. Déplacé du 31 janvier au 5 mai 2006 en Nouvelle-Calédonie, s'est particulièrement distingué en service de maintien de l'ordre sur le site minier de Prony, notamment les 2 et 18 avril 2006, lors d'affrontements d'une extrême violence au cours desquels il a été blessé à deux reprises face à des manifestants nombreux, déterminés et armés, poursuivant avec succès sa mission jusqu'à son terme. A fait preuve en la circonstance, d'un sang-froid exemplaire et d'une totale abnégation qui font honneur à la gendarmerie nationale.* »

Ce papier et ce morceau de tissu surmontant un petit disque de métal doré que l'on appelle « médaille » ne pointent, en vérité, qu'une expérience fugace de mon âme dans la matière. L'écueil serait bien sûr d'y voir la mise en lumière d'un quelconque mérite ou la validation d'attributs intrinsèques. L'ego se régale de ce genre de marques de reconnaissance en provenance de l'extérieur, autant qu'il résiste aux critiques issues du même endroit. Il n'y a ni bourreaux ni victimes. Il n'y a ni héros ni lâches. Il y a simplement des expériences que l'on se donne à vivre et dans lesquelles l'on va soit entrer en dansant, soit se débattre en gémissant. L'expérience se réalise toujours avec soi-même, pour soi-même, quand bien même ce « soi-même » prend l'apparence d'ennemis, d'adversaires, de compagnons, d'amoureux, de parents, etc.

Au début de l'automne 2007, je suis désigné pour me rendre, seul, en République centrafricaine. Ma mission est d'y assurer la formation complémentaire de leur GIGN* local. Sa durée prévue est de plus ou moins quatre mois.

Prenant un peu le pouls du pays avant de partir, j'y sens une tension latente, liée notamment aux coups d'État qui s'y succèdent depuis plusieurs décennies.

Sur place, passé les premières heures d'acclimatation, je me sens chez moi. Je suis logé dans une chambre d'un « hôtel » situé dans un quartier très modeste de Bangui, la capitale. De ma première appréciation, je trouve son surnom de « Bangui la coquette » quelque peu usurpé... La coquetterie a laissé place à des semblants de chaussées plus défoncées les unes que les autres, un éclairage public presque inexistant, des coupures d'eau et de courant quotidiennes et une multitude de barrages routiers tenus par de vagues soldats aussi alcoolisés que susceptibles.

La première journée, mon partenaire local, un officier supérieur français en coopération de longue durée, me présente à l'ambassadeur de France puis aux différentes autorités centrafricaines au profit desquelles je suis missionné. Partout, je perçois le poids du népotisme qui gangrène le système. Âge très avancé et illettrisme n'empêchent pas bon nombre d'occuper des fonctions pour lesquelles, *a priori*, ils ne possèdent les compétences. J'ose simplement espérer que les militaires dont je suis

---

* Groupe d'intervention de la gendarmerie nationale.

censé parfaire les savoir-faire ont fait l'objet d'un recrutement digne de ce nom.

Lorsque je me rends le lendemain matin dans les locaux du GIGN, il me faut peu de temps pour comprendre que les moyens dont ils disposent sont avant tout humains. Leur chef, un lieutenant, est absent. « En stage », me dit-on. Plus rien ne m'étonne désormais… Je fais tout de même remarquer que je me suis déplacé de France pour améliorer le niveau opérationnel de son unité et que cela n'aurait pas été complètement inutile qu'il soit présent durant le cursus à venir. On acquiesce poliment.

Ces mois en immersion totale dans la vie quotidienne centrafricaine m'invitent à lâcher chaque jour davantage mes idées préconçues sur l'ordre, l'efficacité, la ponctualité, le rendement et la performance. Ce qui est correct ici est ce qui fonctionne. Peu importe la voie empruntée pour atteindre le résultat. Je me sens peu à peu acquérir une certaine souplesse que je ne me connaissais pas. Ma dernière barrière cède le matin où, après avoir blâmé le sous-chef du GIGN pour son retard de deux heures, je lui demande une explication. Avec calme et après s'être confondu en excuses, cet homme me répond qu'il a dû trouver une solution pour faire prendre en charge un nouveau-né. Ce bébé est l'enfant de sa jeune sœur qui est morte en couches, à l'aube.

Mes notions de ponctualité et de respect du cadre imposé m'apparaissent ici dans leur infinie futilité. En plus de ne pas se plaindre, le sous-officier me demande de quelle manière il peut rattraper le contenu de la séance d'instruction du matin, qu'il a manquée… Après lui avoir donné l'argent que j'ai sur moi, je le renvoie auprès de sa famille. Je considère que c'est à moi de recevoir la leçon aujourd'hui, non à lui.

Seul le fleuve Oubangui me sépare de la République démocratique du Congo, patrie originelle de mon père. Depuis les hauteurs de Bangui, je regarde la rive d'en face, en laissant remonter certains souvenirs du séjour que nous y avons effectué, plus de vingt ans auparavant. Que sont devenus tous ces gens ? Cette femme qui avait parcouru des dizaines de kilomètres à pied juste pour nous saluer ? Ce sorcier qui disait avoir ressuscité sa femme ? Ces enfants avec lesquels j'ai joué sur les pelouses sèches de villas défraîchies ? La guerre civile qui la ravage est celle qui a causé le plus de morts depuis la Seconde Guerre mondiale. Le viol – avec ses variantes les plus ignobles – y est utilisé comme arme de destruction massive. Il m'est encore difficile de rester impassible devant les actes de barbarie qui s'y perpètrent. J'aimerais que mes cellules entendent que tous ces gens ont choisi cette terre pour s'incarner, pour leur expérience, que tout est donc parfait, qu'il faut cesser de regarder les événements du point de vue limité de la personne. J'aimerais comprendre ce qui pousse l'humain à vouloir infliger de la douleur à un autre.

La semaine de mon arrivée, à Bangui, un homme supposément auteur d'un vol à l'étalage, sur un marché, a été pourchassé par la foule qui l'a lynché puis brûlé sur un bûcher fait de chaises récupérées dans le commissariat dans lequel il s'était réfugié. Il avait peut-être volé une banane ou un morceau de poisson boucané. La plupart de ceux qui l'ont mis à mort ne savaient pas pourquoi ils faisaient cela. Ils imitaient simplement les autres. Puissent-ils, un jour, être mus par un élan d'une intensité comparable vers la célébration unanime de leur lumière intérieure…

Peu après mon retour de Centrafrique, mon escadron est envoyé en Guyane. Le peloton d'intervention, à la tête duquel je suis placé, reçoit la mission de tenir une portion du Haut-Maroni, frontalière avec le Surinam, pays réputé pour fournir aux sites d'orpaillage clandestins des contrebandiers particulièrement audacieux.

Durant trois mois, nous ne sortons pas de la forêt. Nous interceptons de jour comme de nuit des quantités phénoménales de carburant, de matériel et de nourriture à destination des *garimpeiros*, transportées par des piroguiers qui utilisent leur embarcation comme des béliers contre les nôtres. Entre la pression remarquablement élevée d'une hiérarchie qui exige des résultats sans cesse croissants et les risques encourus en cas de chute nocturne dans le fleuve, j'ai la sensation permanente de marcher sur une corde raide et de souvent entraîner mes subordonnés dans cette course folle. Nous essuyons fréquemment des tirs et notre campement fait l'objet de tentatives régulières d'infiltration qui nous imposent un état de veille permanent.

Je me prends totalement au jeu ou, plus justement, je m'y perds totalement. Je n'ai plus aucune distance par rapport à la situation. Je rentre dans mon personnage et deviens, petit à petit, plus royaliste que le roi. Je ne vois plus que l'extérieur. Je suis complètement absorbé par la forme, l'objectif à atteindre, la jungle, les pièges, les bruits nocturnes, etc. Je m'entraîne à entendre le son d'un moteur de pirogue à des kilomètres de distance, à *lire* un layon dans la forêt, à me diriger avec mes seuls sens, comme un fauve en quête de sa proie. Le chef d'état-major de la gendarmerie, celui de la part duquel la pression était initialement la plus forte, me dira même, en visite sur mon poste : « Vous êtes le roi du Maroni »...

Il s'agit encore une fois d'un couronnement de mon ego qui, décidément, ne se lasse pas de ce genre de remarques. Ma conscience attend, quant à elle, patiemment à l'arrière-plan qu'il soit rassasié pour reprendre les rênes et ramener à la surface cette injonction : « *Pour le moment, tu fais cela et tu dois le faire de ton mieux... Cependant, n'oublie pas que viendra un temps où il te faudra te remettre au service de ton élévation spirituelle. Ne prends donc pas trop au sérieux ce rôle actuel.* »

L'ego interprète ce que le cerveau lui présente et est cette partie de la conscience qui s'identifie au corps. Il est un champ magnétique qui densifie et projette une partie de la conscience dans la matière et qui coupe de la conscience multidimensionnelle. Il interprète toujours à son avantage ce qu'il voit. Il est une partie de l'Être, constituée d'énergie éthérique et psychique, qui n'est pas alignée avec le Soi supérieur ni avec la volonté de l'âme. Chaque fois que l'on prend une décision inverse à celle inspirée par le cœur et l'intuition, une densification d'énergie se produit. Graduellement, depuis l'enfance, cette densification a formé une sorte d'entité psychique de plus en plus substantielle et douée d'autonomie. L'ego n'est donc qu'un flux d'énergie densifiée dans un champ magnétique, mais ce champ ralentit une partie du flux d'énergie de la conscience et bride l'ouverture vers des dimensions supérieures... L'oubli, l'ignorance, l'illusion, les croyances naissent de ce champ. Les croyances sont ainsi des empreintes électromagnétiques qui finissent par se matérialiser dans l'expérience du quotidien. Elles ne sont que des reflets de l'énergie émise d'abord par ses propres champs énergétiques puis renvoyée vers soi par la Vie. On manifeste, de cette manière, par ses champs d'énergie, les événements et les circonstances dans son existence que l'on a préalablement créés par ses croyances.

Ainsi, l'ego densifie les images générées par les croyances en s'y identifiant et en s'y raccrochant. Les circonstances de vie sont donc décryptées par les cinq sens qui permettent à la conscience, à travers ce champ magnétique de croyances, d'expérimenter la densité. Chacun crée alors, de cette façon, les possibilités d'orientation dans sa vie, d'après ses propres perceptions…

Entre deux missions, je me replonge dans mes lectures dites spirituelles et mes investigations intérieures – sortes de voyages que j'entreprends essentiellement dans mon lit, durant l'heure qui précède l'endormissement. Les mondes que j'y découvre sont infiniment plus vastes que celui que je parcours à longueur d'année et je me sens parfois un peu frustré de n'avoir personne avec qui partager cela. Je passe, certes, des moments sublimes avec celle qui était mon capitaine à mon arrivée dans mon escadron du bord de mer et de laquelle je me suis rapproché sitôt sa mutation prononcée ; cependant, nos échanges s'arrêtent là où mes perceptions extrasensorielles commencent. Elle a connaissance de mes lectures et centres d'intérêt – parfois hermétiques –, mais ne souhaite pas y être associée, manifestant parfois une certaine répulsion face à leur seul intitulé. Je respecte sa volonté et ne cherche à la convaincre de quoi que ce soit. Je laisse le temps et surtout la Lumière faire leur œuvre…

Un mardi de septembre 2008, je reçois un message me désignant pour me rendre le vendredi, seul, en Guinée, pour une durée de quatre mois. Je m'insurge aussitôt contre les défaillances d'une administration bureaucratique coupée des contingences existentielles de ceux dont elle dispose comme de pions. Ma compagne est enceinte et la naissance est prévue pour la fin du mois de janvier 2009. Mon départ signifie qu'elle passera seule ses derniers mois de grossesse. On me fait savoir que je peux toujours demander à repousser mon départ de deux jours… Ne serait-ce que pour pouvoir faire apposer un visa guinéen sur mon passeport de service, je sollicite effectivement ce report.

La mission qui m'est confiée, en Guinée, est d'assurer la formation initiale de quatre mille jeunes recrues de la gendarmerie dans les domaines du maintien de l'ordre ou de la paix, de la riposte mesurée et de la gestion de foules. Dans le cadre d'un plan de recrutement sans précédent, l'État guinéen a décidé de multiplier par trois ses effectifs globaux qui plafonnaient péniblement jusqu'alors à mille cinq cents personnels.

Au moment de mon arrivée, ces quatre mille recrues se trouvent réparties sur deux sites distincts. L'un se situe en banlieue de Conakry, dans une école déjà existante, à une trentaine de minutes du centre-ville et l'autre, à la frontière de la Sierra Leone, dans un ancien camp de réfugiés installé là durant la guerre civile qui a pris fin en 2002. Les deux sites entre lesquels j'aurai à partager équitablement mon temps de présence sont distants l'un de l'autre de deux heures de route.

Je consacre la première semaine à former les instructeurs guinéens, sur qui je vais essayer de m'appuyer afin de parvenir à être entendu de ces milliers de jeunes hommes et femmes recrutés par un concours censé avoir écarté les illettrés et ceux présentant une inaptitude médicale manifeste. Je comprends vite qu'à l'instar de la Centrafrique, le népotisme est ici érigé en modèle social. Une proportion non négligeable du contingent ne sait ni lire ni écrire et certains semblent avoir menti sur leur âge. Étant donné que les forces de l'ordre ont coutume de rançonner les citoyens, j'imagine qu'une partie de ces recrues n'est pas simplement motivée par la volonté désintéressée de servir son pays et d'assurer la tranquillité publique…

Par son absence totale d'infrastructures autres que les ruines de l'ancien camp de réfugiés, l'*école* de Forecariah, à une trentaine de kilomètres de la frontière avec la Sierra Leone, m'enseigne l'art de transmettre une information, un contenu, des savoir-faire et des savoir-être sans aucun support pédagogique, par la seule force du verbe. Ce que je croyais maîtriser du fait d'une certaine habitude à donner des cours et conduire des formations a perdu presque toute sa substance lorsque je me suis retrouvé face à deux mille visages interrogatifs, sous un soleil écrasant, sans haut-parleur, sans tableau ou quoi que ce soit sur lequel me reposer entre deux phrases. Le challenge de transformer, en quatre mois, ces jeunes civils en gendarmes capables d'aborder chaque situation du quotidien, de la plus calme à la plus dégradée, en conservant autant que possible le sens de la mesure, c'est-à-dire en faisant usage de la force – le cas échéant – d'une manière strictement proportionnelle aux nécessités de la menace adverse me semble conséquent, mais à ma portée, puisque, de fait, je m'y trouve confronté.

La seule commodité dont l'école dispose est une pompe à eau manuelle, installée il y a plus de dix ans par une organisation non gouvernementale. Le jour où il m'est donné de lire un thermomètre affichant plus de cinquante degrés Celsius, je mesure à quel point cette pompe est source de vie.

La fin de mon séjour est marquée par un coup d'État militaire dont je découvre incidemment la survenue sur le trajet menant de Conakry à Forecariah. Je manque ainsi de me faire lyncher par un groupe d'hommes très excités qui bloquent, puis encerclent mon véhicule, avec l'intention apparente de m'en faire sortir. Connaissant trop bien le sort réservé à ceux qui, ponctuellement, servent d'exutoire à la colère collective, je manœuvre avec toute la vivacité que la situation requiert pour m'extraire de cet endroit, percutant, au besoin, ceux qui veulent m'en empêcher. Ce sera eux ou moi. Je choisis de rester vivant.

De retour dans l'enclave dans laquelle je loge, en banlieue de Conakry, je suis contacté par téléphone par un agent des services secrets, en poste à l'ambassade de France, qui me demande de lui fournir des informations sur la situation. Du fait que l'une de ses missions était précisément de m'avertir, en amont, des risques que je pouvais encourir en partant seul à travers le pays, je l'invite à aller se rendre compte, par ses propres yeux, de l'état sécuritaire actuel.

Pour quitter le pays, je suis contraint de me rendre à pied et de nuit à l'aéroport, en traînant ma valise et mes sacs d'effets militaires à travers les rues de la capitale dans laquelle un couvre-feu sera le lendemain décrété par la junte qui vient de s'emparer du pouvoir. Je ne ressens pas de peur, mais j'ai conscience que je suis dans un labyrinthe obscur, dont

je ne vais trouver la sortie que grâce à ma lumière intérieure… Sourire…
Demeurer focalisé sur l'objectif du moment… Rentrer vivant et assister
à la naissance de mon fils… Entendre son premier cri… Ne songer à rien
d'autre… Ne pas se laisser happer par le spectacle extérieur… Se placer
au centre, là où le doute n'existe pas… Des coups de feu ? Et alors ?
« *Sursaute, mais avance* », gronde la voix intérieure…

XIII

Moins d'un mois et demi après mon retour de Guinée, un matin ensoleillé de janvier, mon fils vient au monde. Je coupe moi-même le cordon ombilical. Ce geste sacré me donne la sensation de lui permettre de descendre véritablement dans la dimension terrestre.

À compter de ce jour, je sais que je ne suis plus simplement responsable de ma petite personne. Cet être a décidé d'entrer dans ma vie, en me choisissant pour père. Il ne s'agit bien sûr pas d'une entrée au sens physique du terme, mais d'une immersion vibratoire, répondant à un contrat d'élévation mutuelle. À compter de ce jour, nous allons l'un l'autre nous élever. Cette entente trouve son origine dans ce que nous sommes de toute éternité, au-delà de toute notion de retrouvailles présumées causales. Mon antériorité sur Terre me place nécessairement en position d'élève par rapport à lui. Ce qu'il vient amener, je ne le connais pas encore ou, plus justement, je ne l'ai pas encore reconnu. Alors, à chaque instant où je serai touché par la grâce de l'humilité, je pourrai apprendre de lui.

25 juin 2009. À mon réveil, j'apprends la mort de Michael Jackson alors que je suis en mission à Paris avec mon escadron. Je l'apprends, mais ne l'intègre pas. Je ne l'entends pas. Il me faudra plusieurs mois pour dissocier la mort de son corps physique de l'immortalité de son être, de sa vibration. Durant toute mon enfance, j'ai aimé passionnément cet artiste global, allant jusqu'à confondre le fond et la forme, le messager et son message.

Il m'a fallu du temps, beaucoup de recul pour ainsi concevoir que le messager n'était pas parti avec son message. De par son départ que je n'avais jamais imaginé parce qu'intrinsèquement inconcevable, j'ai ainsi pu, moi-même, laisser mourir mes propres attachements à la forme, mes enfermements dans la matière et bon nombre de mes identifications au corps physique.

Je ressens une infinie gratitude à l'égard de son âme d'avoir été une lumière éclairant les ténèbres de mes nuits enfantines, l'exemple éclatant, devant mes yeux émerveillés, de la croix de l'incarnation et enfin ce *maître* m'enjoignant sans détour de mourir à mes attachements formels et temporels.

Le 1er août, je suis promu au grade de capitaine et placé aux commandes de l'escadron de mon choix, dans le nord de la France.

À mon arrivée, l'on m'apprend que l'un de mes secrétaires traverse une période sombre du fait que son épouse est partie avec un autre gendarme de l'unité, alors qu'il était lui-même en mission. Il éprouve à l'égard de sa femme une forme d'amour qui ne souffre aucunement la possibilité de la voir avec un autre. Cet homme de trente ans sombre progressivement dans une « dépression » qui inquiète sérieusement son chef de service et me conduit, après l'avoir reçu personnellement à une demi-douzaine de reprises, à l'envoyer consulter le médecin militaire et à proposer à la direction des ressources humaines – par rapport interposé – que le prétendant indélicat soit muté d'office à l'autre bout de la France.

Un événement imprévisible vient m'extraire sans délai de ces considérations : un gendarme dans la fleur de l'âge est mort brutalement durant une séance d'entraînement physique. Le choc dans les rangs de l'escadron est important. J'accuse moi-même le coup du fait, notamment, de sa concomitance avec mon arrivée et de la responsabilité qui est la mienne d'offrir à la jeune veuve un espace immédiat d'écoute, de présence et de soutien.

À l'annonce de ce décès, le mari trompé semble alors relativiser sa propre situation et même retrouver un nouveau souffle, ce qui me permet de m'en délester quelque peu et me concentrer pleinement sur l'organisation des obsèques à venir.

Le lendemain soir, vers vingt heures, je suis cependant appelé par l'intendant de l'escadron afin que je vienne constater que mon secrétaire s'est donné la mort par pendaison, dans sa cuisine.

Cela fait une semaine que j'ai pris ce poste de commandement et, dans ce nouvel environnement, j'ai ce soir l'impression que le sol se dérobe sous mes pieds…

Après m'être moi-même assuré du décès du jeune homme, je prends toutes les mesures conservatoires qui s'imposent, puis pars m'isoler dans mon bureau. Je ne contiens plus rien et laisse d'abondantes larmes silencieuses couler sur mes joues, bien que l'envie de hurler me traverse. Je trouve la vie bien funeste en ces instants…

Il me revient désormais la lourde charge d'avertir les parents, à laquelle je n'envisage pas de me plier par téléphone. Malgré l'heure tardive, je les prie de venir à ma rencontre, sans leur préciser la raison, mais en leur disant assez laconiquement que j'ai besoin de leur parler. Ils résident à une petite heure de route de l'escadron. Ce délai me laisse la possibilité de faire tourner dans ma tête une bonne centaine de fois la pire nouvelle qui soit à annoncer à des parents.

Dès leur arrivée, les parents du suicidé sont conduits dans mon bureau par le gendarme de faction au portail de l'escadron, livide. La phrase que j'avais répétée cent fois ne sort pas de ma gorge. Les mots n'ont ici pas de valeur par eux-mêmes. C'est d'abord une main posée sur une épaule, un regard qui embrasse, un cœur qui compatit sans la prétention de comprendre la peine éprouvée. C'est ensuite une respiration avec l'autre, au moment où cet autre a le souffle coupé. C'est enfin quelque chose qui pointe au-delà de la ligne de l'horizon, comme un pont tendu entre l'humain et le Divin. C'est une absence de mots qui est Présence du Verbe. Il n'y a rien à faire. Juste à être.

Après leur départ, mon supérieur hiérarchique m'a rejoint dans mon bureau. Je le sens bien plus démuni que moi face à la situation.

— Mon capitaine, qu'est-ce qu'on fait ? demande-t-il, me donnant immédiatement à saisir que sa présence à mes côtés n'est que physique.

— Laissez-moi donc réfléchir, mon colonel, réponds-je, un peu sèchement.

— En tout cas, pour demain, faites les séances d'entraînement que vous aviez prévues. Appliquez le programme.

— Vous n'y pensez pas, mon colonel ?! contredis-je, interloqué. J'ai deux gendarmes à enterrer cette semaine. Leurs cercueils vont être portés par leurs camarades. J'en ai croisé ce soir des dizaines en pleurs dans les cages d'escalier, ils n'ont aucunement la tête à jouer pendant cinq jours à « *forces de l'ordre contre manifestants* ». Essayons de faire les choses intelligemment et sollicitons la cellule de gestion psychologique.

— Ah, oui, bonne idée, confirme-t-il en décrochant le téléphone de mon bureau, composant le numéro du général – grand patron des gendarmes de toute la région Nord – et lui soumettant l'idée, comme venant de lui.

Par le biais d'une multitude d'exercices pratiques et de mises en situations plus vraies que nature, la semaine qui s'amorçait avait pour objectif majeur de préparer l'escadron à l'évaluation de sa capacité opérationnelle, programmée la semaine suivante. Ce rendez-vous biennal se révèle particulièrement important dans la vie d'un escadron puisqu'il détermine les catégories de missions qu'il est ou non en mesure de remplir. D'une durée de deux semaines, cette évaluation se déroule au centre national d'entraînement des forces de gendarmerie, en Dordogne. Rater ce rendez-vous est ainsi un moyen assez sûr de se voir attribuer, pendant deux ans, les plus ingrates destinations en France métropolitaine ou d'outre-mer.

M'y présenter en tant capitaine fraîchement promu, à la tête d'un escadron non entraîné dont je ne connais pas les personnels qui, en outre, auront le moral foncièrement affecté par une semaine d'obsèques me rebute, voire m'effraie. Je songe à quémander un report, m'appuyant sur cette liste de prétextes prétendument valables. « *Recule pour mieux sauter* », me dit ma tête… « Y allez-vous maintenant, mon capitaine ? », me demande, quarante-huit heures plus tard, le général qui s'adresse désormais à moi sans passer par mon supérieur. « *Tremble, mais avance !* », tonne ma voix intérieure. « Oui, mon général, j'y vais », consens-je, l'inquiétude chevillée au corps.

Contre toute attente, la prestation que nous offrons là-bas – où nous sommes par ailleurs comparés à cinq autres escadrons présents, également évalués – est unanimement saluée par l'encadrement du centre. Je m'y suis découvert tout comme j'y ai découvert les hommes entiers, droits, loyaux et courageux à la tête desquels j'ai l'insigne honneur d'avoir été placé. Ce que je ressens est une fierté vide de tout orgueil et emplie d'une gratitude sans bornes. Ensemble, nous avons agi comme un seul, blessé certes, mais résolu comme jamais.

Ensemble, nous traverserons encore maintes situations complexes, couvrant un assez large spectre. De l'interposition entre groupes opposés de virulents supporters de football à la régulation de flux migratoires dans la mangrove des Comores, en passant par la reprise de contrôle d'une usine d'hydrocarbure tenue par des ouvriers désespérés, retranchés derrière des entrées piégées, les missions qui nous sont confiées dessinent l'existence *classique* d'un escadron de gendarmerie mobile.

La plus délicate pour moi est celle pour laquelle je n'avais reçu aucun entraînement ni préparation : l'annonce de la dissolution de l'escadron. Pour des motifs censément liés à l'aménagement du territoire, à la rationalisation des moyens et à des réductions d'effectifs, mon escadron figure sur une liste d'unités à dissoudre. Moi qui pensais y avoir tout connu depuis mon arrivée, j'étais très loin du compte… Faire correspondre les desiderata de reclassement fonctionnel et géographique de cent trente gendarmes avec les besoins du gestionnaire central est une expérience unique au cœur de la persévérance, de la patience, de la diplomatie, de la pédagogie et de l'art de la négociation. Sans grande surprise, mon cas personnel est traité en dernier, lorsque chacun a obtenu un reclassement doublement satisfaisant…

Mon mariage, qui a été civilement acté en fin d'année précédente, ne m'a pas garanti l'obtention d'un poste en proximité immédiate du foyer. Ayant privilégié la moins drastique des hypothèses qui m'ont été proposées, je suis muté le 1er août 2011 à une centaine de kilomètres, à la tête d'un autre escadron. C'est une véritable rupture avec l'organisation familiale actuelle, puisque je suis tenu d'y occuper un logement qui m'est *concédé par nécessité absolue de service.*

Après la prise en compte de mon nouvel escadron – qui s'apparente à une formalité après ce que je viens de vivre dans le précédent –, s'en vient l'exécution, au jour le jour, de toutes les missions qui me sont habituellement dévolues. Dans la chaîne organique de la gendarmerie, depuis deux ans, mon statut est «commandant d'unité». *Commandant d'unité*… Dans son acception première, le commandant d'unité est le chef d'un regroupement de personnes ayant vocation à remplir ensemble des missions de même type. Sortie du périmètre strictement fonctionnel, l'appellation de «commandant d'unité» résonne en moi d'une manière bien plus large et profonde. Il s'agit d'être celui qui, par sa présence, son ancrage, sa droiture, son alignement, sa fermeté, sa maîtrise, conduit cent trente personnes en uniforme – formes unies, uniques et unifiées, mais fonds très distincts dans leur expression – à vibrer à l'unisson, à dépasser les désirs clivants de leur ego pour servir la nécessité collective, à sentir en elles le feu de ce que l'on appelle justement «l'esprit de corps».

L'un des principaux indicateurs d'efficacité d'une unité – au sens de «corps constitué» – est la cohésion, bien avant la technicité ou les moyens matériels dont elle dispose. D'abord parce ce que la valeur d'une unité s'évalue à l'aune de son maillon le plus faible. Ainsi, la compétence des plus forts et de plus expérimentés n'a d'intérêt que si elle se partage auprès des novices et des moins aguerris. Ensuite, puisque aucune action n'est jamais menée par un homme isolé, mais qu'elle est toujours une manœuvre coordonnée – une cocréation, en somme –, il est à développer chez chacun la conscience d'être comme un organe du corps physique, connecté à tous les autres. En tant que chef de ce corps, quel serait mon avantage d'avoir des yeux perçants si je n'ai pas de jambes suffisamment alertes pour rejoindre le point lointain observé?

Le terme de « cohésion », très fréquemment usité dans les sphères militaires, est le synonyme pudique du mot « amour », que l'on n'ose employer qu'à destination de concepts tels que la patrie ou le pays. C'est pourtant bien d'amour qu'il s'agit et, d'un point de vue humain, l'un des plus puissants qui soit. Un amour véritablement sans condition qui conduit quiconque à accepter de risquer sa vie pour n'importe quel camarade sous le feu ou courant un danger imminent. Comme une mère qui, pour préserver son enfant, n'hésite pas une seule seconde à donner de sa personne, si besoin en faisant barrage de son corps. Exactement comme dans le corps physique, lorsqu'un organe de ce corps n'est plus aimé par les autres ou par l'esprit qui l'anime, il dépérit, s'affaiblit, devient malingre, se cristallise et peut mourir. Et c'est le corps tout entier qui, toujours, en pâtit.

Je viens d'être désigné pour partir – seul – en Afghanistan, pour une durée minimum de six mois qui va s'étirer de mai à décembre 2012.

Les personnels de mon escadron goûtent assez peu le procédé, eux qui viennent à peine de me voir arriver et semblent apprécier la transition avec mon prédécesseur. Mon épouse, bien qu'accoutumée à mes fréquentes missions extérieures, me confie ici sa lassitude, soulevant à la fois le contexte sécuritaire local et la durée de mon séjour. Que puis-je arguer pour adoucir la perspective ? Je ne peux évidemment aller contre le fait que l'Afghanistan est un pays en guerre et qu'elle va rester seule avec notre fils de trois ans, pendant au moins six mois. D'expérience, je sais à quel point c'est plus difficile pour ceux qui restent que pour ceux qui partent…

Lorsque je les préviens, ma mère s'effondre en larmes et ma sœur me dit ressentir comme un coup de poing dans le ventre. De moins en moins loquace, le commandant, lui, ne dit mot. Il lâche juste une sorte de soupir d'affliction. À la fin de l'hiver 1992, vingt ans auparavant, presque jour pour jour, il avait été celui qui avait demandé mon enrôlement dans l'armée. Même si, depuis, il est mort dix fois, cent fois à lui-même, il récolte aujourd'hui ce qu'il a semé en moi. « Il faut se battre dans la vie », me répétait-il sans cesse. « *Voici, Papa, que je te témoigne toute ma loyauté, en m'en allant là où la guerre fait rage »*, semblé-je presque lui dire.

Je passe deux ou trois jours au Tadjikistan voisin avant de me rendre à Kaboul, le temps nécessaire pour éloigner de mon esprit mes confortables repères de France.

En Afghanistan, je vais prendre la tête de la cellule « renseignement » de la gendarmerie, en charge de la collecte, l'analyse, l'évaluation et la transmission de toutes les informations ayant de près ou de loin rapport à la sécurité des forces de la coalition. Il s'agit donc pour moi de connaître en un délai le plus bref possible l'ensemble des protagonistes locaux, qu'ils appartiennent à telle faction talibane, à l'état-major de la Task Force La Fayette ou celui de l'armée régulière afghane. Mes correspondants et homologues sur place seront tous ceux appartenant aux services – plus ou moins secrets – de renseignement français, américains et canadiens. Je suis par ailleurs chargé de l'entraînement continu des gendarmes basés à Kaboul ainsi que de la mise en condition opérationnelle de tous les nouveaux arrivants, où qu'ils soient ensuite déployés sur le territoire afghan.

J'ai donné un crédit certain à tout ce que j'ai vu et entendu sur l'Afghanistan ces dernières années : la profusion d'engins explosifs improvisés, d'attentats-suicides, d'attaques de bases et de convois et, par-dessus tout, l'impossibilité de distinguer extérieurement un Afghan *paisible* de celui animé d'une intention belliqueuse – ou, du moins, opposé à une quelconque présence étrangère sur le sol de son pays. Ce faisant, j'ai créé une faille en moi dans laquelle, le jour où je pose le pied à Kaboul, *quelque chose* s'engouffre immédiatement.

Ce *quelque chose* vient de la terre qui porte dans son épaisseur la charge vibratoire du sang versé ici depuis 1979, des archaïsmes tribaux et religieux dont je mesure tout le poids à ma première respiration afghane et, aussi, de mes propres dissonances intérieures que je sens extraordinairement amplifiées, comme par résonance avec celles perçues au-dehors. Ici, je comprends que je suis arrivé au bout d'un chemin. Ici, aucun faux-semblant ne survit. Ici, ce qui est encore dissimulé en soi explose à la surface, au sens propre comme au figuré.

Comme jamais à ce point, je tombe malade, dès le lendemain de mon arrivée. Mon corps physique me donne l'impression d'être un vieux paquebot qui, présentant avarie sur avarie, prend l'eau de toutes parts, tout en perdant graduellement sa cargaison. J'ai eu beau le sangler solidement dans un treillis et l'enjoindre à retrouver une condition plus martiale, mes poumons, mes bronches, mes sinus, mes globules rouges et mes intestins se sont donné le mot pour soit se mettre en grève, soit pécher par excès de zèle, alors que je dois enchaîner réunions, présentations, prises de consignes, rencontres et déplacements de reconnaissance dans les inextricables faubourgs poussiéreux de Kaboul.

Mon prédécesseur, nécessairement à l'aise au terme de six mois de présence, me parle de rues de la capitale comme si j'y avais grandi, tout en me dressant un bilan très fouillé de la situation comportant une quantité invraisemblable d'acronymes que je suis tenu d'assimiler à leur première écoute. Lui est pressé de partir et moi, j'ai un mal certain à arriver. Le tuilage dure néanmoins une semaine. Alors, pendant ces sept journées, je mobilise toutes mes ressources physiques, intellectuelles et spirituelles pour guérir mon corps physique, faire mienne la mission et cesser d'aspirer à autre chose que ce que la vie me donne à expérimenter ici et maintenant. Pour aimer inconditionnellement le fait d'être là, en somme.

Ce que j'ai vécu les quelques premiers jours, dans ma corporalité physique et psychique, est un effondrement salutaire.

À bien des égards, les temps actuels peuvent paraître chaotiques. Une sorte de tension, voire de surtension, imprègne bon nombre d'aspects de l'existence terrestre telle que perçue par les cinq sens du corps physique. De l'économie mondiale à l'écologie, en passant par le système éducatif, les relations internationales, les flux migratoires ou encore la création cinématographique dominante qui n'a de cesse de proposer plus violent, plus martial, plus dévastateur et annihilant, on assiste à une apparente exacerbation globale du conflit, de la séparation et du repli identitaire.

Ce drame sociétal généralisé qui repose depuis des éons sur des conventions issues de l'illusion de la dualité, se nourrit et se renforce d'une part de l'observation consternée, apeurée ou révoltée de ce qui se déroule et, d'autre part, de la conviction que cette situation doit changer. Le monde, tel qu'il semble se manifester, n'a pas vocation à changer en tant que tel puisqu'il est une illusion, fruit d'une ignorance existentielle et de la croyance en une séparation d'avec la Source. Pourquoi une illusion devrait-elle changer ? Pour laisser place à une autre illusion plus conforme à de nouveaux désirs et de nouvelles croyances ? Ce qui se joue en cette époque est beaucoup plus subtil et puissant qu'une simple évolution des consciences permettant à de nouvelles structures et organisations de prendre racine dans la matière…

L'enjeu n'est pas de remplacer une civilisation mondiale en déliquescence par une autre. L'enjeu n'est pas de construire un nouveau monde tridimensionnel plus confortable, plus équilibré, plus juste, plus sécurisé ou plus doux. L'enjeu réside dans une transition vibratoire qui se fonde sur une élévation globale de la fréquence de tout ce qui porte la vie sur Terre. On ne s'est pas incarné pour modifier ou remplacer ce qui, dans ce théâtre actuel, perturbe l'un de ses cinq sens ou indispose. Tant que l'on demeure dans cette volonté de « changer le monde », on remplacera des civilisations par d'autres, jusqu'à ce que leur décadence progressive incite à chercher à en faire émerger de nouvelles, et ainsi de suite.

Rien de ce qui repose sur la dualité – bien/mal, vrai/faux, juste/injuste, beau/laid, moral/immoral, etc.– n'a vocation à perdurer dans une conscience unifiée. Il n'y a plus à être tel un adolescent qui voudrait que sa chambre d'enfant, par sa taille, son contenu et sa décoration, s'aligne aujourd'hui sur son besoin d'espace, d'objets adaptés et d'épuration, mais plutôt à quitter, sans regret, cette pièce exiguë, à assumer son passage à l'âge adulte, à élever son regard et sa conscience vers sa nature véritable et à cesser d'attendre l'avènement d'un hypothétique « monde meilleur » extérieur à soi.

Le monde, tel que les cinq sens le décryptent quotidiennement, entre dans un processus d'effondrement quantique des forteresses égotiques individuelles et collectives. Chaque fois que l'on s'accroche à cette idée de changer le monde actuel, une partie de soi entre nécessairement en résistance, refusant de lâcher prise face au mouvement universel, pourtant irréversible et irrépressible. L'effondrement actuel est le processus naturel de sortie de la grotte ancestrale. Alors, oui, bien des peurs peuvent apparaître à l'idée de découvrir, au-dehors, l'immensité presque oubliée de la Vie, mais l'on concevra bien que, aussi nombreuses les bougies allumées au fond de cette grotte soient-elles, elles ne parviendront jamais à égaler l'éclat du soleil. Elles n'en donneront qu'un pâle reflet.

Le temps de l'indignation est révolu. On est appelé à comprendre que ce vers quoi l'on porte son attention se renforce de par l'énergie qui s'y dépose… Chacun a simplement à laisser sa *Tour de Babel* intérieure s'effriter, jour après jour, rongée par l'élévation de sa conscience et la fin d'un attachement démesuré à sa personne.

Mon prédécesseur est parti, il a quitté Kaboul. Je suis désormais seul en scène. Il n'est écrit nulle part sur ma tenue que je n'ai qu'une semaine de présence sur le territoire pour justifier ma méconnaissance de tel paramètre ou mon éventuelle incapacité à gérer tel événement. Certes, je dispose d'un adjoint précieux chez qui, dès les premiers instants, je retrouve une essence commune, une fraternité d'armes, cependant, rang hiérarchique oblige, je serai toujours celui vers lequel on se tournera pour obtenir la réponse à la question et la solution au problème.

Lors de mon deuxième jour de présence effective en poste, quatre militaires français sont tués au cours d'un attentat-suicide commis par un homme déguisé en policier, qui a déclenché sa ceinture d'explosifs au milieu d'une rencontre avec des villageois. « *Qui ? Où ? Quoi ? Quand ? Combien ?* » Les demandes de comptes-rendus pleuvent. La règle est simple : aucune information ne doit remonter vers les médias nationaux français sans qu'elle ait d'abord été collectée par les échelons locaux de renseignement. En clair, il est absolument hors de question que le gouvernement et les familles apprennent la nouvelle par les chaînes télévisées d'information en continu, puisque c'est au premier d'avertir les secondes. Tous les acteurs du renseignement s'activent pour recouper les données, avec le maximum de sang-froid possible, c'est-à-dire en résistant, autant que faire se peut, à la pression d'une hiérarchie qui, souvent, veut disposer de tout, tout de suite.

Au cœur de ce tourbillon durant de longues heures, je n'ai la possibilité de rassurer mon épouse et ma mère que le soir, alors que l'annonce de la mort de quatre Français tourne depuis un bon moment en boucle à la télévision. Pour tous, le temps du lâcher-prise, de l'acceptation et de la foi est venu. Je rappelle aux membres de ma famille que la peur qu'ils projettent sur moi est une charge dont je n'ai pas besoin. Ce « On a peur pour toi » est un mensonge… On a peur pour soi, peur de souffrir. Toujours. Peur de l'éventuelle disparition physique de l'autre qui met face à tous les attachements, dont celui à sa propre personne, à la croyance en la mort totale et en la séparation définitive.

Au fil des jours, je transcende mes peurs liées au *climat* afghan. Ce n'était pas de mourir qui était ma crainte, mais de connaître le sort généralement réservé aux militaires pris vivants par les « insurgés ». Perdurait ainsi en moi un doute quant à ma capacité à endurer sur le long terme des séances de torture, sans finir par lâcher des informations précieuses pour celui que l'on nomme communément « l'ennemi ». Et puis, j'ai appris que, de toute façon, sous la torture, tôt ou tard, tout le monde *parle*. Cela a transmué en moi un aspect qui se jugeait, avant même l'épreuve, pour trahison potentielle.

En vérité, parler ou réussir à garder le silence n'est pas une question de volonté reposant sur une décision initiale. C'est une question de résistance liée à un facteur temporel. Dans ce registre de l'exposition impuissante à une forte douleur physique infligée par autrui, l'idée est de retarder le plus possible le moment où l'on va donner des informations au camp adverse, de manière que son propre camp ait le temps de changer ses plans, positions, codes, etc., désormais connus, donc vulnérables. Encore une fois, dans cette histoire maintes fois jouée dans toutes les guerres du monde, il n'y a ni héros ni lâches, mais seulement une danse – au rythme saccadé, on peut en convenir – entre les attentes que l'on a vis-à-vis de soi et celles de celui qui pratique l'acte de torture. Ce n'est pas tant des informations sensibles, voire capitales, que l'on va protéger que l'image plus ou moins glorieuse que l'on possède de soi...

Quand je ne me rends pas en hélicoptère sur les points occupés en Kapisa et dans le Wardak* par des unités de gendarmes, je sillonne chaque quartier de Kaboul et de sa banlieue, à toute heure, avec un effectif de total de quatre militaires – moi compris – répartis sur deux véhicules civils. J'ai besoin de *sentir* cette ville et ses habitants, d'en prendre le pouls, de percevoir avant leur survenue ses sautes d'humeur, de respirer avec elle, de l'entendre. Je veux être en mesure de m'y déplacer comme dans ma ville natale même si l'on dit qu'en cas d'accident, de panne ou de crevaison, ici l'espérance de vie se réduit drastiquement. À ce titre, à chaque sortie en dehors de la base, l'hypothèse d'une mission sans retour est évoquée, comme une formalité sur laquelle on ne s'attarde pas.

Acceptée parce qu'inhérente au métier, la mort du fait de l'agression d'autrui est ici normale, d'un point de vue rationnel. Le code de la défense, relativement aux exigences de l'état militaire, inscrit d'ailleurs *l'esprit de sacrifice pouvant aller jusqu'au sacrifice suprême* comme l'une de ses spécificités, outre la discipline, la disponibilité, la neutralité et le loyalisme.

Ce qui est accepté ne hante plus... Je sais ce que me donne la terre afghane, par ses puissants contrastes qui viennent heurter mes dernières résistances. Jour après jour, j'intègre dans le cœur du cœur de mes cellules un état de paix dont je n'aurais jamais cru le déploiement possible dans un pays en guerre.

Par vagues, lancinantes, subtiles ou brutales, la peur traverse continuellement la personne que l'on croit être. Qu'on la nomme doute, anxiété, angoisse, inquiétude, effroi, crainte, souci, questionnement ou préoccupation, qu'on la situe dans le ventre, la poitrine, la gorge ou la tête importe peu. On sait identifier cette énergie qui émerge en soi dès que l'on donne de l'importance ou une valeur excessive aux choses de

---

* Province d'Afghanistan.

ce monde. Rien n'y est pourtant important, puisque rien n'y dure… Dès lors que l'on se perd à accorder de l'importance à ce qui est périssable, à ce qui, tôt ou tard, sera de toute façon retiré, l'on permet à la peur –cette énergie qui contracte et éteint– de prendre possession de soi.

Tenir exagérément à un travail, à des possessions matérielles, à un « être cher » ou à une relation engendre inexorablement la peur de perdre l'objet de cette étreinte aussi épuisante qu'illusoire. Puisque tout est mouvement, on ne peut s'assurer cette sécurité véritable qu'en s'ouvrant au changement et à la nouveauté qui apparaissent à chaque instant. En cherchant à préserver sa zone de confort ou sa routine, en cherchant à figer le plus longtemps possible un environnement dont les limites semblent rassurer, on lutte en fait vainement contre le rythme universel, ce qui ne peut que faire sombrer dans la peur et perdre ce sentiment de sécurité.

Aurait-on encore peur d'être licencié de son emploi, d'être trompé par son conjoint, d'être séparé de ses proches, d'être dépossédé de tous ses biens si l'on sentait pleinement couler en soi le puissant flux de la Nature qui, de par sa détestation du vide, remplace toujours en plus beau, plus vaste et plus lumineux tout ce qui disparaît en soi ou, plus justement, tout ce que l'on consent à lâcher ? Ce sont bien le manque de foi en la Vie et donc l'ignorance de ce que l'on est qui sont les principaux pourvoyeurs de peurs…

En vérité, ce n'est pas de mourir ou de la façon dont on pourrait mourir dont on a le plus peur puisque, pour la majorité, l'on est conscient que cette mort n'est qu'un passage. C'est de perdre sa vie avec que tout ce qui s'y rattache. Et plus l'on accorde d'importance à son existence, précisément dans ses aspects temporels, plus la peur de la perdre est grande. Ainsi, quand il devient question de prendre des « risques », de sortir des sentiers battus, de partir à l'aventure, de se lancer dans l'inconnu, de quitter une matrice rassurante ou d'oser se dévoiler publiquement, le degré de la peur qui assaille est proportionnel à l'attachement et à l'identification à la personnalité. Plus l'on est accroché à son individualité, plus les peurs sont puissantes, car ce à quoi l'on s'accroche est inexorablement voué à disparaître, à s'effondrer ou à être sans cesse remis en question.

Dans les temps à venir, rien ne sera touché qui mérite de survivre dans l'ère nouvelle, mais rien de ce qui est devenu futile, incongru, dissonant et stérile ne pourra perdurer. Ce qui signifie que toutes les peurs issues de cette illusion de l'importance octroyée aux choses de ce monde devront être examinées en pleine conscience, nommées, reconnues, puis éclairées de toute la lumière du cœur. Et l'un des moyens les plus puissants de dissoudre les peurs inscrites dans les mémoires cellulaires est de faire, chaque jour, un pas vers quelque chose qui effraie ou rebute, tel que prendre la parole en public, postuler pour un nouvel emploi, demander de l'aide à un inconnu, se présenter à une audition, laisser couler ses larmes devant autrui ou encore témoigner verbalement à certains membres de sa famille tout l'amour qu'on leur porte.

Il n'existe que deux sources dans lesquelles puiser ses pensées, ses paroles et ses actes. Celle de peur et celle d'amour. Il est assez aisé d'identifier laquelle des deux fournit son énergie, selon ce que l'on émet. À ce titre, « j'espère que... », « pourvu que... » sont des formulations qui peuvent sembler anodines, mais qui portent l'empreinte manifeste de la peur d'une non-réalisation de son vœu.

Enfin, il peut être opportun de souligner que le concept de protection est très souvent placé dans le droit prolongement de la peur. Quelle énergie initie l'idée que l'on doive se protéger ? La peur ou l'amour ?... Qu'est-on si ce que l'on est doit être protégé ? Lumière ? Certainement pas, car la Lumière est la plus puissante des manifestations. De quoi serait donc constitué ce qu'il y aurait à protéger ?... La croyance en la vulnérabilité – en d'autres termes, en la séparation d'avec le Tout – est le point d'ancrage de toutes les peurs. En vérité, dissoudre cette croyance rend libre et permet à l'Amour de se déployer en soi, autour de soi et à travers soi.

3 juillet 2012. Alors que je me penche sur la programmation des missions du lendemain, je sens *quelque chose*. Je ne dispose d'aucune information particulière pour étayer mon ressenti, mais j'en arrive à la certitude inébranlable qu'un événement d'ampleur va se dérouler le lendemain. Je ne sais dire quoi ni où. Je *sais*, simplement. Je décide

donc d'annuler l'ensemble des sorties initialement prévues le lendemain et de maintenir tout le personnel à la base. Évidemment, personne ne m'interroge sur le motif de ce gel des mouvements. D'abord, parce que je n'ai jamais à justifier la façon dont j'analyse un renseignement – quand bien même il me vient par la voie de l'intuition –, ensuite, parce que nous sommes en Afghanistan…

4 juillet 2012, quinze heures. La fenêtre de mon bureau – située juste dans mon dos – est soufflée par une violente déflagration. Je me retourne et vois un champignon orangé qui doit atteindre deux cents mètres de hauteur. « *C'est maintenant…* », me dit la voix intérieure. Je veux bien l'entendre.

Responsable de la conduite des opérations de riposte des gendarmes en cas d'attaque du camp, je lance à la voix l'alerte dans notre bâtiment. En un temps extrêmement bref, chacun rejoint l'abri souterrain, hormis ceux que j'ai désignés pour tenir un poste de combat. Les explosions se font de plus en plus proches, à un point tel que nous devons nous protéger de la chaleur des flammes et que certains en subissent des traumatismes sonores.

Au-delà de la fureur et des cris, je *dois* savoir ce qui se passe. Je passe quelques appels téléphoniques à mes contacts turcs dont le bâtiment à étages offre la meilleure vue sur l'extérieur. Le dépôt de carburant qui se trouve en face du camp a été ravagé, des dizaines de personnes – dont bon nombre d'enfants – ont été brûlées vives, me rapporte-t-on. J'ai peu de temps pour rassembler des éléments probants avant de joindre l'état-major parisien. Ce qui importe, ce sont les mesures qui ont été localement prises, le fait que nous tenions fermement notre position et qu'aucun personnel ne se trouve coincé à l'extérieur. Trois heures après le premier compte-rendu provisoire, juste après le retentissement de la dernière explosion, je suis en capacité de préciser les éléments les plus importants : aucun militaire français n'a été atteint et, du côté afghan, les multiples explosions, qui ont rasé tout un quartier limitrophe de la base dans laquelle nous sommes postés, ont ôté la vie à cent trente personnes dont une vingtaine d'enfants.

Les temps actuels, par leur intensité, obligent à réaliser de profondes prises de conscience. La principale doit conduire à mesurer sa responsabilité dans le déroulement et le contenu du spectacle du monde.

Les temps ne sont plus à commenter avec effroi, stupeur, colère, indignation, résignation ou sentiment d'impuissance ce qui se joue devant soi, comme si cela était séparé ou indépendant de soi, comme complètement coupé de ses scénarios intérieurs. Car qu'on l'assume ou non, ce qui se joue devant ses yeux est le fruit de ses entrailles. Ce qui se joue devant ses yeux est l'expression manifeste de ce que l'on porte et produit individuellement et collectivement. Ce qui se joue devant ses yeux est la densification parfois terrifiante de toutes les paroles et pensées que l'on émet, si souvent empreintes de dualité, de condamnation, de jugement, de rejet, de désir et de peur.

Si l'on se croit étranger à l'expression du monde, et particulièrement dans ce qu'on lui trouve de plus vil, de plus obscur, de plus violent, de plus cruel, alors l'on perpétue encore et encore l'idée que le problème vient de l'autre et, par conséquent, que la solution arrivera de l'extérieur. Si l'on se croit étranger à l'expression du monde, on se prive, de fait, de sa capacité à le faire évoluer par son implication vibratoire. Quel être sur Terre a retrouvé un jour l'apaisement véritable, à la suite d'un puissant accès de colère, d'angoisse ou de haine du fait qu'on lui ait hurlé dans les oreilles, qu'on l'ait frappé ou condamné sans merci ?… Pourquoi continuer alors à croire que, exceptionnellement, cela sera possible si cela vient de soi ?

Il n'est plus temps de crier à la conspiration, au complot. Plus temps de dénoncer telle prétendue manipulation, de blâmer telle dérive présumée, de regretter tel laxisme supposé, de chercher des explications rationnelles fondées sur l'Histoire, l'équilibre des forces ou de vagues concepts sociologiques. Il n'est plus temps de se perdre en prévisions chaotiques ni, non plus, en une sorte d'espérance infantile en l'installation progressive, comme par enchantement, d'heures plus douces.

Personne ne revient sain et sauf de la guerre. Personne. Il ne faut jamais se fier à l'absence de blessures physiques… Une partie – mortelle – de soi reste toujours sur le champ de bataille. Que ce champ de bataille se situe en Centrafrique, en Afghanistan, dans le centre de Paris ou sur la Côte d'Azur. La partie de soi qui meurt est celle qui portait encore certaines croyances fondées sur les notions de bien ou de mal, sur les notions de bourreau et de victime, de vainqueurs et de vaincus. Chacune de ses intentions belliqueuses ou vengeresses, avant même qu'elle ait pris forme dans la réalité concrète, appelle dans l'immédiateté une contrepartie de même nature, émanant de celui que l'on considère comme son adversaire. On ne combat jamais que soi-même… jusqu'à ce que l'on dépose les armes et prenne conscience que, faute de l'un des deux combattants, la guerre s'arrête.

Les temps actuels amènent à laisser mourir en soi cette idée que ce qui déchire et meurtrit son existence est la conséquence exclusive de l'ignorance, de l'obscurantisme, de la haine ou du fondamenta-lisme caractérisant les autres. Tant que l'on ne se reconnaît pas comme cocréateur –par la peur qui étreint, enferme et voile– de ce qui advient en ce monde, alors l'on continue d'assister, chaque fois plus sidéré, à la matérialisation du manque d'amour en soi.

Combattre la violence ne demande aucun courage, seulement de l'aveuglement. Le courage –au sens étymologique du « cœur qui agit » – consiste en cette reconnaissance humble que seule la paix véritablement installée en soi peut engendrer un climat de paix autour de soi. Tout ce contre quoi on lutte se renforce. Mettre toute son énergie dans la riposte revient à focaliser ses efforts vers la haine et la peur. Si aucune énergie ne vient nourrir en soi l'amour, l'harmonie, la guérison, comment pourrait-on semer autre chose que le contraire, le déni, le négatif de ce que l'on est ?

Il est temps que l'humanité cesse de croire que les solutions à ses maux sont dans l'action, car la majorité des « actions » qu'elle entreprend actuellement sont en fait des réactions issues d'espaces de peur, de colère et d'ignorance. On n'est pas incarné sur Terre pour changer le monde, mais pour incarner le changement auquel on aspire. Là est l'action véritable… Quel sera le premier des puissants de ce monde à déposer son armure qui, telle une cible, attire nécessairement à elle des flèches ? Quel sera le premier des puissants de ce monde à, courageusement, manifester par sa vibration et sa parole – son Verbe –, l'amour qui annihile tout ce qui est moins que Lumière, plutôt que de repartir encore une fois en guerre, ainsi que cela se reproduit depuis des éons ? Mais les puissants de ce monde sont toujours à l'image des peuples qui les hissent sur leur trône…

On est responsable de la façon dont on regarde le monde. Les yeux sont le portail de l'âme. Ainsi, de la qualité du regard dépend l'élévation ou, au contraire, l'abaissement vibratoire de ce qui est observé. Tant que l'on projette sur l'autre la somme de toutes ses peurs, on le maintient sous une cloche de plomb de laquelle il ne pourra s'extraire que par la violence.

L'heure est au passage de l'empathie à la compassion. Puissent ces deux termes être entendus dans une acception vibratoire, au-delà de toute conception sémantique, dogmatique, psychologique ou philosophique.

L'empathie fait souffrir de la souffrance du monde, en la faisant grossir. La compassion est cet état qui ne nie en rien la peine ou la douleur ressentie par l'autre, mais, parce que le regard porté ne l'enferme ni dans le statut de victime ni dans celui de bourreau, permet une aide véritable et d'initier un processus de libération. Si on pleure, par empathie, du fait de la souffrance éprouvée par autrui, on sera tôt ou tard celui ou celle qui sentira monter en soi la colère, la violence ou le sentiment d'impuissance du fait de la cruauté manifestée par tel autre. Et les rôles s'inverseront, une fois de plus… Combien de temps va-t-on perdurer dans ces archaïsmes qui ont mené l'humanité dans sa posture actuelle ? En vérité, la décision revient à soi. Elle est intérieure.

Pour toutes mes rencontres avec des intervenants locaux – militaires, policiers, informateurs, dignitaires, facilitateurs, etc. –, je suis accompagné d'un interprète afghan. Notre relation est basée sur une confiance forte puisqu'il a nécessairement accès à mes questions et aux réponses qui me sont faites. Nous avons parfois de longs échanges durant lesquels nous partageons nos points de vue. Il n'a jamais quitté l'Afghanistan et donc connu autre chose que la guerre, entrecoupée d'épisodes de radicalisation religieuse et d'accalmie relative. Pour autant, grâce aux progrès technologiques et à ses études d'informatique, il a observé d'autres cultures, d'autres modes de vie, d'autres schémas de société. Un jour, alors que je déplore la récente lapidation d'une jeune fille à cause d'un simple baiser échangé avec un autre adolescent, il entre dans mon bureau. Je lui fais part de ma profonde désapprobation. Il me rétorque, lui, le plus modéré des Afghans que je connaisse : « Oui, vous avez raison, mon capitaine, ils n'avaient qu'à simplement la flageller. »

Lorsque, dans un monde, l'on en vient à mettre à mort un être pour le seul tort d'avoir témoigné une marque d'amour à un autre, lorsque, dans un monde, le fait d'embrasser ou de se laisser embrasser vaut, pour une jeune femme, de recevoir des jets de pierre jusqu'à ce que son cœur cesse de battre, c'est probablement le signe d'une fin d'un temps, puisqu'il ne doit pas être possible de s'écarter bien davantage de l'esprit des Lois universelles, telles qu'énoncées par toutes les sagesses de la Terre.

Par une belle journée d'août, les habitants d'un petit village ont organisé une fête au cours de laquelle chants, danses et musiques sont venus souligner la joie collective. Un groupe de talibans, qui en a été alerté, s'est rendu sur les lieux et a égorgé quinze hommes. Deux femmes qui tentaient de s'interposer pour sauver leurs maris ont subi ensuite un sort identique.

Est-ce que ce sont des *choses* – lapidations, flagellations, égorgements, etc. – qui ne devraient pas arriver ? De toute façon, ce qui doit arriver arrive, puisque ce n'est que le prolongement manifesté de ce que, collectivement, l'humanité porte encore en elle. Ne pas vouloir que ces actes surviennent ou détourner la tête pour ne pas en être témoin n'est aucunement un facteur de paix. Que veulent ces hommes qui égorgent ? Qui lapident ? Cette jeune femme qui « vole » un baiser à l'homme dont elle est amoureuse ? Ces villageois qui chantent et dansent ? Ils veulent tous la même chose : la paix dans leur monde et, chacun à leur façon, être heureux. La vision du « bonheur » et les moyens mis en place pour l'atteindre sont aussi multiples qu'il y a d'êtres humains sur la Terre. Chacun veut pouvoir, sans être dérangé, vivre sa conception du bonheur. Pour certains, la paix passe par une application littérale, fondamentaliste et figée de ce qu'on appelle les « Textes sacrés » ou « Saintes Écritures », pour d'autres, à l'inverse, par la dissolution inconditionnelle de toutes les croyances dogmatiques et la possibilité illimitée de disposer de leur corps comme bon leur semble et, pour d'autres encore, par la possession croissante de biens matériels… Est-ce que ces différentes quêtes sont conciliables, tant que l'on voit en l'autre l'obstacle à sa propre paix, à son propre bonheur, la cause de son malheur ? Assurément non, puisqu'on aura toujours – du fait de l'entretien de cette croyance – l'obligation, d'une part, de faire disparaître l'élément causant son dérangement et, d'autre part, de faire apparaître celui qui est, *a priori*, source de son bonheur ou de sa paix intérieure.

Alors, se contenter de juger ceci ou cela comme étant mal ou bien non seulement ne résout absolument rien, mais, en outre, perpétue la tension inhérente à la dualité. Tant que l'idée du bonheur ou de la paix passe par le désir ardent d'une modification de ce qui est à l'extérieur de soi, l'on maintient et propage la guerre en ce monde, puisque l'énergie la plus intense que l'on déploie – celle habitant son intention – se dirige contre ce qui y est apparemment opposé. Aspirer ardemment à la paix en désirant que le monde tel qu'il se manifeste à soi change est le moyen le plus efficace pour alimenter la guerre…

Émettre une intention est le fait de se donner, en conscience, un but. Elle est la somme d'une aspiration et d'un objectif. Il n'y a pas, d'un point de vue non duel, de bonne ou de mauvaise intention, toute intention ayant sa raison d'être. Qu'il puisse exister des intentions qui entrent dans une forme d'opposition apparente avec d'autres est le propre de la Vie qui s'expérimente dans l'infinitude du champ des possibles.

De toute démarche spirituelle, l'intention est le point de départ. Chacun, faisant de son mieux en fonction de son niveau de conscience, pourra formuler une intention témoignant de sa recherche d'une vision plus haute, plus large, plus riche que celle offerte par sa position actuelle. Sans intention claire, rien ne se met véritablement en mouvement en soi. Il est donc nécessaire de savoir – ou, plus précisément, de connaître – ce que l'on veut vraiment, car l'intention va focaliser l'énergie universelle dans une direction déterminée, afin de justement engendrer la manifestation de cette intention. Si l'intention est floue, incertaine ou parasitée par des peurs, des doutes et des croyances erronées, la fleur qui germera de cette graine sera à la hauteur de ce qui aura été semé.

Et si le but que l'on se fixe est ce que l'on nomme communément « éveil » – terme qui comprend des acceptions bien disparates selon les courants spirituels –, il convient de sonder avec une grande lucidité l'intention que l'on émet. Ainsi, si dans l'esprit de certains, l'éveil correspond à une sorte d'illumination permanente à même de libérer de toute sensation désagréable liée au fait d'être incarné, ceux-là vont vouloir vivre et multiplier des expériences sensationnelles qui sont ces instants fugaces et surtout imprévisibles où le « moi » passe derrière le voile de l'illusion pour goûter l'Un ou, du moins, un aspect de l'Un. Est-ce que ces expériences ponctuelles, dont le déclenchement échappe à toute forme de contrôle, les aideront à aborder plus sereinement leur quotidien, à faire face à leurs soubresauts émotionnels, à accueillir les récurrentes turbulences existentielles ou à donner du sens à tous ces schémas involutifs qui se répètent dans la matérialité de leur incarnation ?

Le champ de conscience du Soi est infini. Si, dans son « cheminement » spirituel, l'intention émise est de vivre des « expansions de conscience », c'est-à-dire des accroissements de quelque chose qui est, par nature, infini, l'on va diriger son énergie vers un but qui ne sera jamais atteint. Et, en vérité, y a-t-il seulement un but ?

Si l'intention est de gagner en conscience ou, dit en d'autres termes, de perdre en ignorance de ce que l'on est, on va employer tout le courant de la Vie à dissoudre, couche après couche, la masse nuageuse privant de l'expérience directe de cette éternité intérieure qui ne peut être agrandie ni amoindrie. Les mots ont un sens et sont porteurs d'une énergie qu'il est utile d'appréhender avec soin si l'on veut s'éviter épuisements et déconvenues. On ne s'incarne pas pour faire grandir la Lumière en soi, mais pour déchirer tous les voiles qui laissent encore croire que l'on est d'une nature autre que cette Lumière.

La Lumière, par essence, n'a ni commencement ni fin. On ne peut donc espérer agir directement sur son « volume » en soi. En revanche, si son intention est de maîtriser tous les savoir-faire, toutes les clés permettant de se défaire de son ignorance, de guérir son corps de souffrance et de se dépouiller sans faiblesse de sa petite personnalité alors, oui, l'Univers tout entier se coordonnera pour satisfaire sa demande, car cette demande aura un point d'origine, une direction et un objectif non seulement clairement déterminés et circonscrits, mais en outre en parfaite corrélation avec le mouvement d'expansion de la Vie.

Dans cette démarche d'autonomie et de responsabilité, il s'agit également de déraciner en soi toutes les intentions involutives – souvent subtilement enfouies – qui prennent corps dans les peurs, l'avidité ou la colère : vouloir que ce soit quelqu'un d'autre que soi qui échoue, vouloir que les « coupables » soient punis, vouloir être à égalité avec tel ou tel, demander réparation pour tel préjudice ou que justice soit faite, etc.

Et viendra enfin un temps où l'on ne sera plus celui ou celle qui émet une intention, l'on sera cette intention même. Et cette intention sera simplement d'être ce que l'on est. Une intention libérée de toute attente, de tout besoin de résultat, de tout objectif ou but placé devant ou à l'extérieur de soi. Une intention qui s'observera elle-même dans un sourire sans nom, nourri par la conscience que tout ce à quoi l'on a aspiré a toujours été là. Une intention ultime qui, en définitive, se résume à ne plus rien vouloir d'autre que ce qui est.

Près de quatre-vingt-dix missions extérieures plus tard, rythmant six mois constellés d'attentats plus ou moins proches et marqués par l'ingurgitation constante d'images de chair déchiquetée et de *renseignements* faisant état d'attaques imminentes ou en cours, je ne suis simplement plus en capacité de distinguer un coup de feu d'un claquement de porte. Mon corps est comme scindé en deux par une douleur croissante dans les lombaires qui transforme chaque matin en épreuve le laçage de mes chaussures ou le port de mon gilet pare-balles. Au fil de ces jours sur le sol afghan, je sais m'être empli d'une sorte de substance émotionnelle qu'il me sera nécessaire d'évacuer à mon retour.

Mon épouse et mon fils sont venus me chercher à l'aéroport. Je les vois de manière différente puisque ma « vision » s'est profondément modifiée.

Blessé ou pas, *personne* ne revient indemne de ce genre d'expérience qui, à un moment ou à un autre, sort chacun de sa zone de confort. L'être divin que l'on est intrinsèquement demeure certes inchangé, puisque immortel et éternel, mais la personne – cette construction factice et temporelle, faite de croyances, de pensées, de convictions, de certitudes, de peurs, de manques, de désirs et de besoins – est confrontée à l'ensemble de ses limitations avec une grande intensité. Soit elle résiste pour s'endurcir, se verrouiller, se refermer, se cristalliser davantage, soit elle lâche prise et accepte, encore et encore et encore, de mourir à elle-même.

Deux jours après mon atterrissage en France, je me rends à contrecœur à un repas d'anniversaire dans ma belle-famille. Bien que je ne me sente pas prêt pour assister à ce genre de réunions, je cède devant l'insistance de mon épouse. Il y a une quinzaine de convives et beaucoup d'enfants assez bruyants qui courent en tous sens. Je suis assis à table, silencieux, distant et gauche. Ma belle-mère, un peu hésitante, me demande comment s'est passé mon séjour en Afghanistan. Incapable de lui répondre, je quitte précipitamment la table et vais m'enfermer dans les toilettes. J'y pleure sans discontinuer pendant une heure, peut-être deux. Mon épouse me rejoint au bout de quelques minutes et me propose que nous rentrions à la maison. Je ne me sens pas la force de retourner saluer l'assemblée. D'âme à âme, je rends grâce à la mère de mon épouse d'avoir été celle qui m'a permis de crever mon abcès émotionnel. Maintenant, je peux véritablement entrer dans le temps d'intégration de mon initiation afghane.

« Travailler » sur soi par la libération de nœuds mémoriels, d'émotions densifiées, par la guérison de « blessures » anciennes et par la récupération d'empreintes de vies passées permet à l'âme de « descendre », de s'ancrer dans le corps physique – son véhicule – par le fait de, justement, faire de la place en se délestant de tous ces bagages encombrants. Il existe cependant un temps – plus ou moins long, selon les êtres – qui suit cette libération, cette « guérison » ou cette récupération et qui est une phase de déséquilibre, de profond inconfort, sorte de néant fébrile, de béance intérieure.

Il ne s'agit aucunement d'une rechute ou d'un retour en arrière. Il est ici seulement question d'abandonner l'accoutumance à la cohabitation en soi d'une densité, d'une souffrance à laquelle, en définitive, l'on s'était résigné et qui semblait, en quelque sorte, faire partie de son décor intérieur, comme un repère ou une parcelle d'identité.

Cette période d'ajustement, de rénovation de sa « maison » n'est pas foncièrement agréable. C'est le temps où les vieilles tuiles du toit, le crépi défraîchi de la façade et les huisseries pourries ont été déposés et où l'on attend que soit installée la nouvelle parure. On se sent alors nu, ouvert aux quatre vents, perméable à toutes sortes d'intrusions, fragile, vulnérable, laid parfois. Comment procéder autrement ? En plaçant du neuf sur de l'ancien ? Chacun sait, intrinsèquement, que c'est impossible, même si certains « thérapeutes » s'obstinent encore à promettre le contraire.

Quand bien même chacun est prévenu de cet aspect très particulier du processus de retour de la Lumière en soi, il n'en demeure pas moins que les symptômes qui apparaissent en laissent beaucoup dans d'inquiétants questionnements. La voie de l'intégration n'est pas nécessairement confortable. Bien peu entendent, en vérité, l'avertissement, car trop pressés de se défaire de leurs lourdeurs et de toucher ce fameux « éveil » dont tant parlent.

La crise d'intégration est une période de chahut intérieur, de mouvements brusques et de sensations de descente qui suit le potentiel bien-être consécutif aux morts égotiques auxquelles on a consenti. Elle est un temps de purification, d'adaptation et de calibrage énergétique. Les symptômes, qui ne sont pas exclusifs les uns des autres, sont divers : sentiment de tristesse, de colère, de vide intérieur, de fatigue, d'irritabilité, d'inutilité, de mal-être, hyperémotivité, sensibilité exacerbée, etc.

On ne peut donc parler véritablement d'intégration sans évoquer la crise d'intégration. En outre, la Lumière que l'on accueille en soi, tout naturellement, illumine, met en relief toutes les parties profondes encore souffrantes afin que l'on prenne conscience de leur présence. Elle fait son œuvre. Si l'on ne veut pas voir en face le « monstre » qui survit dans sa cave, alors il s'agit de ne pas l'éclairer avec sa lampe… Mais si l'on ose ce pas, alors il n'y a pas lieu de se plaindre du fait qu'il passe devant ses yeux, ne serait-ce que le temps pour cette énergie densifiée de quitter les lieux. Il s'agit là de résolument savoir ce que l'on veut.

La crise d'intégration est un temps qui demande un peu de patience, beaucoup de lâcher-prise vis-à-vis de son ancienne « structure » et une grande quantité d'amour et d'indulgence offerte à soi-même. Le merveilleux des retrouvailles avec soi est la récompense de celles et ceux qui manifestent ce courage.

XIV

Début décembre 2012, le tableau d'avancement des officiers est publié. Contre toute attente, j'y suis inscrit et vais donc être promu au grade de commandant dans le courant de l'année à venir.

Ainsi s'achèvent deux cycles de dix-huit ans : le premier sous les ordres d'un « commandant », le second m'ayant conduit à moi-même le devenir.

La semaine qui suit est celle que choisit le cabinet du président de la République pour me convier au palais de l'Élysée, afin que mes « mérites » relatifs à la mission afghane y soient soulignés. En ai-je tant demandé, en termes de reconnaissance, pour que ce soit cette ultime figure patriarcale qui me l'offre ? Cela est à croire. Je n'en ai cependant plus besoin. Il est surtout à concevoir que ce n'est pas *ce que je suis* qui est invité, mais seulement l'enveloppe, le personnage, le rôle de composition que j'ai joué avec la plus grande conviction, jusqu'à ce que mon corps ne puisse plus se plier. « *Tu ne peux maintenant plus te plier à tout cela* », entends-je résonner en moi.

Il est intéressant de constater, lorsque de grands virages existentiels sont à prendre, la manière qu'a la Vie de tester la détermination de chacun en manifestant quelques « miroirs aux alouettes »… Séduisantes pour l'ego, la promotion inespérée et l'invitation au « palais du Roi » sont indubitablement de cette nature. Les tentations sont toujours à la hauteur de ce que l'âme s'est donné d'accomplir. Parlant au travers des sensations du corps physique, la mienne ne me laisse guère m'endormir sur ces clinquants lauriers. D'ailleurs, elle avait déjà sifflé la fin de la partie dès avant mon retour d'Afghanistan.

Là où d'aucuns pourraient voir de puissants encouragements à continuer, je perçois une porte qui se ferme solidement. Certes, de par ma responsabilité de chef d'un escadron, je ne peux m'extirper du système sans préavis, étant naturellement tenu à un minimum d'égards vis-à-vis du gestionnaire qui aura la tâche de me remplacer. Cependant, j'entends songer dès à présent à ma reconversion.

Excluant tout ce qui a trait à la protection des personnes et des biens, j'envisage alors presque toutes les hypothèses, jusqu'à la reprise d'une quelconque boutique franchisée. Des nuits entières, j'examine les différentes voies professionnelles dans lesquelles je pourrais trouver un nouvel épanouissement, mais force est de constater qu'aucune évidence n'émerge de mes recherches.

Par ailleurs, les relations avec mon épouse se distendent de plus en plus. Alors que le seul point de jonction entre nous n'est maintenant plus que notre fils, nous ne parvenons pas à harmoniser nos points de vue sur la façon de l'éduquer. Quand j'estime excessive la quantité de jouets au milieu desquels je le sens s'égarer et perdre en créativité, je la vois ensuite rentrer à la maison, les bras chargés de cadeaux à sa destination… Mon aspiration profonde à aligner ma réalité quotidienne sur ma vie intérieure s'ajoutant à ces différends, notre couple se disloque lentement, sept ans après ses flamboyants débuts. Sans éclats de voix, sans reproches ni rancœur.

Toujours en plein questionnement quant à la suite à donner à mon existence, je me rends quelques jours chez ma sœur, à l'autre extrémité de la France, non pour y obtenir des réponses, mais simplement pour partager du temps ensemble – ce qui n'a pas eu lieu depuis longtemps, bien avant mon départ en Afghanistan. Le premier soir, mon regard est attiré par la couverture d'un livre posé sur la table de chevet, dans la chambre qui m'est réservée. Il aborde ce que l'auteur appelle le « *chemin de vie* ». Je me plonge dans sa lecture et y découvre une certaine classification des destinées, en fonction d'un nombre obtenu par l'addition des chiffres de la date de naissance. Peu importe que le procédé soit valide ou pas et qu'il comporte une marge d'interprétation personnelle. Je me suis posé certaines questions et mon âme m'a guidé vers une réponse. Ce que je lis m'est nécessairement destiné, puisque c'est là, à côté de moi, en ces temps d'interrogation. En cette voix de nouveau tonne cette injonction qui est le droit prolongement de ce que ce livre me révèle : « *Le temps est venu de retrouver la maîtrise, puis de te mettre au service.* »

À mon retour, j'entérine le principe de la fin de la vie commune avec mon épouse. Quelques jours plus tard, dans un climat apaisé, je rejoins mon logement de fonction, situé dans l'enceinte de mon escadron. Cette installation coïncide avec ma reprise d'activité en tant que commandant d'unité, après deux mois et demi de relâche, temps communément appelé « congé de fin de campagne ».

Alors que je retrouve le rythme habituel des missions s'enchaînant les unes après les autres, je me sens chaque jour davantage plus lucide, plus présent, plus ancré. Plus conscient, en somme. Je prends le temps de regarder la couleur du ciel et les oiseaux qui le traversent. J'observe le personnage que je suis encore contraint de jouer avec une distance de plus en plus grande et m'autorise, de ce fait, une proximité croissante avec mes subordonnés, avec ce qu'ils sont derrière leur uniforme. J'appelle désormais mes collaborateurs par leur prénom, leur laisse une presque totale liberté d'action dans l'accomplissement de leurs tâches et, lors des rassemblements matinaux de l'ensemble des personnels, il me plaît de leur confier la gratitude qui est mienne à leur égard ainsi que l'amour que je leur porte. J'ai décidé de faire sauter les verrous qui maintenaient séquestrée ma parole véritable et de m'offrir la possibilité d'éclairer par mes mots ce qui sous-tend ce que l'on nomme « cohésion, camaraderie et esprit de corps ». Puisque c'est d'amour qu'il s'agit, alors que cela soit dit. Beaucoup, de leur propre aveu, pensaient me retrouver endurci après mon séjour afghan. Ils avaient laissé partir une sorte de père rigoureux et plutôt strict, voici que c'est telle une mère douce et affectueuse que je leur reviens…

Je mûris chaque jour davantage mon projet de reconversion, non point dans la forme – je n'ai toujours aucun éclairage sur une quelconque activité professionnelle qui viendrait en remplacement de l'actuelle –, mais le fond, c'est-à-dire en abandonnant les unes après les autres toutes les hypothèses de vie que j'avais pu nourrir par mon attention, mes efforts et mon énergie, liées à la poursuite d'une carrière *sous les drapeaux*. Se libèrent ainsi en moi de grands espaces qui n'attendent plus rien de l'extérieur, ni avancement, ni félicitations, ni médailles et qui, par voie de conséquence, accueillent un souffle de paix, de liberté, de relâchement et de joie que je perçois comme un préalable à l'émergence d'un « nouvel » état d'être qui, en vérité, ne m'a jamais quitté, mais auquel je sais aujourd'hui devoir laisser toute la place.

Ma sensation d'imposture, dans mon poste de commandant d'escadron, touche des sommets. Bien que je continue de remplir l'ensemble des missions qui me sont confiées avec rigueur, loyalisme et zèle, nombre d'aspects de moi ont déjà quitté l'uniforme et entrepris de voyager dans d'autres univers, à la conquête de mondes désormais intérieurs. De ce que j'en observe, cette sensation d'imposture est nourrie par l'écho d'une sourde culpabilité liée au fait d'occuper avec beaucoup de distance une fonction pour laquelle je continue de recevoir respect, honneurs, égards et traitement. Cette idée se dissout doucement d'elle-même, à chaque fois que je lâche un peu plus mes attachements au personnage du « bon soldat », duquel elle est issue. La culpabilité appartient à celui qui a prêté allégeance à la nation, à celui qui, par son enrôlement, a donné en gage sa personne, son existence et sa vie même contre une *solde* et, parfois, le gîte et le couvert. Assurément, l'on ne se défait pas d'un engagement de dix-huit années par un battement de cils…

Quelques mois ont passé. Il est maintenant de ma responsabilité d'acter formellement mon départ prochain de *l'institution* et, donc, d'annoncer au grand jour que je ne suis plus celui que j'ai été. La signature de cette lettre de démission se révèle néanmoins complexe. Bien des résistances en moi se manifestent face à cette feuille sur laquelle est mentionné que je demande à être placé en « position de non-activité ». Je songe à tous les chefs sous les ordres desquels j'ai servi, notamment à ceux qui m'ont porté aux nues en projetant sur moi de brillantes perspectives. Bien sûr que cela leur appartient, mais je sens poindre leur déception, l'impression d'un immense gâchis. Vont-ils comprendre mon désaveu alors même qu'aucun projet professionnel ne s'annonce devant moi ? Vais-je passer pour un fou ? Un illuminé ? Je repose mon stylo et me laisse encore une journée de réflexion…

Au début du mois de mai 2013, je me trouve en déplacement à Paris avec mon escadron et employé en mission de sécurisation de certaines gares et lignes de transports souterrains urbains. Peu avant que les personnels s'apprêtent à quitter notre cantonnement pour rejoindre leurs points de présence, j'entends une détonation dans la pièce jouxtant celle que j'occupe.

L'un de mes adjoints – un capitaine très expérimenté et spécialiste du maniement des armes – vient de tirer accidentellement une balle dans ma direction. Interloqué, il se porte immédiatement vers moi, afin de s'assurer que je n'ai pas été touché. Il a encore son pistolet à la main, secouant la tête en bredouillant, ne parvenant pas expliquer son inconcevable erreur de manipulation pour laquelle même un gendarme novice serait sévèrement sanctionné.

M'en faut-il davantage pour signer cette lettre de démission ? Faut-il vraiment que je reçoive une balle perdue, en pleine capitale, par le plus improbable des tireurs, pour que je comprenne que mon temps est ici arrivé à son terme ? Assurément non. Je rassure ce capitaine sur les conséquences de son geste, dont je suis le seul témoin. J'y vois la main de Dieu.

D'âme à âme, je lui témoigne toute ma gratitude d'avoir accepté d'être le messager à travers lequel ce que j'avais à entendre me soit transmis. Dix minutes plus tard, après l'avoir fait appeler dans mon bureau, il est le premier de mes collaborateurs à qui j'annonce que je vais démissionner. Puis, à l'ensemble de mes hommes rassemblés avant leur départ en service, je partage solennellement ma décision. Enfin, je joins par téléphone mon chef, un lieutenant-colonel qu'il m'a été donné de longuement rencontrer en Afghanistan avant qu'il devienne mon supérieur actuel. Je me sens béni de terminer ma carrière sous ses ordres. Dans un contexte militaire, cet homme est de ceux que l'on suivrait en « enfer », de ceux qui rassurent au cœur de la brutalité, de ceux dont les ordres ne sont jamais sujets à polémiques ou tergiversations.

Nous avons un échange d'égal à égal. Il m'entend et ne me demande pas d'explications. Il sait que je prends cette décision parce que mû par une force nécessairement plus grande que celle de mon engagement.

Ma lettre n'est pas encore signée, mais cette griffe est devenue un détail. Tout mon corps vient de démissionner, cellule après cellule. Exaltation, appréhension, euphorie et peur panique dansent en moi au son d'une musique dont la mélodie m'apparaît tour à tour inconnue et familière. C'est la mélodie du grand saut dont je me souviens avoir entendu quelques notes lors de mon départ de chez mes parents, l'aube suivant ma dernière épreuve du baccalauréat et aussi, à la porte de l'avion, lors de mes premiers instants en tant qu'apprenti parachutiste.

Dans ce qui m'est donné de vivre présentement, le grand saut est cet abandon intérieur à ce que je suis. C'est cette sorte de chute au cœur de la plénitude, au-delà de tous mes conditionnements, dogmes, croyances, peurs et limitations qui me voilent à ma véritable nature. Je conçois que ce grand saut ne souffre pas l'approximation, la demi-mesure ou la tiédeur. Il ne s'agit pas d'attendre d'avoir mieux pour lâcher prise sur le passé, ni de négocier avec la Vie un entre-deux, une passerelle ou une interminable transition…

Faire le grand saut, c'est oser fermer la porte de l'ancien monde sans même savoir ce qu'offrira le nouveau. Faire le grand saut, c'est, littéralement, se rendre à l'évidence. Faire le grand saut, c'est abandonner toute idée de contrôle sur son existence, pour accéder à la maîtrise. Faire le grand saut, c'est arrêter de croire que l'on respire, pour enfin sentir que c'est l'Univers qui respire à travers soi.

Le grand saut est acceptation inconditionnelle d'un effondrement des repères anciens, d'un dépouillement de la personnalité et d'une nuit noire de l'ego qui, à terme, placent dans un espace de silence primordial duquel, peu à peu, émerge un son qui va remplir le cœur de joie, de paix, d'inébranlable certitude, d'évidence.

Ce saut est un acte d'amour envers soi, assurément le plus grand, le plus puissant d'entre tous. Lorsque l'on cesse de lutter contre ce qui vibre au plus profond de soi, de se dissimuler derrière la muraille d'un mental qui se débat continuellement pour sa survie, lorsque, las, l'on abandonne cette quête utopique de reconnaissance extérieure, lorsque l'on s'autorise enfin à entendre sa voix intérieure au lieu de se laisser assourdir par celle des autres, alors on peut entrer dans la danse de l'incarnation, au rythme de la partition écrite pour soi et par soi, de toute éternité.

Faire le grand saut, c'est accepter, l'espace d'une seconde, d'affronter la somme de toutes ses peurs, limitations, compromissions et barrières avec la certitude de mourir. Et prendre conscience, l'instant d'après, que ce saut à travers le filtre de la mort apparente est, en vérité, une immersion totale dans la toute-puissance de la Vie.

Le grand saut est le premier pas marquant la fin de la quête d'un sens à donner à l'existence, non pas en délivrant une quelconque réponse qui apaise le mental, mais plutôt en libérant la conscience de la pulsion de cette recherche. Y a-t-il une raison qui doive être trouvée au fait d'être ? « Raison » et « être » ne vont assurément pas bien ensemble… La raison émane du mental alors que la réalisation de la nature profonde passe par le chemin du cœur. Chercher sa « raison d'être » revient, en quelque sorte, à partir en quête d'une justification de son existence même. Peut-on élaborer une explication rationnelle au fait d'être ? À la question « pourquoi suis-je ? », il ne peut être répondu. Dans l'hypothèse où une rose se questionnerait sur son existence en tant que fleur, le Divin, dans une pure intention pédagogique, lui répondrait : « Tu es l'une des formes dans laquelle Ce Que Je Suis se manifeste. » Bien souvent, cette réponse n'est pas entendue. Quelque chose d'autre est attendu. L'ego exige une explication compatible avec l'illusion de la séparation qu'il entretient savamment. Cette illusion de la séparation, terreau de toutes les blessures, est décidément mère de bien des souffrances… Ce sentiment d'être coupé de la Source, du Créateur, ce sentiment d'être intrinsèquement différent de ce qui est autour de soi est le plus grand pourvoyeur de malheur en cette humanité.

Dès lors que l'on se sait de même nature que l'Autre, l'Autre ne peut plus blesser, trahir, abandonner, juger, rejeter ou humilier, puisque étant intrinsèquement identique à soi. Mais tant que l'on s'identifie à ce qui, en apparence, nous différencie de l'Autre, tant que l'on se considère, de ce fait, comme étant la somme de toutes ces différences, comme étant cette personnalité, l'on va tenter de protéger ces différences, de les comparer, de les faire grandir, de les imposer, de leur donner « raison », dans tous les sens du terme.

Chercher à comprendre, par l'intellect, ce que l'on « fait » sur Terre est un exercice à la fois éreintant et insoluble… On est avant tout venu pour se départir de son ignorance – car seule l'ignorance se réincarne –, gagner en conscience et rayonner ce que l'on est, libéré de toutes les illusions, de tous les voiles. On est une expression de la Vie au sein de l'infinitude de ses expressions. On est une particule du Divin qui se goûte en une multitude d'aspects, eux-mêmes en perpétuelle expansion. On est la Vie qui s'observe et s'expérimente en un champ des possibles dont il est impossible d'appréhender le mystère.

Ce qui, en revanche, peut être éclairé par le faisceau de sa conscience est la cause de sa présence sur Terre, c'est-à-dire ce qui a motivé le fait que son âme ait choisi d'investir une fraction d'elle-même dans ce corps physique de matière auquel on a parfois pu s'identifier en y enfermant virtuellement ce que l'on est en vérité.

Beaucoup d'êtres, alourdis par une certaine mélancolie existentielle et une vie professionnelle jugée au mieux terne, veulent savoir, comprendre « ce qu'ils font là », attendant parfois que quelque « mage » leur dévoile une fonction pour laquelle ils seraient destinés.

Le « mandat d'incarnation » n'est pas un métier, mais un palier vibratoire, un niveau de conscience à atteindre, à intégrer et, parfois, à transmettre. Que cette sagesse retrouvée puisse se décliner, ensuite, sous la forme d'une activité professionnelle est une tout autre chose. Bien évidemment, en fonction de la « quantité » accessible en soi de conscience, on peut se sentir appelé vers tel exercice social ou professionnel, mais il n'est point question de « placer la charrue avant les bœufs » et de se mettre en quête d'une activité qui, comme par enchantement, viendrait dissoudre ses voiles d'ignorance. L'intérieur précède toujours l'extérieur… On ne vient pas sur Terre pour faire, mais, résolument, pour être.

À force de chercher ce que l'on est venu faire, on en oublie tout simplement d'être. Cette énergie que l'on oriente vers la recherche de l'action à accomplir ne peut plus, de fait, être consacrée à retrouver la pleine jouissance de son Essence. Cette déperdition énergétique nourrit, d'une part, la nostalgie d'un « Ailleurs » idyllique et, d'autre part, la tendance fâcheuse à attendre « un monde meilleur » toujours placé dans le futur.

Le « faire » est la manifestation de l'« être ». Il est, véritablement, ce qui en découle et qu'il soit visible ou non n'a aucune espèce d'importance. Le « faire » est le rayon du Soleil, non le Soleil… Garder cette image présente en son cœur peut aider à tourner sa conscience vers l'Essentiel.

L'ignorance de ce que l'on est est la plus grande cause de souffrance… Se définir, s'apprécier ou se déprécier au travers du regard d'autrui, s'estimer en fonction du niveau d'amour ou de reconnaissance reçu de l'autre – lui-même le plus souvent ignorant de ce qu'il est véritablement – forme de solides écueils sur lesquels s'échouent les tentatives de libération des blessures profondes.

Dès l'enfance, beaucoup d'êtres sont conditionnés à placer le curseur de leur valeur intrinsèque sur ce que leurs parents, proches, éducateurs ou enseignants ont témoigné à leur égard. Dépourvus initialement de cette structure mentale permettant d'opérer un filtre parmi la somme de jugements dont ils ont été de près ou de loin les cibles, ils ont établi la quantité d'amour qu'ils méritaient de recevoir suivant celle qui leur a été offerte ou, plus justement, qu'ils ont sentie entrer en eux. À ce titre, il est à rappeler que l'amour emprunte parfois des formes que le petit « moi » turbulent, impatient, rebelle, impulsif et inconscient reçoit comme une sanction, une contrainte ou une privation. Or, il y a parfois davantage d'amour contenu dans une rigueur mesurée que dans une permissivité sans bornes. Et ce n'est pas nécessairement manquer d'amour que de gronder avec une certaine intensité celui ou celle qui, sachant à peine marcher, s'approche trop près de la falaise…

Il importe peu d'essayer d'établir, rétrospectivement, la quantité d'amour que l'on pourrait avoir reçue ou, à l'inverse, la carence affective qui aurait pu marquer son passé puisque cette analyse subjective est propre à chacun et que tout est question d'interprétation de l'instant vécu. De deux enfants qui grandissent dans les mêmes contextes peuvent ainsi émerger un premier adulte meurtri, pétri de peurs et de doutes, et un second, quasiment indemne. L'ancienneté d'âme, la capacité de résilience et le degré de détachement figurent parmi les principaux paramètres qui influent sur l'inscription des « blessures » d'amour en soi. Ce qui a du sens, en revanche, est de sentir en soi, concrètement, tous les espaces qui portent des mémoires de fermeture du cœur, des mémoires de sauvegarde instinctive de son trésor intérieur, des mémoires liées au non-accueil répété de sa nature aimante, joyeuse, paisible qui cherchait simplement à s'exprimer sans frein en ce monde.

Ces espaces cloisonnés, emprisonnant une énergie cristallisée, figée dans le passé comme dans de la glace, ont besoin d'être réchauffés par la chaleur directe du cœur. Et ne peut se libérer que celui ou celle qui emprunte le chemin le plus court entre son cœur et ces capsules de peine, ces poches de souffrance, ces agrégats émotionnels. Ce chemin le plus court est la Voie intérieure. Cela revient à dire que tant que l'on cherche à l'extérieur de soi un amour qui viendrait panser ses plaies, que ce soit dans les bras ou le regard de l'autre, ou encore dans cette anesthésie temporaire découlant de toutes ces compensations multiples dont on se gave jusqu'à l'écœurement, alors on se refuse cet amour que son corps physique, par une palette extrêmement large de signaux, pourtant réclame. Et ce que l'on se refuse, par cette implacable Loi universelle de résonance, nul autre ne viendra le donner, quand bien même l'on parvient parfois à se laisser convaincre du contraire…

L'être idéal qui viendrait honorer et aimer à sa place toutes ses parties laissées à l'abandon n'existe pas en dehors de soi-même. Aussi aimant soit-il, l'autre ne pourra jamais combler une faille que l'on a soi-même créée lorsque, vivant une situation estimée difficile, l'on s'est mis hors de soi et l'on a généré ces excroissances émotionnelles dans lesquelles sont aujourd'hui compactées ces résistances existentielles.

Par ailleurs, croire que l'on pourrait émaner compassion, amour universel ou don de soi en s'oubliant au passage est une illusion tenace que certains dogmes religieux ont cherché à entretenir, par, notamment, la glorification du concept du « sacrifice de soi ». On ne peut donner à quiconque ce que l'on ne s'accorde pas à soi-même au préalable. Amour bien ordonné commence assurément par soi-même…

De son expression la plus dense à sa forme la plus subtile, le corps est le filtre au travers duquel le cœur rayonne l'amour que l'on est. Lorsque l'on porte en soi des espaces qui ne reçoivent pas la Lumière, ils agissent tels des masques sombres qui attirent à soi toujours ces mêmes rencontres renvoyant à ce non-amour pour soi-même.

L'amour de soi a bien peu à voir avec le fait de s'octroyer tel plaisir, agrément ou cadeau. L'amour de soi a bien peu à voir avec un quelconque rituel d'autocomplimentation. L'amour de soi est une « marche » intérieure, résolue, inébranlable, courageuse, consciente et vibrante vers tous ses propres aspects qui portent les marques de l'ignorance et de la séparation et qui, à chaque moment de l'existence, se rappellent à soi sous la forme d'inconforts émotionnels, physiques et psychiques, ressentis dans sa matière corporelle. Cette marche intérieure conduit, à terme, aux retrouvailles avec l'état d'amour. En effet, lorsque l'on a enfin dissous ces voiles qui empêchaient de contempler sa vraie nature, de goûter sa substance essentielle et de réaliser ce que l'on est de toute éternité, apparaît cette ultime et infiniment joyeuse révélation que le concept même d'« amour de soi » est une absurdité sans nom, fruit de notre insondable ignorance de soi-même : le Soi n'est qu'amour.

Amour… Y a-t-il entreprise plus difficile, d'un point de vue strictement humain, que celle de définir la notion d'aimer, quand le même terme est employé indifféremment pour illustrer à la fois des goûts culinaires, des préférences esthétiques, des élans affectifs à destination de pays, de croyances, de musiques, d'activités ou d'animaux, un attachement à certains êtres et un état vibratoire natif qui n'a ni commencement ni fin ?

Par amour de la patrie, de ses enfants, de Dieu, d'idées, du pouvoir, des richesses ou d'une certaine conception de la liberté, l'on ne cesse de séparer, combattre, éloigner, juger, repousser et exclure. En vérité, aucune de ces formes d'amour ne dépasse la sphère de la personnalité. Aucune de ces formes d'amour ne vibre au-dessus de la fréquence de l'ego-mental. Il n'y a aucun préjudice en cela, mais, simplement, lorsque l'on entend s'approcher de ce qu'aimer, au sens de la Source, implique, alors le chemin passe par l'identification, en soi, de ces aspects de l'amour humain qui maintiennent dans la dualité.

L'amour est cette force immuable qui permet la cohésion des Mondes et de ce que chaque monde contient. L'amour est le ciment entre toutes choses, de l'infiniment petit à l'infiniment grand. Il est ainsi à concevoir qu'aussi longtemps que l'on aime une chose par préférence à une autre ou au détriment d'une autre, ce qui anime et qu'on appelle « amour » est un sentiment aléatoire, périssable et temporel – cause de bien des souffrances pour celui ou celle que l'on croit être. Ce que l'on nomme « chagrin d'amour » est l'un des aspects bien connus de cette forme d'amour incomplet, traversé de besoins, d'attentes et donc, nécessairement, de peines et de déceptions.

Aimer ne se résume pas à dire ce « je t'aime » qui, le plus souvent, n'est que l'expression d'une émotion, au mieux d'un sentiment, en l'occurrence celui de partager une certaine affinité relationnelle avec quelqu'un. On trouverait saugrenu, de la part du Soleil, qu'il se mette soudain à annoncer qu'il rayonne ou qu'il brille. Pourtant, on attend fréquemment d'autrui cette même déclaration... Tant que l'on croira que l'Autre est l'objet ou la cause de l'amour que l'on sent circuler à travers ses cellules, on souffrira du fait que cet Autre, tôt ou tard, ne sera plus avec soi.

Aimer autrui n'est pas se nourrir de sa proximité physique, puis ressentir une forme de manque du fait de son absence. Cela est simplement le signe d'une difficulté à se retrouver seul avec soi-même.

Ressentir de la peur à l'idée d'être quitté, trompé ou « abandonné » par l'Autre n'est pas une preuve de l'amour qu'on lui porte, mais simplement la marque d'une invalidante incomplétude. La jalousie pouvant se manifester au sein d'un couple n'est pas le signe d'un amour possessif, mais seulement celui d'une peur certaine du vide et d'un manque de reconnaissance de soi.

Éprouver de la peur pour ses proches – parent, enfant, ami, conjoint... – n'est pas l'une des conséquences de l'amour que l'on ressent pour eux, mais bien de l'illusion d'être séparé d'eux, et donc de sa propre essence.

On parle souvent d'« amour inconditionnel »... N'est-ce pas là un curieux pléonasme ? Quel serait, par conséquent, cet autre « amour » sous conditions ? L'amour n'est-il pas nécessairement inconditionnel ?

S'il se met à revêtir des conditions à son expression, ce dont il s'agit est autre chose. Tout est parfait et, certes, chaque nuance possède sa raison d'exister, mais cela n'est pas ce qui, de toute éternité, coule de Source. Le Soleil éclaire-t-il avec moins d'intensité la cour intérieure d'un pénitencier que celle d'une école maternelle, au prétexte que certains seraient moins « aimables » que d'autres ?

L'amour est une cause en lui-même. Tout comme la joie – autre état naturel –, il n'a nul besoin d'une stimulation extérieure pour se manifester et ne peut cesser en raison d'un élément extérieur.

Qu'a-t-on, en tant qu'être humain, à répondre à cette question de ce qu'aimer signifie ? La même chose que répondrait un poisson à un aigle qui lui demanderait d'expliquer ce qu'est nager… Il dirait que c'est se mouvoir librement dans le Grand Tout… Se laisser porter innocemment par ce qui est… N'opposer aucune résistance au courant de la Vie… S'abandonner tout entier à l'Infini en acceptant humblement de n'en jamais percevoir les contours… Il dirait que c'est danser avec tous les autres êtres aquatiques, quelles que soient leur forme, leur taille et leur couleur, sans jamais s'accrocher à l'un d'eux, dans la fugacité joyeuse du moment présent en permanence renouvelé… Et, aussi, que c'est explorer seul, à deux ou en une communauté au volume sans cesse croissant le champ illimité des possibles, en oubliant hier et en ignorant demain.

Alors, puisse l'être humain percevoir qu'aimer, en vérité, est se savoir l'origine et la destination de tout l'Amour du Monde. Et qu'aimer, c'est être capable d'emprunter, animé d'une joie immuable, l'infinitude des chemins menant de cette origine à cette destination.

XV

1er septembre 2013. À compter de ce jour, je ne suis plus militaire, ni officier, ni chef d'escadron de gendarmerie. J'ai rendu mon arme, mon gilet pare-balles, les clés de mon bureau, mon logement concédé par nécessité absolue de service ainsi que tout ce qui pouvait avoir trait, de près ou de loin, à l'exercice du commandement. Je ne suis pas retraité – il m'aurait fallu rester neuf années de plus –, mais démissionnaire. Je ne suis pas non plus en reconversion puisque n'ayant initié aucune démarche dans ce sens. La perspective de démissionner pour ensuite proposer mes compétences à une société de sécurité privée ne m'a, en effet, pas effleuré l'esprit. Il ne s'agissait pas de simplement changer mon fusil d'épaule, mais de le déposer complètement. Je suis désormais civil et, dans le monde civil, je ne suis rien.

Durant les mois précédant mon départ, je me suis progressivement rapproché de personnes offrant ou recevant des prestations dites spirituelles, comme des sortes de guidances médiumniques, des sessions de transmission d'informations ésotériques en provenance présumée de dimensions subtiles ou encore des rencontres basées sur une pratique assidue de la méditation.

N'étant désormais plus tenu par mon statut militaire, je m'engage dans cette nouvelle armée, composée – *a priori* – de « combattants de lumière ». Je me prends à ce nouveau jeu comme au précédent, retrouvant avec une grande aisance les notions d'engagement, de mission, de service, de lutte contre des « forces obscures » et d'obéissance à des injonctions en provenance d'entités supérieures – guides, maîtres ascensionnés, anges, archanges, etc.

Je me glisse dans ce rôle comme dans un gant, d'autant plus que je renoue avec des perceptions auxquelles je n'avais plus accès depuis mon enfance. Je vois des couleurs chatoyantes se dessiner et danser autour des gens, je reçois des informations concernant leur vie intérieure ou leurs vies antérieures, j'entends de plus en plus fréquemment une sorte de voix intérieure qui souffle en moi et résonne de façon croissante dans mes temps de silence. Dès que je ferme les yeux, j'assiste au défilement d'une infinité d'images dont le sens ou l'origine m'échappent jusqu'à ce que j'abandonne toute volonté de les comprendre.

Certes, je perçois ici et là d'inconfortables grains de sable qui se logent dans les rouages de ce bel engrenage spirituel, mais je m'efforce de passer outre, de dissocier du mieux que je peux les messages de leurs messagers, de ne pas me laisser distraire ou déstabiliser par les soubresauts émotionnels de ceux qui semblent bénéficier d'un accès tellement plus direct que moi au Plan divin ou à ses Architectes.

Durant cinq mois, je parviens à étouffer ma frustration sous mille et une bonnes raisons, jusqu'à ce que l'accumulation de grains de sable finisse par enrayer cette extraordinaire machine à rêves stellaires dans laquelle je croyais avoir à la fois une place, une fonction, un passé et un avenir. Avec effroi, je prends conscience que le grand saut, en vérité, n'est pas celui que je pensais avoir déjà effectué…

L'annonce de ma démission de cette autre armée est accueillie avec une hostilité inversement proportionnelle à l'enthousiasme manifesté lors de mon engagement initial. Du fait de ma défection, j'essuie une vague collective de réprobation, voire d'imprécations, dont je perçois l'impact en moi de façon bien plus prégnante que la somme de mes plus exigeantes expériences militaires précédentes. Mes illusions relatives à la capacité de certains êtres à transcender la condition humaine sont balayées par ce raz-de-marée énergétique. Je me sens tel un vieux bateau naviguant en pleine nuit sur une mer démontée, tremblant à chaque nouvelle bourrasque, redoutant la proximité du moindre rocher et guettant désespérément la lumière de quelque phare ou, à défaut, la présence rassurante d'une autre embarcation moins malmenée que moi par les flots.

J'ai démissionné de toutes les armées. Je n'ai plus ni salaire, ni maison, ni statut social, ni épouse, ni projet d'aucune sorte. J'ai attiré à moi toutes les incompréhensions, jusqu'à celles du juge des affaires familiales qui m'enjoint, sans équivoque, de me faire « suivre » par un psychologue si je veux continuer à voir mon fils de cinq ans. En raison de mes choix successifs, je m'en trouve aujourd'hui éloigné de huit cents kilomètres…

Mon second saut m'a fait atterrir dans un hôtel très modeste, sans réception, engoncé dans la banlieue industrielle d'une ville morose de l'est de la France. Je ne croise dans cet établissement que travailleurs clandestins, demandeurs d'asile politique, prostituées et réfugiés en instance de régularisation qui échangent entre eux dans un vague anglais teinté de roumain, de serbe, de turc ou de bulgare. Je n'engage la conversation avec personne, ne m'en sentant ni l'envie ni la force. Et puis, de toute façon, qu'aurais-je à répondre à la sempiternelle question « Que fais-tu dans la vie ? »

Rien… Je ne fais plus rien et ne suis plus rien qui puisse encore se partager, se commenter ou se décrire.

L'idée épouvantable d'avoir complètement détruit, par naïveté, aveuglement et orgueil, tous les domaines de mon existence terrestre avant d'échouer lamentablement à entrer dans le « Royaume des Cieux » me plonge dans un tourment d'une intensité que je n'avais encore jamais approchée, même dans le creux de mes heures les plus sombres. Je suis une guêpe prisonnière d'un pot de mélasse… Chaque réaction, chaque mouvement, chaque battement de mes ailes est une privation supplémentaire de liberté.

Je me débats ainsi durant plusieurs jours, jusqu'à mon épuisement total – ou, plus justement, jusqu'à ce qu'enfin ce qui en moi résistait capitule.

Je pensais avoir tout lâché après avoir tout tenu, avoir tout perdu après avoir tout possédé, avoir tout oublié après avoir tout appris, quand un Souffle, sans s'annoncer, a frappé à ma « porte » et m'a proposé de sortir… Dès lors que j'ai accepté d'entendre cette proposition, j'ai senti dans le cœur du cœur de chacune de mes cellules la combustion spontanée de mes derniers mécanismes de retranchement et de défense.

Il n'y a que lors de la capitulation absolue que survient la libération. Cette capitulation est un processus qui n'a rien à voir avec la mort physique parce qu'au moment de cette capitulation, ce qui se révèle alors, au-delà de l'illusion de la souffrance, au-delà de ce qui crée l'illusion de la souffrance, au-delà de la référence absolue du « bien-être », au-delà de l'expérience vécue et au-delà du rôle qui y est endossé, c'est l'état de paix suprême, un état que rien ne peut venir altérer.

Cet état de paix suprême ne peut être compris depuis l'une des parties, car il est à la fois l'ensemble des parties et leur complet dépassement. La combustion par le Feu de l'Esprit est donc, en somme, une identification totale à la Lumière et à ce qui sous-tend la Lumière. Cette réalisation exige, de fait, la reddition de l'ego.

XVI

Une année, jour pour jour, s'est écoulée. La Vie m'a conduit à rencontrer des milliers de personnes, au travers d'entretiens individuels, de séminaires, de conférences, de cercles de partage, de retraites, etc. Aucune action n'est à entrevoir ici puisqu'il ne s'agit que d'un état de transmission, d'échange, d'ouverture qui se perpétue sous une pluralité de formes. C'est l'offrande d'une Présence expurgée de toute peur et, donc, de toute croyance en une séparation avec ce qui, dans la Manifestation, peut sembler à l'extérieur de soi.

L'état de santé de mon père a décliné tout au long de ces mois, bien que connaissant parfois d'inexplicables rebonds, tels que ceux dont il a toujours eu le secret. D'âme à âme, je lui avais formulé la demande de pouvoir lui tenir la main au moment de son passage de l'autre côté du voile. Il m'a entendu.

Le médecin, à mon arrivée à l'hôpital, me dit : « C'est bien que vous soyez là, je pense que c'est pour aujourd'hui. » Je découvre mon père absent, les yeux grands ouverts, poussant sporadiquement des cris de peur, comme s'il se préparait à endurer la sanction issue d'un jugement dernier. Déjà entre deux mondes, je le vois se perdre dans ses projections mentales, ses notions de péché, de bien, de mal, le poids de ses remords, le mouvement pendulaire de ses ambivalences et son principal dilemme identitaire : être un blanc dans la peau d'un noir. Il a été l'homme des élans contradictoires, tiraillé entre rituels de protection animistes et ferveur catholique, entre attirance vers les antiquités françaises et appel profond vers l'art premier africain, entre pulsions de violence dévastatrice et jovialité de circonstance, entre signes extérieurs de richesse et précarité effective. En définitive, je ne sais presque rien de son parcours intime et cela ne m'importe plus. Seul avec lui dans sa chambre, ayant laissé quelques minutes mon fils avec ma mère dans le couloir, je lui offre ma Présence, libre de tout jugement, de toute peine, de toute attente et de toute rancœur.

Il a joué pour moi le rôle de ce père dont j'ai eu si peur, jusqu'à vouloir m'en défaire par la mort. Il est aujourd'hui devant moi tel un enfant effrayé par la perspective du jugement du Père, face auquel il s'apprête à se présenter. L'histoire s'arrête ici et elle aura été parfaite. Pour rien au monde, je ne voudrais la modifier, y ajouter ou y retrancher quelque chose. Pour rien au monde, non plus, je ne voudrais la revivre une seconde fois. Humblement et joyeusement, nous pouvons refermer le Grand Livre.

Alors, nos âmes se mettent à danser ensemble et à rire d'elles-mêmes, de la vie, de la peur, de la mort, de leurs tribulations… Notre danse est belle, pure, folle, emplie de gratitude mutuelle… Je danse avec lui jusqu'à son apaisement complet. Il danse avec moi jusqu'à ce que mes larmes cessent de couler. Puis, ne résistant plus à rien, nous nous laissons porter par un éblouissant tourbillon amoureux qui nous élève enfin du dernier écho des combats à la Musique des Sphères. Sur Terre, nous sommes le 24 février 2015 et Georges s'en est allé.

Épilogue

L'incarnation est une danse. Une danse permanente. Tantôt cadencée, tantôt douce et subtile, parfois imperceptible. La vie sur Terre se danse, au rythme d'une musique qui n'est entendue que par celui ou celle qui la vit. Et la somme de toutes ces musiques est une symphonie. Elle est la Symphonie des Âmes.

Certains virevoltent joyeusement au son de leur âme tandis que d'autres, assourdis par le fracas apparent de l'existence, le grondement lourd des blessures et le cri strident des colères, se murent dans l'illusion d'un silence qui est immobilité, sclérose, oubli, isolement.

Pour remettre harmonieusement les corps en mouvement, tous les corps, il est besoin de permettre à nouveau au son de l'âme de se propager en toute liberté jusque dans la matière la plus dense. Cette propagation passe nécessairement par un accordage progressif de la conscience, par une libération des entraves mémorielles et par une guérison de tous ces troubles originels qui, au fil des vies, ont pu rendre inaudible le chant de l'âme.

Ce chant parle à chacune et chacun de ses racines terrestres et célestes, de ses potentiels, de ses facultés, de son mandat d'incarnation ; il parle d'unicité, d'amour inconditionnel, de reconnaissance du Soi, de Présence. Ce chant parle de ce que l'on est, de cet état unifié d'où l'on vient et de ce que l'on a à réaliser, individuellement et collectivement, pour y retourner.

L'existence est une symphonie, une musique savante, comprenant des mouvements qui s'enchaînent à un rythme plus ou moins soutenu, interprétée concomitamment par un grand nombre d'êtres plus ou moins inspirés, alignés, impliqués, expérimentés et maîtres de leur instrument. Les êtres humains sont des musiciens et leurs potentiels, leurs instruments. Si les musiciens présentent certes des traits similaires, des aspects communs et des aspirations qui se rejoignent, aucun n'est identique à un autre. Les instruments se regroupent par grandes familles, s'accordent sur des diapasons similaires et se manifestent globalement par des sons identifiables, mais aucun, entre les mains de son dépositaire attitré, ne sonne avec le même volume, les mêmes nuances, la même couleur et la même intensité que joué par un autre.

Une symphonie se joue grâce aux ressources mémorielles – fruit d'un long et rigoureux apprentissage – ou au support d'une partition parfaitement connue, mais néanmoins placée comme un filet de sécurité devant chaque musicien. Si l'existence sur Terre peut sembler cacophonique, en raison de la liberté laissée à chacun de suivre son inspiration, d'interpréter la musique écrite par d'autres ou bien encore d'estimer complètement indéchiffrable la partition humaine, elle est néanmoins à concevoir comme une pièce musicale dont la perfection et la complexité dépassent tout entendement. Aucune note ne peut être jouée sans que l'ensemble de la mélodie humaine en soit modifié. Chacun est ainsi cocréateur d'un fragment de la symphonie et a donc le pouvoir d'induire de l'harmonie ou de la dissonance dans la partition collective qui s'écrit dans un présent permanent. L'être humain, dans son illusion, s'imagine bien souvent aux ordres d'un chef d'orchestre lointain, inaccessible, vindicatif ou détaché, quand il ne se voit pas tout simplement livré à lui-même, dans une sorte de jungle sonique où les oreilles se tendent toujours vers ceux dont les instruments jouent le plus fort.

Chaque musicien tente de maîtriser son instrument, en fonction des sons produits par les autres, à la mélodie qu'on lui demande de jouer ou à celle qu'il entend en son for intérieur, depuis son plus jeune âge, et qu'il va s'évertuer de reproduire le plus fidèlement possible, ou alors d'oublier, dans cette insondable immersion qu'on appelle déni de soi.

Une note n'est jamais fausse en elle-même. Elle n'est jugée ainsi qu'au regard de ce que joue l'entourage ou de ce qui a été joué dans les mesures précédentes. Tout est toujours divinement orchestré, mais, pris dans sa folie aveugle, l'être humain cherche à contrôler ce que jouent les autres, comment ils le jouent, avec quel instrument et pendant combien de temps, croyant éperdument que son action sur l'extérieur pourra modifier ou améliorer la façon dont sonne son instrument. Alors que, bien souvent, par manque de concentration, d'engagement, de maîtrise et de reconnaissance de soi, il ne parvient même pas à déchiffrer sa propre partition, sans se priver de faire peser sur « l'autre », la famille, la société, l'époque ou la fatalité la responsabilité de sa maladresse.

Cet être humain-là n'est donc pas l'être divin éternel. C'est cet intellect égotique ou ego intellectuel, sorte d'agglomérat physique et psychique vibrant à « basse » fréquence, somme de conventions, de conditionnements, de croyances, de dogmes, de blessures, de suffisance, de prétention, de peurs et d'orgueil, qui ne cesse de se prendre les pieds dans son propre tapis spatio-temporel. Après avoir bouté le capitaine du navire hors de la timonerie sacrée, il s'est emparé du gouvernail et entend défendre son poste jusqu'à la mort. Contre vents et marées, il lutte, faisant fi de tous les avis de tempête, recommandations, conseils, propositions ou éclairages. Et si, en pleine nuit, dans une mer en furie, il aperçoit un phare qui pourrait le guider vers une baie protégée, il prend un cap opposé, craignant bien trop que la lumière dirigée sur lui puisse révéler son imposture...

Achevé d'imprimer sur les presses de
l'Imprimerie Graphique de l'Ouest - France.
Dépôt légal : Novembre 2017
N° d'impression : 8071